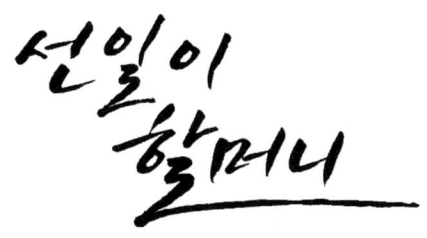

헌신적 사랑의 시대를 애도하며

지정숙 장편 수필

선일이 할머니

2025년 7월 10일 초판 1쇄 발행

지은이 | 지정숙
펴낸이 | 김종완
펴낸곳 | 에세이스트사

등록 | 문화 마02868
주소 | 서울시종로구 삼일대로457 수운회관 501호 전화| 02-764-7941
e-mail | kjw2605@hanmail.net
e-cafe | http://cafe.daum.net/essayist123
ⓒ 2025 지정숙
값 15,000원
ISBN 979-11-89958-64-0 03810
* 저자와의 합의 하에 인지는 생략합니다.

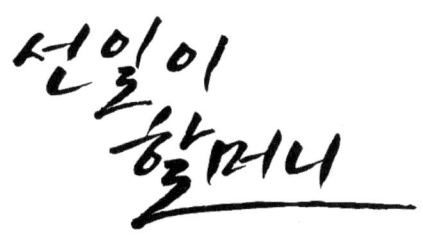

선일이 할머니

헌신적 사랑의 시대를 애도하며

지정숙 장편수필

풀뿌리처럼 만상의 발 아래 엎드려 이 땅을 지켜온 모든 여인들에게 바친다

PROLOGUE

　지금까지 살아오는 동안 행복과 불행이란 단어를 많이도 되뇌었다. 내가 불행하다 싶으면 행복이라는 단어는 떠올리기조차 싫었다. 특별한 사람들만 향유하는 단어라 여겨졌으므로.
　나의 유년은 긴장과 불안감의 연속이었다. 학교마저 없었다면 그 기억에 침전되어 욕망과 싸우느라 기진맥진했을 것이다.
　학교는 나에게 해방의 기쁨을 안겨주었다. 시오리 등굣길이 멀게 느껴질 리 없었다. 시간이 지날수록 하고 싶고, 되고 싶고, 가고 싶은 곳이 생겨났다. 온 세상이 내 것 같았다. 자신감과 용기도 치솟았다. 그러나 중학교를 졸업하는 것으로 모든 게 끝이었다. 마구 소리치고 싶었다. 뒹굴고 길길이 뛰고 싶어 미칠 것만 같았다. 하지만 마음을 알아주는 가족은 아무도 없었다. 아버지는 보란 듯이 나를 부엌으로 몰아넣었다. 할머니가 우리 집 식구로 보인 건 바로 그때였다.
　중풍을 맞은 할머니는 입이 삐뚤고 다리를 절었으며 오른손까지 가슴께에 붙어 굳어 있었다. 보는 것만으로도 몸이 뒤틀리듯 괴롭고 마음까지 우울해지던 병신(나는 이 단어를 써야 할지 말아야 할지 많은 고민을 했다. 지금은 이 단어가 금기시되어 있지만 당시엔 가장 흔한 말이었고 또한 욕이기도 했다. 소실어라고 볼 수 있는데, 이 단어가 함의한 심층적이고 복합적 뉘앙스를 대체할 단어를 찾지 못했다.), 할머니는 그렇게 변해 있었던 것이다. 같은 집에 산다는 게 창피했다. 아니, 같이 박혀 살 일이 막막했다. 나마저 병신이 되는 건 시간문제 같았다.

내 나이 70, 부쩍 옛날이 그립다. 부모님, 고향집, 논뫼벌(논산평야의 옛 이름), 반야산, 관촉사, 탑정호(湖), 소꿉친구, 빨래터, 고샅길…. 저만치 할머니가 보인다. 스무 해를 같이한 할머니가.

어머니는 잘못을 저지를 때마다 '망태할아버지보고 잡어가라 헐껴!' 호통을 쳤었다. 그 말이 얼마나 무서웠는지 모른다. 망태할아버지만 나타나면 줄행랑을 칠밖에. 그랬던 내가 스물다섯 꽃다운 나이에 망태할아버지 일을 하는 신랑을 만났으니 이 상황을 어떻게 설명해야 하는가.
시간이 지날수록 앞이 보이지 않았다. 희망이 보이지 않았다. 난생처음 운명과 팔자라는 단어가 떠올랐다. 이를 악물었다. 그깟 게 뭐라고 떼어내고 고치면 되는 것을.
신랑의 직업을 알았을 때만 해도 내 기억 속에 할머니는 없었다. 나를 불행한 여자로 만들지 않겠다는 신랑의 맹세에 현혹되어 구태여 끄집어내지 않아도 될 만큼은 심신이 평안했던 것이다.
부모님은 사위의 직업을 눈치채지 못했다. 굳게 비밀을 지켜내기로 했다. 십년을 열심히 살다 보면 모든 것이 해결되리라 믿었다.

한 아이의 어미가 되었다. 뭔가를 하지 않으면 큰일 날 것 같았다. 어미의 의무와 권리에 대해 깊은 고민을 했다. 내가 알아낸 의무와 권리는 값진 것이었다. 놓치고 싶지 않았다. 누리며 살아야겠다는 욕심이 생겼다. 그러나 욕심대로 되는 일이 아니었다. 생각에 생각을 거듭하다 나만의 데드라인을 정했다. 할머니의 삶만 닮지 말자고. 할머니처럼만 살지 말자고.

할머니는 단언컨대 내가 당신처럼 살기를 바라실 분이 아니다. 할머니를 부르며 애원했다. 할머니처럼 살면 안 된다 하셨잖아요. 어떻게 하면 되죠? 저를 이대로 버려두지 마세요. 제발요. 제발.

할머니의 음성이 들린 건 바로 그때였다

'아가, 울긴 왜 울어. 운명이나 팔자는 피헐수룩 피헐수록 거머리처름 달러붙능 겨. 당당허게 맞서야 혀. 맞서믄 이기닝게. 할미 말 알아들었쟈?'

며느리가 당신의 팔자(남편 잃고 청상으로 홀로 키워낸 외아들을 잃은)를 닮을까봐, 며느리의 아들을 빼앗았다는 여인. 세파를 견디지 못하고 아버지뻘인 내 할아버지께로 개가한 여인. 손자의 명줄을 지키고 정씨 가문의 대를 이어주는 게 당신의 유일한 의무라 여겼던 여인. 눈칫밥 먹는 손자를 묵묵히 지켜볼 수밖에 없었던 여인. 그녀는 도대체 어떤 사람이었을까. 하필이면 왜 우리 집이었을까. 손자가 겪을 정체성의 혼란은 예상해 보았을까. 선택에 후회는 없었을까. 손자는 그녀를 좋은 할머니로 기억하고 있다.

할머니를 알아가는 일은 쉽지 않았다. 천천히 현재의 나와 과거의 나를 되돌아보았다. 좋이 오륙십 년을 넘나들어야 하는 기억들은 나타났다 사라지기를 반복하며 어지럽게 헝클어져 있었다. 실마리를 찾아 헤맸다. 얼마가 지났을까, 한 여인이 어렴풋이 모습을 나타낸다. 운명과 팔자라는 괴물과 맞서던 가녀린 여인이.

아, 문학의 위대함이여. 문학이 없었다면 오늘의 나는 없었을 것이다. 에세이스트를 만난 행운에 감사하며 깨달음을 주신 할머니께 이 글을 바치련다.

차례

PROLOGUE······4

제1장 아주 조용한 귀향

낯선 워낭소리······12
작은 아기엄마······24
당당한 여자······33
신령님이시여······39
아주 조용한 귀향······46

제2장 무서운 아버지

소년가장이 되어······54
둥지를 마련하였으나······59
고통의 바다······63

제3장 기로에 선 여인

나이 많은 신랑을 만나다······76
개가를 결심하다······80
어색한 상봉······88
사랑방 사람들과 어머니······100
이상해진 사랑방 식구들······109
할아버지는 떠나시고······115
선일이의 가출······126

제4장 할머니의 고백

모내기하던 날······140
1955년 봄······147
고고(呱呱)의 소리가 들렸으나······149
니 아부지는 불쌍헌 사람이여······160

방물장수를 만나다……165
'반야산'을 넘다……177

제5장 그게 아닌데
입학하던 날……186
'연 날리기 사건'의 진실……194

제6장 선일이 할머니인데
요강을 깨뜨리다……204
선일이 할머니인데……215

제7장 할머니 죄송해요
작은 행복이란 환상……224
누구냐고……227
만약에……228

또 한 사람……230
누가 보면 어쩌려고……233
자꾸만 떠오르던 그 사람……235
팔자가 세다고……236
탈주로……238
사랑이란 무엇일까……240
왜 떠나야만 했던가……243

EPILOGUE……245

평론
김종완 공백의 여자, 함정의 출현……248

제1장 아주 조용한 귀향

낯선 워낭소리

아침 설거지를 끝내고 청소를 하려는데 낯선 워낭소리가 들렸다. 털거덕, 삐거덕, 털거덕, 삐거덕, 바퀴와 자갈 부딪는 소리도 화음인양 들린다. 사나흘 전에 방아를 찧었는데 무슨 일일까? 작년처럼 남아있는 벼를 찧어 땅이라도 사시려나? 내년이라면 몰라도 그럴 리가…. 모른 척, 하던 일을 계속했다.

소리가 점점 가까워진다. 고샅길을 지나 기역자로 구부러진 데까지 접어든 것 같다. 우리 집은 조금 외딸아서 달구지나 차는 동네 고샅길을 빠져나온 후 기역자로 굽은 길 100여 미터를 더 들어와야 된다. 동네를 관통하지 않고서는 우리 집에 들어올 만한 길이 없다.

잽싸게 대문간으로 나갔다. 달구지가 대문이 열리길 기다리며 서 있다. 일단 대문을 양쪽으로 열어젖혔다. 마부가 인사를 한다. 낯설다. 우리 집에 오는 아저씨들은 달구지자리를 알았었는데.

달구지에서 젊은 여자가 내린다. 키는 작지만 어림잡아 서른 살은 되어 보인다. 여자는 나를 본체만체하더니 성큼성큼 마당을 가로지른다. 마치 맡겨놓은 것 찾으러 온 사람처럼 당당하다. 엉거주춤 서있던 아저씨도 소의 고삐를 잡고 뒤를 따른다. 여자의 오만방자한 모습이 보기 싫어 큰 소리로 어머니를 불렀다.

"엄니, 어떤 아·줌·니· 왔어유우~우~"

어머니는 버선발로 뛰어나오더니 손까지 내밀며 여자를 맞는다. 여자는 인사를 하는 둥 마는 둥 하더니 곧장 사랑방으로 향한다. 마치 개선장군이나 된 듯 서슬이 퍼렇다. 어머니는 허둥댄다. 영 생경하다.

"여, 여보게, 내 할 말이 있으이."

여자가 무춤하더니 냉소를 머금은 채 어머니를 바라본다.

"아, 잠깐만 이리 들으와 앉게. 생판 모르는 사람처름 그러구 서 있지말구."

하대도 공대도 아닌 어정쩡한 말투다. 여자가 당당하게 안방으로 들어간다. 잠시 후, 어머니가 묻는다.

"그동안 마음고생 많이 혔지?"

여자는 대답 대신 이내 따지기 시작한다.

"내 이렇게 될 줄 알았어요. 할아버지 돌아가시고 얼마 되지 않았을 때 할머니 모시러 왔던 것 기억나시죠? 그때 왜 가만히 보고만 계셨나요? 물론 할머니가 가지 않겠다고 고집부린 건 맞아요. 아무리 그렇기로 가시라고 하셨어야 맞는 것 아녜요?"

"이 사람아, 어뜨케 가구 싶지 않다는 할무니를 가시라구 허겄능가. 자네, 날보구 할머니를 쫓아내지 않었냐 따지능가 지금? 내는 그르케 못허이. 내나 할머니나 이집 떠나믄 갈 곳이 읎기는 마창가지여. 여자는 한 번 매이믄 다 그렁 겨. 자네두 인자 알 만헌 나이가 되얐잖 능가?"

어머니가 묻자 여자는 벼르던 참에 잘 되었다는 표정으로 말대답을 한다.

"여자의 길이 험난하다는 것쯤은 알고 있어요. 그렇지만 할머니의 경우는 아니라고 생각해요. 할머니가 55년 봄에 어르신 댁 식구가 되었으니까 제가 왔을 때, 그러니까 할아버지가 돌아가셨을 때겠죠? 그 땐 이미 12년이 넘었을 겁니다. 돌이켜보면 결코 짧은 시간은 아니지요. 우리와 살았던 시간보다 훨씬 긴 시간이었으니까요. 그런 면으로 보면 할머니는 우리보다 어르신네 식구들과 정이 더 들었을지 모릅니다. 정이라는 게 무서운 거라는 걸 모르지 않아요. 하지만 할아버지가 돌아가셨는데도 할머니를 돌려보내지 않는다는 건 누가 봐도 이상하지 않나요? 도대체 그 속내가 뭐죠?"

나는 주먹을 불끈 쥐었다. 감히 내 어머니께 이상하단 말을 하다니.

"할머니가 중풍을 맞은 해도 그래요. 이제나저제나 기다렸답니다. 눈이 빠지게요. 반신불수의 몸으로 할아버지 수발을 들 수 있겠어요? 있다고는 대답하지 못하시죠? 이왕 이렇게 된 마당이니 할머니를 돌려주지 않은 이유를 말해볼까요? 홀시아버지 면환해드린 것 자랑삼으려 그러신 거잖아요. 중풍 맞은 새어머니까지 모실 정도로 우리 집은 너그러운 집이다. 알리고 싶었겠죠. 선일이 역시 전시품에 지나지 않았지요. 젖먹이가 우리 집에 와서 이만큼이나 컸으니 할 만큼은 했다 그거잖아요. 그러지 않고서야 할머니가 어르신 댁에 왜 필요하죠? 거추장스러웠겠죠. 억지로 참아내느라 힘드셨을 거고요. 내보내곤 싶은데 데려가진 않으니 얼마나 답답하셨습니까? 제 말이 틀렸나요?"

여자는 따발총을 쏘아대듯 따지고 들었다.

"속이 후련항가? 말이라능 기 어 다르고 아 다르다고 혔네. 내남적 읎이 화가 치밀믄 아무 말이나 튀어나오능 기구. 그랴서 크나큰 실수를 저지를 수 있지. 내 묻겄네. 자네는 하나만 알구 둘은 모르나? 부부는 한 몸잉 겨. 몸이 불편하구 안하구와는 전혀 상관이 읎다는 말이 아닝가. 하루 밤에 만리장성을 쌓는다는 말이 왜 생겼겄어. 자그마치 십년이 훌쩍 넘었네. 두 분이 같이 사신 지가. 강산꺼정 변헐 만큼 긴 세월이었단 말일세."

어머니는 부부의 연을 강조하는 걸로 끝이었다. 여자를 크게 나무랄 줄 알았던 나는 실망하지 않을 수 없었다.

"어르신께서 무슨 조치를 취할 걸로 생각했던 거지요. 그런데 아무리 기다려도 감감무소식이더군요. 하는 수 없어 할아버지가 돌아가신 후에 또 왔던 겁니다. 예상했던 대로 할머니는 거절을 했습니다. 아무리 그렇기로 강 건너 불구경하듯 보고만 있으시다니요. 저는 지금도 그 이유가 궁금합니다. 왜 잠자코 계셨죠? 할머니나 어르신이나 서로 눈치만 보다가 이렇게 된 것 아닌가요? 제 말이 틀렸으면 말씀해 보시죠."

잠깐 주춤했던 여자는 어머니의 대답을 듣지 않고는 한 발짝도 물러나지 않겠다는 기세다.

"아니, 누가 들으믄 할머니가 가시구 싶어 허는 걸 강제루 붙잡어 앉힌 것 같으이. 사람의 일이란 우물을 통째루 들구 마시디끼 급허게 허능 기 아녀. 굳이 따지고 들자믄 인륜 도덕상으룬 그러능 기 맞을지두 모르겄네. 그려두 이런 식으루다 할머니를 모셔가능 건 아니라구 보네. 아, 말 못하는 짐승두 헤여질 때가 되믄 서운항 겨. 자네 말대루 나와 할머니는 고부(姑婦)의 정을 맺구 산 지가 어언 이십 년일세. 그르케 모시구 싶거들랑 미리 언질을 주었어야지. 자네 생각은 어떨지 모르겄네만 무엇보다두 할머니의 의향이 중요허지 않겄능가? 그래서 할머니께 물어보구 결정혔어야 맞다구 허능 걸세. 말이야 바루 말이지 할머니가 가시겄다구 혔으믄 우리라구 그냥 있었겄나? 다 경우가 있능 겨. 하물매 오랜 시간 정들었든 사람을 말일세."

어머니는 지극히 낮은 목소리고 여자를 조곤조곤 타일렀다. 나는 여자가 곧 울게 될 거라는 예측을 하며 여자의 표정을 살폈다. 여자는 금방이라도 울음을 터뜨릴 것처럼 일그러진 얼굴을 하고 있었다.

"감히 그런 말씀을 어떻게 드린대요. 저는 다만 어르신의 처분을 기다렸지요. 일단 할머니를 모시러 가면 무슨 대책을 세워주시지 않을까 했던 거예요. 그런데 어르신은 아무 말씀도 없으셨잖아요. 지금까지…, 흑, 흑…"

여자가 흐느끼기 시작했다.

"이 사람아, 내가 어뜨케 자네의 의중을 꿰뚫어볼 수 있겄능가. 지금처름 말을 혀줘야 알 것 아니냐구. 마음대루 상대방의 생각을 추측허구 단정허다보믄 큰 오해를 불러일으킬 수 있능 거여. 중요한 건 때(時)여. 때를 놓쳐선 안 되능 것이라네. 자네가 말허기 거북혔으믄 가운데에 사람을 넣을 수두 있지 않었능가. 그두 아니믄 할머니를 설득혔어야 허구. 기껏혀야 하루저녁이믄 될 것을, 결국은 일을 그르치지 않었능가?"

 여자는 그제야 정신이 든다는 듯 울음을 멈추는 거였다. 어머니는 한참을 기다려주었다. 머뭇대던 여자는 고개를 푹 숙인 채 기어들어가는 소리로 말을 이었다.

 "할머니는 우리를 믿지 않았던 게 분명해요. 우리가 선일이를 굶길까 걱정되었던 거지요. 그게 아니라면 그렇게까지 할 이유가 없어요. 할머니에게 선일이는 목숨이나 마찬가지잖아요. 할머니의 속마음은 어르신 댁에서 돌아가실 때까지 사는 거라고요. 우리는 그게 서운했던 거예요. 왜 할머니는 핏줄을 마다하시는지…."

 "마다허기는, 오햇세. 오해여."

 어머니는 손사래까지 치며 목소리를 높였다. 여자는 그러는 어머니가 의외라는 듯 자세를 고쳐 앉았다.

 "자, 내 말을 좀 들어보게. 할머니가 자네 말을 들었으믄 아마 굉장히 서운해 허셨을 걸세. 할머니는 그저 며느리를 당신마냥 청상으루 만들구 싶지 않었덩 거여. 그 길이 을메나 힘든 중 일찌감치 알어낸 분여. 외아들마저 가슴에 묻었는디 오죽헀겠나. 무신 일이 있어두 핏줄은 이어 주구 싶으셨덩 거. 할머니의 생각은 아주 완구(頑固)했다네. 여자의 길을 이미 정해 놓았더란 말일세. 여자로 태어났으믄 시집을 가야허구 시집을 갔으믄 꼭 아들을 낳아 대를 이어주능 기 도리라구 말이지. 아들을 일찍 잃지만 않았어두 할머니는 아주 편허구 좋은 길을 걸었을 티지. 허지만 사람의 일이란 마음먹은 대루 되능 기 드물다네. 할머니나 허니께 이겨냉 기지 나라두 그쯤 되믄 주저앉구 말었네.

그랴서 나는 할머니가 대단헌 분이라 생각허네. 물론 자네가 할머니를 이해하려믄 세월이 한참 지나야 헐 걸세.

"할머니가 도무지 이해되지 않아요. 사람이 태어나고 죽고 사는 건 마음대로 할 수 없는 일이잖아요. 며느리의 마음을 넘겨짚는 일도 그래요. 지레 겁을 먹는 바람에 이리 된 거 아니냐고요."

"어찌 할머니라구 그런 결정을 쉬이 내렸겄는가? 본인이 생각했던 여자의 길과 며느리의 창창한 앞길을 놓구 걱정이 많으셨을 티지. 남편과 아들의 핏줄인 선일이를 지켜내는 일도 심든 일인디 며느리 팔자 고칠 명분꺼정 맹글어 주기란 참으루 어려웠을 것일세. 내 말 알아듣겄능가?"

어머니는 방바닥에 잘못이 있는 것처럼 연신 손가락으로 방바닥을 두드렸다.

"할머니는 왜 우리 엄니를 믿으려 하지 않았을까요? 우리랑 행복하게 살 수 있는 방법이 얼마든지 있는데 할머니 고집 때문에 이렇게 된 것 아니냐고요. 엄니를 어찌 보고…."

여자는 머리를 푹 숙인 채 더 이상 말을 잇지 못했다. 어머니는 그런 그녀에게 다가가더니 등을 두드려준다. 여자는 뿌리치지 않았다.

"나는 그때, 자네가 며칠 내루 다시 오리라 믿었어. 하찮은 짐승두 죽을 땐 머리를 자기 고향 쪽으루 둔다지 않덩 감? 항차 사람이여. 자네만은 할머니의 삶이 을메나 불쌍허구 기구헌지 알 거라 믿었지. 할머니는 자네만 왔다 가문 심허게 몸이 축나군 혔어. 며느리 믿지 않은 게 후회되나 보더라구. 지팡이를 짚구 대문간이 서서 반야산을 바라보던 모습이 눈에 선하구먼. 오죽이나 돌아가구 싶었으믄 그러셨겄능가. 내가 생각허기엔 할머니는 며느리 앞이 설 자신이 읎었덩 거여. 자네가 당신을 데리러 온 것 또한 체면상 온 거라 여겼덩 기구. 그런 와중에 나라구 달렸겄어? 이편두 저편두 들어줄 수가 읎었덩 겨. 솔직히 많이 기다렸다네. 그란디 자네는 오질 않었어. 나는 아예 할머니를 우리에게 떠맡기려 헌다고 생각혔지. 아마 할머니두 그랬을 거구먼. 그란디 자네의 이야기를 들어보니 그기 아니었네그려."

여자는 대답하기 어려운지 방바닥만 바라본 채 듣고만 있다. 어머니는 할 말이 남아있다는 듯 다시 입을 열었다.

"이왕 말이 났으니 내 한 마디 더 혀야 겄네. 우리라구 어찌 할머니가 가신다구 혔을 때를 가정해 두지 않었겄나. 할머니가 거처헐 작은 초옥과 남새밭 한 뙈기 정도는 마련해 드리능 기 사람의 도리 아니겄능가? 나는 할머니와 정이 많이 든 사람이여. 할머니 덕두 많이 봤구. 인연이란 참으로 묘한 거더라구. 끊기가 그리 어려우니 말이지. 듣구 보니 자네나 나나 너무 성급혔네 그려. 시간을 두구 편허게 모실 방법을 알아봤어야 혔는디…"

어머니는 휴우, 긴 한숨을 내쉬었다.

"저는 여태껏 할머니를 원망하며 살았어요. 모든 걸 할머니 탓으로 돌렸지요. 그런데 어르신의 말씀을 듣고 보니 할머니가 저를 따라나서지 않은 이유를 알 것 같아요. 모두 우리의 무관심 때문이에요. 워낙에 먹고 살기 바쁘다보니…"

여자도 긴 한숨을 내쉬었다.

"무슨 말인지 이해가 가네. 젊디젊은 어머니가 아들 빼앗기구 남편 읎이 사는 것이나 어린 나이에 시집가서 어미가 된 자네나 무슨 정신이 있었겄어. 나라두 그런 상황이라믄 그리 혔을 것이네."

"아마, 할머니만큼 어리석고 고집불통인 사람은 없을 거예요. 아무려면 핏줄이 남보다는 나을 것 아니냐고요. 몸이 좀 불편하면 어때요. 엄니랑 서로 의지하며 보듬고 살면 되는 것을…. 후회해도 소용없는 일이긴 하지만 할머니가 제 말을 따랐다면 엄니, 선일이, 나, 모두 할머니께 잘해드렸을 거예요. 그게 가장 안타까운 일이죠. 아들 생각에 날마다 눈물짓던 엄니를 생각해서라도 제가 더 힘을 썼어야 했는데…."

"아네, 알어. 허나, 다 지나간 일일세. 땅을 치구 후회혀봤자 무신 소용이 있었는가. 그러니 우리 다 잊어버리세. 훌훌 털어버리자구. 시상을 살다보믄 결단을 내리기가 어려울 때가 있으이. 그런 때일수록에 느긋해져야허네. 숨고르기를 혀야 혀. 오늘 일만 혀두 그러네. 우편을 받구 을메나 속상혔는지 아나? 거두절미두 유분수지, 아무 날에 할머니를 데리러 갈 테니 그리 아세요, 라고 썼던가? 모르는 사람헌티 보내는 편지라두 그리 쓰믄 아니 되네. 명령두 아니구, 협박두 아니구, 영 기분이 언짢더란 말일세. 그렇다구 자네의 효심을 어찌 모를 수 있겄는가. 그저 대견했다네. 자네의 마음을 헤아리구두 남음이 있었단 말일세. 자네나 나나 여자루 태어낭 기 죄라믄 죄 아니겄능가. 이제라두 모든 걸 운명으루 받아들이며 사세나. 그러지 않으믄 둘 다 심들어."

어머니는 나를 나무라고 난 뒤처럼 애잔한 눈빛으로 여자를 바라보았다.

"잘 알겠습니다. 그럼 이만…."

여자가 무릎을 세웠다.

"잠깐, 잠깐만 앉아보게. 꼭 들려줄 말이 있으이."

어머니는 여자에게 앉으라는 손짓을 했다. 여자는 세웠던 무릎을 공손히 내려놓았다.

"옛날, 어떤 여인이 있었다네. 젊은 나이에 남편과 사별을 혔네 그려. 아이가 있기 혔지만 가난 땜이 팔자를 고치게 되얐지. 먹구살 만헌 집 후처로 말일세. 그 집은 조강지처가 아이를 낳지 못혔어. 여인은 그 집에 들어가자마자 아들을 낳았지. 말허자믄 밥값을 헌 거지. 자연적으루다 아내와 어미로서의 자리매김두 탄탄혀졌어. 야속헌 세월은 흘러가구 있었어. 여인이 죽음을 맞이허게 되얐다네. 그란디 초상마당이서 난리가 낭 거여. 아버지를 홀로 둘 수 읎다는 쪽과 낳아준 어머니를 빼앗길 수 읎다는 쪽이 서로 모시겄다 싸웅 기지. 옛부텀 우리네는 죽은 사람헌티두 짝을 찾아주지 않으믄 산 사람의 도리가 아니라 여겼다네. 우리야 친할머니께서 계시니께 그런 걱정을 허지 않어두 되지만서두 자네는 좀 다를 걸세. 일찍 가신 할아버지의 외로움을 달래드려야 헌다 그 말일세. 내 말 알아듣겄능가?"

어머니는 아예 여자의 손을 잡고 놓아주지 않았다.

"네, 말씀 명심하겠습니다."

여자는 무릎을 꿇은 채 머리를 조아렸다. 어머니는 참 용하다. 큰소리를 내지 않고도 사람의 마음을 움직이니 말이다. 나는 "이 놈으 지지바. 작대기 뜸질을 혀야 정신을 차리지?"라는 아버지의 말보다 "너,

이리 와서 안거라."라는 어머니의 말을 더 무서워했었다. 아버지는 말로만 매를 들었으나 어머니의 자분자분한 타이름은 마음을 움직이는 힘이 있었다.

"이런 말 허믄 자네가 어찌 생각헐지 모르겄으나 우리 애들은 선일이를 친 동생이나 형처럼 생각혔어. 우리 딸은 지금까지 할머니의 수발을 들구 있다네. 선일이보담 두 살 아래지. 그래, 선일이와는 서루 연락을 허지? 직장은 잡었다덩가? 장가들일 땐 꼭 연락을 줘야 허네. 내, 자식들 데리구 꼭 갈 티니 말일세. 이러구러 세월이 흐르믄 저두 철이 들겄지. 할머니가 저를 어뜨케 키웠능가두 알 것이구."

어머니가 내 이야기를 더 해주길 바랐다. '내 딸두 5년간이나 할머니의 수발을 들었네, 한참 멋이나 낼 스무 살 처녀가 말일세.' 그 말 한마디 덧붙이면 여자는 입이 열 개라도 할 말이 없을 것 아닌가. 여자가 만약 어머니의 그 말에 토를 달고 나온다면 여자와 한바탕 대거리를 할 참이었다. 물론 어머니는 그냥두지 않을 것이다. 나는 어머니로부터 괜찮다는 말과 처지를 바꾸어 생각해보라는 말을 귀가 따갑도록 들었다. 그 말을 들을 때마다 얼마나 어머니가 답답했는지 모른다.

"예. 그리해야지요."

여자가 어머니의 간곡함을 뒤로하며 천천히 일어섰다.

"제발, 착한 색시나 만났으믄 좋겄구만…. 이제 떠나믄 은제 보겄나. 조금만 기다리게. 내 준비헌 게 있으이."

어머니가 방문을 열고 나오자 어깨를 늘어뜨린 여자가 뒤를 따른다. 아줌마 티가 몸에 배서 그렇지 두어 번 우리 집에 왔던 선일이 누이가 틀림없다. 아는 체를 하려다 그만두었다. 그것은 여자가 선일이에 대한 이야기를 꺼내지 않은 것에 대한 고마움의 표시이며 자리를 뜨지 못한 이유이기도 했다. 적어도 선일이의 누이라면 선일이를 왜 학교에 보내주지 않았는지 한 번쯤 따지고 들 거라 예상했었다. 어머니는 당황해하며 미안함을 표할 것이다. 여자가 그걸 물고 늘어지면 큰일 아닌가. 나는 만약을 대비해 하고 싶은 말을 준비해둔 터였다.

　아줌마도 자식 키우는 어머니잖아요? 세상의 모든 어머니는 큰 감을 자식 앞에 놓아주는 법이랍니다. 아시겠어요? 내 말이 이해가 안 되면 자식들 클 때까지 기다리세요. 틀림없이 알게 될 거니까.

　여자는 더 이상의 말은 하지 않았다. 처분만 기다리겠다는 표정이다. 나는 할머니의 수발을 자처한 그녀가 딱하고 불쌍했다.

작은 아기엄마

그녀가 여러 번 우리 집에 다녀갔다는 사실이 놀라웠다. 내가 목격한 것은 딱 두 번이었는데 그게 아니었다.

그녀를 처음 본 것은 아홉 살 봄이었다. 그날 나는 막내를 업고 친구들과 놀기 위해 고샅길로 나갔다. 이 집이든 저 집이든 마당에서 놀게 놔두면 좋으련만 어찌된 일인지 어른들은 그걸 몹시 싫어하셨다. 시끄럽고 정신이 없다는 게 공통된 이유였다.

개울둑이나 밭두렁이 있긴 했으나 자칫 작물을 다치게 할 수도 있었으므로 줄넘기를 하기에는 마땅치 않았다. 한 뼘의 땅도 놀리지 않던 시절이었으니 우리는 어쩔 수 없이 좁아터진 고샅길에서 놀 수밖에 없었다. 가끔 자전거나 리어카, 그보다 더 넓은 달구지가 지나갈 때면 우리들은 텃새처럼 헤쳤다 모이기를 반복해야 했다.

아니나 다를까 친구들은 고무줄놀이를 하느라 정신이 없었다. 얼른 길옆에 포대기를 펴고 막내를 눕히고는 금을 준들 너를 사랴, 은을 준들 너를 사랴…, 어머니의 자장가를 떠올리며 막내를 토닥거려 주었다. 막내는 고맙게도 금세 잠이 들었다.

양말을 벗었다. 발바닥에 닿는 흙의 감촉이 좋다. ♬♪무찌르자 공산당 몇 천만이냐, 대한 남아 가는데 초개로구나, 나가자 나가 승리의 길로, 나가자 나가 승리의 길로🎵 노래와 함께 고무줄놀이가 시작되었다. 친구들은 까치발을 들며 고무줄의 높이를 올리느라 난리다. 신바람이 났다. 키로 보나 다리의 길이로 보나 나를 따라올 친구가 없었던 것이다.

얼마가 지났을까, 막내가 칭얼댔다. 나는 막내의 울음이 세상에서 제일 무섭다. 언젠가 아버지는 막내의 울음소리를 듣고 단걸음에 달려왔었다.

"이놈으 지지배가 애기는 안 보고 뭣허는 짓여. 애기 잘 보라구 그르케 일렀건만."

아버지의 목소리는 천둥 벼락보다 더 크고 무서웠다. 나는 막내와 포대기를 그대로 놓아둔 채 줄행랑을 쳤고 캄캄한 밤이 되어서야 집에 들어갈 수 있었다.

아버지는 쉰 살에 얻은 막내를 금쪽같이 여겼다. 나는 그런 막내가 부러워 계집애로 태어난 서러움을 온몸으로 견뎌야 했다. 그렇다고 막내가 미운 건 절대 아니었다. 아버지의 귀하디귀한 아들이니 내가 잘 보살피면 목석같은 아버지의 마음도 움직일 거라 생각했기에.

막내는 배가 고픈지 박박 악을 썼다. 등에서 진땀이 났다. 까딱하다가는 또 불벼락을 맞을 텐데. 친구들도 포대기의 흙을 털어주고 막내를 달래느라 난리다. 언젠가 아버지로부터 혼이 났던 기억이 떠오른 때문이리라. 그 기억 속의 날에도 나는 지금처럼 고무줄놀이를 했었다. 결단코 그 자리에 같이 있던 친구들은 나랑 놀았다는 것 빼고는 아무 잘못이 없다. 그런데도 아버지는 불같이 화를 내며 싸잡아 혼을 냈다.

"하찮은 지지바들이 조신허지 못허게 고샅길서 뭔 짓거리여?"

그 말을 들은 친구들은 걸음아 날 살려라 도망을 쳤다. 가뜩이나 아버지는 호랑이로 소문난 분이라 보는 것만으로도 무서웠을 텐데 득달같이 달려와 호통까지 쳤으니 오죽했겠는가. 그 일로 어머니는 애꿎은 곤욕을 치러야만 했다.

"아이구, 정숙엄니, 정숙이 아부지가 우리 딸네미 보구 하찮은 지지바라구 혔다대. 걔가 을매나 귀한 딸인디 참말루."

"우리는 딸 땜이 산다우. 목석같은 아들만 보다가 고놈이 태어낭 게 살맛이 나드만…."

"남의 귀한 딸헌티 화풀이를 허먼 어떡헌대유. 내, 정숙이 엄니 아니었음 한대거리 혔을 거유."

어머니는 널리 이해해달라는 말을 하며 연신 사과를 했다. 아버지의 잘못이 당신의 잘못이라도 되는 것처럼. 물론 더 이상 수치스러운 일은 일어나지 않았다. 어머니는 좋지 않은 일로 남의 입술에 얹히는 건 미련한 사람이 하는 짓이라 했었다. 그걸 모르는 아버지가 답답했다. 막내를 들쳐 업고 집으로 내달렸다.

마당에 들어서니 어머니가 보이지 않았다. 할머니께 물어보려 사랑방 쪽으로 다가가려는데 난데없는 고함소리가 터져 나왔다.

"감히 여기가 어디라구 발을 들여놔. 선일이 데려갈 생각일랑 꿈두 꾸지 말란 말이여."

할머니였다. 목소리는 제법 근엄하기까지 했다. 나는 놀란 나머지 못 박힌 듯 서 있었다. 등에 업힌 막내도 울음을 멈췄다. 잠깐이지만 집은 다시 조용해졌다. 할머니의 말을 되뇌어보았다. 여자의 흐느낌이 들린 건 그때였다. 굴뚝모퉁이 쪽이었다.

"할무니, 제발 문 좀 열고 나와서 내 말 좀 들어봐유. 엄니가 오늘만큼은 선일이를 꼭 데려오라 혔다구유. 보구싶다면서유 흑, 흑…"

나처럼 아기를 업은 여자아이가 울부짖는다. 엉? 할머니? 선일이를 데려와? 소리나는 쪽으로 고개를 돌렸다. 아홉 살 나보다 한 뼘은 작아 보이는 아이가 서 있다. 머리는 나처럼 단발이고 꼬질꼬질한 흰 저고리에 검정치마를 입었다. 바짝 마른 발목 위로 축 늘어진 치마가 무거워 보인다. 계절에 맞지 않는 두꺼운 포대기가 도롱이를 걸친 듯 치마 위에 둘러있다. 아이의 이마에선 비지땀이 흐른다. 땀을 닦아주고 싶어 한 발 앞으로 다가섰다. 아이가 눈치를 챘는지 한 발 물러서며 이마의 땀을 손바닥으로 밀어낸다.

아기가 궁금했다. 까치발을 들고 고개를 빼내어 등 뒤를 살폈다. 그 애가 두 손으로 엉덩이를 받친다. 가랑이 사이로 대롱대롱 흔들리는 게 보인다. 작은 보따리다. 눈을 뗄 수가 없다.

그 애가 허리춤을 추썩거린다. 내 시선이 느껴지는 걸까 아니면 업은 아기가 힘에 부치는 걸까. 업고 있는 아기가 설마? 한 발 다가가려는데 그 애가 다시 뒷걸음이다. 문득 어떤 분이 나를 중학생이라 불렀던 일이 떠올랐다. 그 애 역시 착각할지도 모를 일, 천천히 아주 천천히 다가섰다. 다행히 그 애는 옆으로 고개를 푹 숙인 채 가만히 서 있다. 안심하며 등 뒤로 돌았다. 아기다, 아주 작은 아기. 좀 더 가까이 다가갔다. 아기가 그 애의 좁은 등 밖으로 목을 축 늘어뜨린 채 자고 있다. 놀란 나는 재빠르게 아기의 목을 받쳐 올렸다. 아기의 얼굴이 땀범벅이다. 두꺼운 포대기를 풀어주었으면 좋겠는데, 말을 건넬까 말까 망설이고 있을 때였다. 얌심맞은 파리 한 마리가 윙윙거리더니 아기의 머리에 앉는다. 귀찮은 듯 얼굴을 찡그리는 아기. 아기의 움직임이 이렇게 반가울 수가. 한 손으로 바람을 일으켜 파리를 쫓아주었다. 새근새근 아기의 숨소리가 들린다.

도대체 어머니는 어디 계신 것일까.

"엄니, 막내가 배고프대유~우~" 나는 뒤꼍을 돌아 나와 큰소리로 어머니를 불렀다.

"아이구, 누가 왔나 혔더니 너였구나. 어미가 되어."

어머니는 상추가 가득 담긴 바구니를 든 채 마당으로 들어섰다. 나는 당황하지 않을 수 없었다. 아무리 어머니의 말을 믿으려 해도 아이 엄마라는 게 믿기지 않는 것이다.

"안녕하세유? 엄니가 선일이 데리고 오라구 혀서…."

그녀는 다시 울먹이기 시작했다.

"올해 몇 살이지? 아들? 그래 백일은 지났구? 어디 보자, 똘똘허게 생겼네."

어머니는 궁금한 게 따로 있다는 듯 등에 업힌 아기를 들춰보며 물었다.

"열일곱이고…. 아들이에요. 백일 지난 지 한 달쯤 됐고요."

열일곱? 저토록 작은 아이가? 나는 입을 다물지 못한 채 그 애를 내려다보았다. 그 애가 부끄러운 듯 고개를 숙인다.

"아이구, 이쁘다. 잘 생겼어. 누굴 닮아 이르케 잘 생겼을까. 엄마? 아빠? 그렇지, 엄마 얼굴이 보이네. 선일이 얼굴두 조금 보이는 것 같구. 만나본 적은 읎지만 나머지는 즈 아비를 닮았을 티지 뭐. 시상이 낯 안 가리는 것 봐. 까꿍."

어머니는 내 등에 업힌 막내가 어머니를 보고 다리를 쭉쭉 뻗는데도 그녀의 아기만 보느라 정신이 없다. 막내가 울어주기를 바랐다. 그러나 막내는 낯설고 작은 아기가 신기한지 눈만 말똥거린다.

"아이구, 은제 나섰는디 인자 왔어. 시상이 반야산 넘어오느라 을메나 배가 고팠을꼬…."

어머니는 갑자기 뭔가가 생각났다는 듯 그녀의 손을 잡아끌었다. 나도 정신없이 그녀의 뒤를 따랐다. 할머니의 악에 받친 소리가 터져 나온 건 바로 그때였다.

"여기가 어디라구 애를 보내나 보내길. 하늘이 무너져 봐라 선일이를 내주나. 생각허구 생각헌 끝에 내가 결심헌 일잉 겨. 죽은 니 아비나 살아돌아오믄 모르겄다. 아무두 내 고집을 못 꺾는다 그 말이여. 아암, 못 꺾지. 못 꺾구 말구."

할머니는 무서운 게 없는 사람 같았다. 선일이가 궁금했다. 저를 데리러 왔다지 않는가. 그런 말을 듣고 왜 가만히 있지? 할머니가 귀를 막아 듣지 못했나? 나는 한참 동안 사랑방을 바라보며 서 있어야만 했다.

할머니의 외침이 그쳤다. 할아버지의 담뱃재 터는 소리도 들리지 않는다. 열한 살 선일이도 기척이 없다. 조용해도 너무 조용한 우리 집이다. 어떤 소리라도 듣고 싶어 사방을 두리번거렸다. 외양간 누렁이의 되새김소리가 들린다. 순간, 누렁이처럼 눈을 감고 있을 선일이의 모습이 떠올랐다. 한 번도 소리 내어 운 적이 없는 선일이. 미우면서도 불쌍해지는 선일이. 엄마가 얼마나 보고 싶을까. 오늘이라도 엄마를 찾아갔으면…. 이런저런 생각을 하며 어머니와 여자가 들어간 부엌문을 열었다. 여자는 부엌 바닥에 퍼질러 앉아 흐느끼고 있었다.

"엄니가 선일이 꼭 데려오라구 혔는디, 흑, 흑…. 엄니는 선일이 보구 싶어 병까지 나셨다구유. 흑, 흑…."

어머니는 그런 여자의 흐느낌을 듣지 못한 것처럼 별 반응이 없다. 방문까지 닫아건 채 악을 쓰던 할머니나, 선일이를 데려가야 한다며 흐느끼고 있는 선일이 누이나, 자신의 아들을 직접 데리러 오지 않은 선일이 엄마라는 사람이나, 눈앞에 펼쳐진 상황을 보고도 당신(우리 집)과는 상관이 없는 척 하는 어머니나 모두 이상한 사람들이 아닌가.

여자의 등에 업힌 아기가 힘없이 운다. 어머니가 아궁이에 불을 붙인다. 점심에 먹었던 아욱국 냄새가 난다.

"쯧, 쯧. 아기어미가 때를 놓쳤으니…."

어머니는 커다란 양푼을 꺼내더니 데워진 아욱국에 밥을 말아 여자에게 건넨다. 양푼을 받아 든 여자는 밥을 게 눈 감추듯 먹어 치우고 나서야 일어나 포대기를 푼다. 막내에게 젖을 물리고 있던 어머니가 짚단을 밀어준다. 여자가 어머니 옆에 자리를 잡고 옷고름을 푼다. 크게 부풀어 있는 젖무덤을 끌어낸다. 세상에 이럴 수가. 어디서 감히, 나는 여자를 노려보았다. 아기가 그 젖을 정신없이 빤다. 한 손으로 젖꼭지를 매만지면서. 숨을 쉴 수가 없다. 도대체 어린애와 어머니의 차이는 뭘까. 여자를 유심히 살폈다. 볼수록 작아 보이는 키. 내 손보다 더 작은 손. 내 앞의 여자는 어린애인가 어른인가. 내 어머니 옆에서 어머니처럼 젖을 먹여도 된단 말인지. 맥없이 슬퍼진다.

아기가 꿈틀거린다. 여자는 아기를 안고 등을 서너 번 두드린다. 아기가 트림을 한다. 여자가 일어선다. 어머니는 막내를 나에게 건네준 후 아기를 받아 안는다. 여자는 앞가슴을 여미더니 아기를 업히라는 듯 허리를 숙인다. 어머니가 아기를 업혀준다. 안쓰러운 표정이 역력하다.

"아이구 어쩐다냐. 애어멈헌티는 따끈하게 새 밥을 지어주어야 허는 건디. 내가 워낙이 바쁘다 봉게 마음만 있지 겨를이 읎네 그려. 그나저나 얘야, 이왕 늦었응 게 차라리 자구 가믄 어떠냐? 나랑 같이 자믄서 이런저런 이야기두 헐 겸."

"아녀유. 저두 이제 가봐야 돼유. 엄니가 기다리셔서…."

"그려? 그럼 얼릉 서두르자. 반야산 넘을라믄 남은 해가 짧겄는디. 아, 아니다. 아기 업구 갈라믄 힘들 팅게 가다가 신작로 나오거들랑 논산읍내 가는 버스를 타거라. 읍내 가믄 연무대 가는 버스루 갈아타는 디가 있을 겨. 아이구, 그란디 버스 시간을 알 수가 있나. 버스를 타구 댕겨 봤으야 알지. 허긴 말 들어 보닝게 자주 댕기지두 않는다대. 내 남적읎이 타는 사람이 읎으닝게 그러컸지. 아이구, 그놈의 돈. 개도 안

물어가는 돈."

　어머니는 그녀에게 포대기를 단단히 묶어주며 연신 중얼거렸다. 나에게 막내를 업혀줄 때와 한 치도 다르지 않았다. 아기 잘 봐라, 아무거나 먹이지 말거라, 업은 채로 뛰지 말거라, 울면 바로 데려와야 한다, 라는 말을 어머니는 포대기 끈을 다 맬 때까지 되풀이했다. 나는 조여달라 풀어 달라, 일부러 투정을 부렸었다. 어머니 손길을 더 느끼고 싶어서. 그녀 역시 어머니의 손길이 싫지 않은지 가만히 있다. 은근히 샘이 났다.

　여자가 어머니께 인사를 하며 발길을 돌린다. 어머니는 약간의 노자(路資)와 쌀 몇 되를 안겨주었다. 여자는 쌀을 머리에 이고 할머니는 안중에 없다는 듯 총총히 대문을 나섰다.

　"아이구, 쌀이 무거울 틴디…. 시상이 어린 것이 먹구 살겄다구 받아 이구 가는 것 좀 봐. 아이구, 목구멍이 웬수여. 그놈의 보릿고개는 더 웬수구."

　어머니는 그녀가 안쓰러운지 자꾸만 혀를 찼다. 나는 대문간으로 나갔다. 반야산 쪽으로 기운 초여름의 태양이 논뫼벌의 보리이삭을 자상하게 굽어본다. 그녀는 저 태양을 벗 삼아 반야산을 넘을 것이다.

　나는 여자가 집에 도착할 때까지 해가 반야산에 남아있길 간절히 바랐다.

당당한 여자

여자가 두 번째로 우리 집에 온 건 그로부터 삼 년쯤 지나서다. 그러니까 내가 열두 살, 선일이가 열네 살, 그녀는 스무 살이었을 것이다. 두 아이의 엄마가 되어 있었다. 그날 여자는 처음 왔을 때와 다르게 자신감에 차 있었다. 업고 걸리고, 대문에 들어서자마자 안방을 향해 명랑하고 큰 목소리로 인사를 하는 게 아닌가.
"어르신 방에 계세요? 저 선일이 누이예요. 오늘은 꼭 선일이를 데려가려고요."
"누구? 선일이 누이? 어서 오느라. 어서 와. 시상이, 저번에 왔던 아기가 아우를 보았구나. 어디 보자, 아우를 봐서 아주 씩씩해졌네. 대견허기두 허지."
어머니는 그녀가 처음 왔을 때만큼이나 반가워하며 그녀를 맞았다. 사랑방 문이 열리며 분노에 찬 소리가 튀어나온 건 바로 그때였다.
"뭐라? 선일이를 어째? 누구 마음대루? 택두 읎는 소리. 당장 나가거라. 어서."
여자는 나이를 먹어서 그런지 할머니의 그 말을 듣고도 침착함을 잃지 않았다.

"할머니, 왜 화를 내고 그러세요. 내 핏줄 내가 데려가겠다는데? 여러 말 할 것 없어요. 선일이는 이집 핏줄이 아니에요. 아니라고요."

또박또박 대들며 사랑방을 노려보자 할머니가 삿대질을 하며 소리를 질러댄다.

"아니, 이눔으 지지배가 눈에 뵈능 기 읎나, 뭘 잘 못 처먹었나, 감히 여기가 어디라구 오랑캐 쳐들어오드끼 들어와서 시끄럽게 굴어 굴기를. 당장 안 나가."

할머니가 난리를 치는데도 할아버지는 방에 없는 듯 기척이 없다. 선일이 누이는 더 기를 쓰며 난리다.

"오늘은 선일이를 꼭 데리고 갈 테니 그리 알아유. 이 집이 그렇게 좋으면 할머니 혼자 천년만년 사시라구유."

"아, 두 말 할 것 읎어. 당장 가서 니 어미헌티 전하그라. 죽어두 선일이를 내주진 않겠다 허더라구. 내가 선일이를 내어줄 줄 알았다믄 오산이다. 오산. 그러닝게 다시는 내 앞에 나타나지 말란 말이다, 알겄냐?"

할머니는 보기 싫다는 듯 아예 문을 닫아걸었다.

"아이고, 왜 나오시질 못하실까? 그렇게 떳떳하면 한 번 마당으로 나오셔서 말씀 좀 해보시지. 동네 사람들 듣고 보게끔? 아니 시집을 가려면 혼자 가시지 왜 선일이를 데리고 가냐고요. 우리 선일이는요, 시집간 할머니의 손자가 아닌 우리 집의 대를 이을 귀한 사람이라고요. 그런 선일이를 왜 빼앗는데?"

선일이 누이는 야유하는 것도 모자라 할머니를 아예 죄인 취급이다.

누가 옳고 그른지 도무지 모르겠다. 할머니와 선일이 누이는 왜 선일이를 가운데 두고 데려가네 마네 줄다리기를 하는가. 보고 듣던 어머니는 관심 밖의 일이라는 듯 안방행이다. 나 역시 그 자리에 있을 필요가 없을 것 같다. 어머니를 뒤따르다 그녀를 힐끗 쳐다보았다. 그녀가 한 손을 번쩍 들며 다가온다.

"저기, 우리 선일이 어디 있는지 알지? 선일이 좀 데려다줄래?"

그녀는 처음 우리 집에 왔을 때와 다르게 나를 어린애처럼 대했다. 나보다 작은 주제에 명령이라니.

"선일이 어딨는지 모르는디유. 보고하고 나가는 것도 아니구."

뚫어져라 쳐다보며 쏘아붙였다.

일부러 피하는 선일이를 날 보고 어쩌라고. 정중히 부탁을 해도 들어줄까 말깐데 반말이 뭐야 반말이. 기분 나쁘게.

차라리 방으로 들어가는 게 나을 것 같다. 목을 똑바로 세우고 여자 앞을 지나쳤다. 마루 밑의 '메리'가 꼬리를 살랑대며 나온다.

"바보 멍청아, 저리 가."

발을 구르며 소리쳤다. 메리는 아주 짧게 깨갱 대더니 마당을 가로질러 대문 밖으로 나간다.

"메리야, 우리 메리."

목소리로 보아 선일이가 틀림없다. 재빨리 선일이 누이를 바라보았다.

"어머, 우리 선일이네. 어서 가자, 엄니가 기다리고 있어. 어서."

그녀는 단걸음에 달려가 선일이를 끌어안고 소곤댄다. 잠시 머뭇대던 선일이가 사랑방을 바라보며 발을 구른다. 당황한 그녀가 선일이의 손에 기저귀보따리를 쥐어주며 잡아끈다. 다른 손엔 첫애의 손이 잡혀있다.

"엉, 엉… 할머니는 어떡하구, 엉, 엉… 어엄마 엉, 어엉. 할머니이, 어엉, 엉…"

막혀있던 울음보가 터진 듯 선일이가 운다. 한 번도 소리 내어 운 적 없는 선일이의 울음소리. 낯설다.

"어서 가자니까. 엄니가 기다려. 오늘 아니면 영영 엄니를 못 봐. 자, 어서."

순간 꿈쩍도 하지 않던 사랑방 문이 부서지는 소리를 내며 열리는 게 아닌가. 맨발로 달려 나온 할머니는 독수리가 먹이를 낚아채듯 선일이를 낚더니 번개처럼 사라졌다. 사랑방 문은 다시 굳게 닫히고 말았다. 울음을 참느라 꺽꺽대는 선일이의 울음소리가 들린다. 답답하다. 마음껏 울게 내버려두지 왜들 저러는가. 울고 싶을 때 울지 못하는 것이 얼마나 힘든데.

어찌된 일일까, 꺽꺽대던 소리가 들리지 않는다. 우리 집은 다시 적막 속에 빠진다. 마당의 그녀도 별 움직임이 없다. 사랑방과 그녀에게서 눈을 뗄 수가 없다.

"이눔으 지집애가 아주 날강돌세. 날강도. 니 어메가 그르케 가르치대? 천하에 싸가지 읎는 것 같으니라구. 죽은 니 아비가 와봐라 내 선일이를 내주나."

아니나 다를까 이번엔 할머니가 선수를 친다. 나는 할아버지가 나서서 말려주길 바랐다. 동네 사람들이 들으면 창피해서. 그러나 할아버지는 기척조차 없다. 뭔가 무서운 일이 생길 것만 같은데 할아버지는 그런 낌새조차 모른다는 말인지.

"그려유? 그럼 천상 울 엄니가 와야 되겠네유. 엄니가 오면 선일이 내어줄 거쥬? 아니 손자 데리고 개가한 시어머니가 어떻게 손자의 어미인 며느리 얼굴을 본대유? 그런 할머니가 세상에 있기나 해유? 부끄럽지도 않냐구유?"

그녀의 목소리는 더욱 커지고 있었다.

"그려 이년아. 남부끄러워서 못 나가겄다. 그러닝게 그냥 돌아가, 돌아가라구."

"하, 그래도 부끄러운 건 아나보네요? 하늘을 머리 위에 이고 사는 사람이라면 똑같은 말을 할 거유. 손자 데리고 개가한 할머니가 제정신이냐고. 세상에서 가장 대단한 일을 하신 할머니, 내 말이 틀렸으면 그렇게 방에만 숨어있지 말구 나와서 말씀 좀 해 보시지? 그 장한 얼굴 좀 보여달라구유."

할머니는 방문을 열지 않았다. 여자는 더 이상 참을 수 없다는 듯 막말을 쏟아냈다.

"배부르고 등 따시니까 나중 일은 걱정도 안 되나보네? 흥, 죽었다 해도 찾지 않을 테니 두고 보라지. 영감님만 있으면 된다? 푹 빠졌구먼. 푹 빠졌어. 눈에 뵈는 게 없다 그거죠? 마음에 걸리는 것도 없고? 그래요, 그래. 어디 한 번 잘 살아보시구려, 천년만년 억만년."

여자는 목청껏 소리를 지르고는 안채와 사랑채를 두리번거리더니 침묵마저 서러운 듯 큰소리로 울부짖는다.

"아니, 개가를 하고 싶으면…, 흑, 당신 혼자 갈 것이지…, 흑. 왜 혼자된 며느리한테서 손자까지 빼앗느냐고…, 흑, 흑…. 혼자된 울 엄니는 어찌 살라고, 이게 사람이 할 짓입니까? 제발 누구라도 좋으니 대답 좀 해주세요, 흑, 흑…"

여자는 아예 할머니를 할머니로 생각하지 않는 것 같았다. 더 이상한 건 여자가 그렇게 심한 악다구니를 퍼부어도 말리는 사람이 없다는 사실이다. 아버지는 슬그머니 삽을 어깨에 메고 나가고, 어머니는 밀어놓았던 반짇고리를 잡아당긴다. 할아버지의 헛기침소리와 담뱃재 터는 소리도 들리지 않는다. 장에 가셨나? 방문을 열고 확인하려다 그만 두기로 했다. 할머니가 무섭게 변해 있을 것 같아서.

할머니의 정체가 뭘까. 선일이 엄니는 왜 선일이를 데리러 오지 않는 것일까.

신령님이시여

나의 물음에 답하듯 할머니의 흐느낌이 새어나왔다.
"아이고~~, 불쌍한 우리 선일이~~. 내가 아니믄 누가 지키겄어~~, 누가~~. 흑, 흑…. 아이고~~, 불쌍한 우리 선일이~~. 흑, 흑…."
할머니는 선일이를 아예 끌어안고 우나 보다. 선일이 누이에게로 시선을 돌렸다. 그녀는 생각에 잠긴 듯 고개를 푹 숙인 채 말뚝처럼 서 있다. 이번엔 큰아이가 칭얼댄다. 우리 집은 아까보다 더 침울해졌다. 여자가 아이를 달랜다. 금방 갈 거니까 조금만 참으란다. 아이는 어서 가자며 몸을 뒤튼다. 나는 아이가 불쌍해진다. 여자가 아이의 손을 잡는다. 가려나? 웬걸 분위기는 이내 바뀌고 말았다.
"지를 을메나 생각혔는디~~. 나는 지를 딸로 생각혔어~~. 메누리루 생각헌 적이 한 번두 읎었다 그말여~~. 흑, 흑…. 그란디~~, 나를 벼랑 끝으루 밀어? 천하에 싸가지 읎는 인간 같으니~~. 그르케 인정머리 읎으믄 죄받는다, 죄받어~~, 흑, 흑…."
할머니의 생뚱맞은 말에 아이를 어르던 여자가 불끈하고 나섰다.
"예? 딸로 생각했다고요? 세상에 기가 막혀. 말도 안 나오네. 아니, 울 엄니를 그렇게 생각했으면 선일이를 내놓으셔야죠. 무슨 권리로 빼앗느냐고요? 손자라는 이유로? 그건 아니죠. 죽은 남편 못 잊어 자식 얼굴 보며 살겠다는데 그게 싸가지 없는 거예요? 우리 엄니요, 오매불망 아들만 그리며 살고 있어요. 할머니가 할아버지 돌아가셨을 때 우리 아버지를 할아버지로 여기며 사셨던 것처럼. 그런데도 엄니가 불쌍하지 않나요? 도대체 무슨 억하심정으로 울 엄니와 선일이를 떼어 놓느냐고요. 원수 척진 것도 아닌데…흑, 흑….”

"그려? 니 에메가 그르케나 자신이 있다드냐? 아서라 아서~~. 시상이 무너져두 그 길은 갈 길이 아녀~~. 내가 가봐서 안다, 겪어봐서 알어~~. 그 길은 가시밭길보다 더 험헌 길이여~~. 시상이, 그 설움을 어쩔 거냐~~. 그 눈물을 어쩔 거냐구~~. 니는 모른다~~, 아무두 몰러~~. 차라리 가시밭길이라믄 말리지 않을겨~~. 가시에 찔려 아프믄 덜 서러울 티닝게~~. 흑, 흑….”

할머니는 아예 몸을 뒹굴며 우는 것 같았다. 그것은 처절하다 못해 끊어질 듯 이어지더니 일정한 가락으로 변해갔다. 그녀와 사랑방을 번갈아 바라보던 나는 그 처량하고 애절한 가락에 취해 꼼짝 할 수가 없다. 그녀 역시 어안이 막혔는지 못 박힌 듯 서 있다.

등에 업힌 아기가 운다. 지친 울음이다. 그녀는 재빨리 아기를 앞으로 돌려 안는다. 지극히 자연스럽게 가슴을 여는 여자. 나는 가슴이 뛴다. 진정해야겠기에 손을 가슴으로 가져갔다. 그녀가 아기에게 젖을 물린다. 내 가슴이 찌릿해지는 느낌이다. 아기가 울음을 그치며 젖을 빤다. 그제야 손을 내렸다. 아기가 배를 채울 동안만이라도 집안이 조용했으면 싶다.

마루에 걸터앉아 그녀의 태도를 빠짐없이 관찰했다. 그녀는 선 채로 젖 먹는 아기의 머리를 쓰다듬는다. 그녀에게서 내 어머니가 보인다. 어머니를 올려다보며 젖을 먹던 막내도.
　다행히 우리 집은 조용했다. 아기는 마음껏 젖을 먹었는지 긴 트림을 한다. 그녀가 아기를 곧추앉더니 눈을 맞춘다. 아기가 아는 체를 한다. 귀엽다.
　그녀가 아기를 등으로 돌려 업는다. 포대기를 두르고 암팡지게 묶는다. 나는 그녀의 숙련된 모습에서 어머니의 거룩함을 보았다. 그녀는 몇 년 사이에 어른이 되어있었던 것이다. 적이 안심을 하며 이쯤해서 돌아가 주길 바랐다. 그러나 그녀는 사랑방 쪽으로 더 가까이 다가섰다.
　"할머니, 그만 가봐야 하니까 이젠 선일이 좀 내보내줘요. 할머니의 진심은 제가 엄니한테 잘 말씀드릴게요. 엄니는 선일이만 있으면 된다고 했어요. 선일이 보고 싶다 하시면 제가 데리고 올 수도 있고 아니면 할머니가 우리를 찾아오셔도 되고요. 모든 새끼는 어미품속이 제일이잖아요. 동물이건 사람이건…."
　여인의 말투는 부드럽게 변해있었다. 선일이를 데려갈 방법을 궁리하다 그 방법을 생각해낸 게 분명했다. 나는 그녀의 말대로 선일이가 엄마의 품으로 돌아가길 간절히 바랐다. 그러나 할머니는 가만있지 않았다.
　"뭐가 어째? 아직두 내 말에 토를 달겄다? 에잇, 나쁜 년. 당장 나가그라, 어서. 하늘이 무너져두 선일이를 내줄 수 읎다구 그르케 말했건만 아직두 말귀를 못 알아들었다? 그렇다믄 내 다시 알아듣두룩 말을 허마. 아무리 니 어미가 독사마냥 독을 뿜어대두 절대루 물러서지 않는다 그 말이다. 산전수전 다 겪어 악만 남은 년인디 무서웅 기 어딨겄어. 그러니께, 다시는 내 앞이 나타나지 마. 인자부텀 니랑나랑은 끝이다 그거여."

 할머니는 그녀의 마지막 호소를 단칼에 거절했다. 깜짝 놀랄 일이 아닌가. 조금 전까지만 해도 할머니는 며느리를 딸로 여겼다며 흐느끼지 않았던가. 나는 어리지만 며느리와 딸이 엄연히 다르다는 걸 안다. 시어머니라는 어른이 며느리를 구박하는 걸 보고 들었으니까. 그런데 할머니는 며느리를 딸로 생각했단다. 나는 그 말을 들으며 선일이가 엄마에게 돌아갈 수 있을 거란 기대감을 가졌던 게 사실이다.

 선일이 누이는 닫혀있는 사랑방을 잠깐 노려보더니 어머니께 인사를 하는 둥 마는 둥 하고는 뒤도 돌아보지 않고 황황히 걸어갔다. 전번에 왔을 때와 다르게 그녀가 퍼붓고 간 말들을 빠짐없이 되짚어보았다. 그것은 할머니에 대한 원망뿐 아니라 세상을 향한 원망이었으며 내 어머니 아버지를 향한 분노에 찬 원망이기도 했다. 나는 그녀의 뒷모습을 보면서 부끄러움이 꿈틀댐을 느꼈다. 우리 가족 모두를 대신해 그녀에게 잘못을 빌고 싶었다.

 선일이 누이가 떠난 마당엔 냉기만 가득했다.

 "아이구, 남덜은 만나서 백년해루 헌다드믄 복살머리 읎는 이년은 이 꼴이 뭐랴. 선일이 할아부지~~. 거기가 그르케 좋으믄 지발 나 줌 데려가유. 서방 잡어먹구 아들 잡어먹은 년이 인자는 손자 훔친 도둑년이 되얏당게유~~. 애비야~, 이눔아. 돈 벌어 온다더니 어딜 갔겨? 니 여편네꺼정 어미 꼴을 만들어 놓아 속이 시원허드냐 불효 막심헌 눔아~~. 흑, 흑…, 아이구 원통허구 절통혀서 이년은 못 살겄네~~. 반야산 산신령님~~, 관촉사 미륵님~~, 조상님들이시여~~, 서방이든 자식이든 하나라두 지켜줬으야지 무신 억카심정이루다 보구만 있었대유~~. 그러믄 안 되는 기유~~. 구신(鬼神)이 내 서방 내 새끼 데려갈 적이 뭣들 허구 있었냐구유~~. 토끼겉은 자식 낳어 잘 살구 있었잖유. 그게 그르케두 배가 아펐슈? 무식허구 힘읎는 여편네라구 무시혔등규? 인정간이 그라믄 안 되능규~~. 날마둑 빌었잖유. 날마둑. 아이구~, 이년은 억울혀서 못살겄네~~. 흑, 흑…."

가락을 띤 그 탄식은 차라리 시조창이나 판소리에 가까웠다. 그렇게 퍼붓고도 할 말이 남아있다니. 할머니는 이제 눈에 뵈는 게 없나보다. 방으로 들어갈 수도, 집 밖으로 나갈 수도 없어 마루에 걸터앉아 듣고 있던 나는 벌떡 일어서고 말았다. 할머니가 기절이라도 할까 겁이 났던 것이다. 그러나 할머니는 나를 다시 주저 앉혔다.

"아이구~~, 못나 터진 년. 나이 한 살이라두 덜 처먹었을 때 가랬드니 왜 아직꺼정 갈 길을 못 찾구 지랄이냐~~. 평생을 서방 잡아먹은 여편네 소리 들으야 헌다는 걸 왜 몰러 이년아~~. 지발 부탁인디 한 맺힌 가슴이다 난도질 좀 그만 혀라. 멍청한 년아~~, 니년 때미 내가 이러구 있는디~~. 흑, 흑…. 아이구, 시상이~~, 누가 내 마음을 알꼬~~, 하늘이나 알구 땅이나 알겄지~~. 아이구, 내 팔자야. 내 어쩌다 이꼴이 되었누~. 바보 같은 년~. 천치 같은 년~. 천하에 독헌 년…."

자신을 향한 욕인지 며느리를 향한 욕인지를 끝으로 할머니의 가락은 더 이상 이어지지 않았다. 나는 할머니가 기절한 것 같아 불안했다. 어머니를 찾았다. 어머니가 눈물을 훔치며 마당을 가로지른다. 할머니와 선일이가 걱정되나보다. 사랑방 앞에 다다른 어머니, 문을 두드린다. 한참 동안 사랑방 문은 열리지 않았다.

어머니의 출현에 소리 없이 울고 있던 선일이와 할머니가 깜짝 놀란다. 벽을 향해 누워있던 할아버지도 안 되겠는지 일어나신다. 어머니가 할머니의 손을 잡는다.

"그만 우셔유. 몸 축나겄어유. 다, 여자루 태어낭 기 죄지 뭐가 죄겄어유. 시상이, 내두 이르케 마음이 아픈디…"

어머니의 말이 끝나기 무섭게 할머니가 어머니를 끌어안는다. 할머니의 눈에서 눈물이 쏟아진다. 선일이의 눈에서도 눈물이 흐른다. 할머니와 선일이의 눈물을 닦아준 어머니가 두 사람을 껴안고 운다. 그 모습을 본 할아버지가 자리에 눕는다. 세상을 다 얻은 사람처럼 편한 자세다.

제 누이가 손을 잡아끌 때 어찌할 줄 몰라 발만 구르던 선일이. 얼마나 엄마가 보고 싶었으면 할머니를 부르며 울부짖었을까. 그대로 제 누이를 따라가도 되련만 할머니 걱정에 떠나지 못한 선일이. 그 애의 슬픈 눈빛이 기억될까 두렵다. 열두 해를 살아오는 동안 그런 눈빛은 처음이다.

그녀는 지금쯤 우리 동네를 벗어나 반야산 자락에 다다랐을 것이다. 한 아이는 업고 한 아이는 걸리고 반야산을 향해 걸어가고 있는 그녀가 보이는 것 같다. 그녀가 '꾸욱꾹꾸르륵, 꾹꾹꾸르륵…' 멧비둘기의 처량한 울음소리를 들을까 겁난다. 나는 그 울음소리를 들을 때마다 눈물이 났었다. 아버지께 야단맞았던 일과 동생들 대신 억울한 누명을 썼던 일들이 자꾸만 떠올라서.

　아, 그놈의 멧비둘기가 운다. 그녀의 흐느낌이 들리는 것 같다. 다리 아프다며 발을 구르는 아이의 칭얼댐도. 멧비둘기가 밉다.

　사랑방 문이 열린다. 어머니와 어머니께 몸을 기댄 할머니가 모습을 드러낸다. 할머니는 금방이라도 쓰러질 것 같다. 두 분이 대문간으로 나간다. 나의 눈과 귀도 뒤를 따랐다. 간신히 몸을 세운 할머니가 노을빛에 물들어가는 반야산을 바라본다. 습관처럼 걱정과 탄식이 뒤를 잇는다.

　"에구, 해두 을마 남지 않었는디 어디쯤 갔을까 모르겄네. 업구 걸리구 을메나 힘들꺼나."

　"그러기 왜, 즈 할머니는 마음에두 읎는 말을 했시유. 어린 것이 가운디서 을메나 심들었겠시유. 즈 어매는 데려오라 허구 즈 할머니는 안 된다구 허구…."

　어머니는 나무라듯 하면서도 누가 옳다는 말은 하지 않았다. 나는 그때 어머니가 선일이 누이의 편을 들어주어야 한다는 생각을 했었다. 어머니도 그편이 선일이의 장래를 위해 좋다는 걸 모르지 않을 것이다. 그런데도 어머니는 어정쩡한 태도를 취하고 있다. 할머니와 선일이 누이의 처절한 다툼이 할아버지 때문만은 아닌 것 같은데. 왜 아버지와 어머니, 할아버지와 할머니는 선일이의 장래에 대해 걱정한마디 없는 것일까.

　할머니는 선일이 누이가 왔다간 뒤부터 한 동안을 멍하니 앉아 있곤 했다. 그 모습은 마치 정신 줄을 놓아버린 사람 같았다. 나는 할머니를 의식적으로 피했다.

아주 조용한 귀향

조금 있으면 할머니는 우리 집을 떠난다. 스무 해 동안 머물렀던 우리 집을. 단언컨대 할머니가 다시 돌아오는 일은 없을 것이다. 선일이를 지키기 위해 우리 집으로 오셨다는 할머니. 손자와 며느리를 위해 당신의 모든 것을 포기했다는 할머니. 그런 할머니가 손자를 가운데 두고 줄다리기를 했던 손녀를 따라 고향으로 돌아간다. 반생반사의 몸이 되어.

할아버지는 조강지처와 십 년을 사셨단다. 그런데 오늘 떠나는 할머니와는 열두 해를 사셨으니 같이한 시간으로 보면 할아버지의 아내는 할머니가 맞지 않을까? 물론 나는 조강지처와 후처가 엄연히 다르다는 걸 안다. 권리와 의무의 경중, 부르는 호칭의 존비(尊卑), 바라보는 시선과 대우까지도.

할머니는 내가 태어나기 전에 우리 집에 오셨단다. 그런 면에서 나는 스무 해 동안 할머니의 삶을 적나라하게 보고 자란 셈이다. 내가 본 할머니는 권리는 없고 의무만 있는 사람이었다. 평생 의무만을 이행하기 위해 살았던 할머니. 할머니는 우리 집에 오셔서 무엇을 얻은 것일까. 할아버지와 부모님 또한 무엇을 얻었을까. 아무리 생각해도 마음의 상처를 나누어 가진 것 외엔 없는 것 같다. 아내 대접은커녕 가족의 일원조차 되지 못했던 할머니. 그녀는 선일이 할머니란 이름으로 여기까지 왔다. 할머니의 진짜이름은 뭘까.

그토록 애지중지했던 선일이는 어디에 있는 것일까. 할머니가 고향으로 돌아간다는 사실을 알기나 할까. 할머니는 바람대로 선일이를 지켜낸 것일까. 딸처럼 여겼다는 며느리의 앞길을 열어준 것일까. 할머니는 왜 이런 삶을 택했던 것일까. 누구에게 물어야 답을 얻을 수 있나. 세상에 이토록 초라한 귀향이 있을 수 있다니. 할머니를 바라볼 자신이 없다. 자리를 피하고 싶다. 어머니는 나를 왜 끌어들이는가. 혼자보다 덜 슬퍼지고 싶어 그러는가. 아니면 내가 만만하단 말인가.

어쩔 수 없이 할머니를 배웅해야 한다. 어머니와 함께. 두 분은 분명 슬피 울 것이다. 아, 눈물이 나오려한다. 이를 악물어야겠다. 돌아가신 할아버지가 밉다. 면환(免鰥)을 효라 생각하신 아버지도 밉다. 담벼락을 거꾸로 올라가는 것보다 낫다며 할머니를 모셔 들인 어머니도 밉다.

"아, 그르케 서 있지만 말구 할머니의 대야랑 요강이나 깨끗허게 닦아 오니라."

어머니는 서있는 내가 철딱서니 없어 보이는지 일거리를 툭 던져주고는 챙겨두었던 보따리를 들고 사랑방으로 향했다.

있는 힘을 다해 요강에 남아있던 묵은 때를 벗겨냈다. 허전하면서도 형용할 수 없는 감정들이 북받친다. 피 한 방울 섞이지 않은 할머니를 내가 왜 수발해야 하냐며 투덜대던 생각이 난다. 할아버지가 돌아가셨으니 할머니가 우리 집을 떠나야 하는 게 당연한 것 아니냐며 어머니께 핏대를 세운 것까지도.

　나는 언니나 오빠, 두 동생들과 다르게 선일이를 미워했다. 선일이가 강하게 나왔다면 나는 양심대로 멈칫했을지 모른다. "야, 너는 먹을 것만 좋아하지? 너는 아무리 먹어도 키가 안 자란다? 너는 왜 할머니하고 우리 집으로 왔어? 나 같으면 지금이라도 엄니 찾아가겠네."라는 말을 번갈아하며 해대도 선일이는 그저 귀먹은 척 벙어리인척 가만히 있었다. 나는 끝내 "야,우리 부모님을 엄니 아부지라 부르지 마." 윽박지르고 말았다. 그 말을 들은 선일이는 한참 동안 나를 노려보았다. 그러더니 닭똥 같은 눈물을 뚝뚝 떨어뜨리는 게 아닌가. 그런 선일이를 보면서 눈을 부릅뜨고 달려오실 할머니의 모습을 상상해보았다. 어찌된 일인지 전혀 무섭지 않았다. 만약에 할머니가 나를 혼내면 "내가 뭐 틀린 말 했어요? 그래서 나를 어쩔 건데요?"라고 되물을 작정이었다. 아니나 다를까 할머니는 훌쩍이는 선일이를 데리고 오더니 나를 혼내러왔는지 어디를 살피러왔는지 분간할 수 없을 정도로 애먼 곳만 휙 돌아보고는 말 한마디 꺼내지 못하고 가버리는 게 아닌가. 그날 이후로 나는 할머니와 선일이를 바보와 못난이로 단정해버렸다. 아버지의 가르침대로라면 여자는 한 남자를 섬겨야하고 남자는 태어나서 세 번만 울어야 한다니 어쩌겠는가.

　아, 내가 뱉어냈던 말들이 나를 윽박지른다. 버젓이 있는 엄마를 엄니라 부르지 못하고 내 어머니를 엄니라 부르던 선일이의 마음이 어땠을까. 난쟁이라 놀려대던 내가 얼마나 미웠을까. 그것도 모자라 친구들한테 머슴이라 했으니. 아버지도 그렇다. 어머니처럼 부드럽게 대해주면 어때서 무뚝뚝하고 차게만 대했을까. 그런데도 선일이는 아무렇지 않은 표정이었다. 엄니, 아부지라 부를 수 있는 대상이 있다는 것으로 만족했던 것이리라.

얼굴이 화끈댄다. 선일이를 만나면 철없어 그랬으니 용서해 달라 말하리라. 부디 좋은 사람 만나 행복하게 잘 살아 달라 부탁하리라.

더러웠던 것들이 깨끗해질수록 죄송했던 마음이 조금씩 사라지는 것 같다. 할머니의 물건이 또 있을 것 같아 주위를 둘러보았다. 사랑 마루 귀퉁이에 먼지를 뒤집어쓰고 있는 할머니의 고무신이 보인다. 그 고무신까지 닦아 들고 마당으로 나왔다.

"아저씨, 여기 이 쌀, 구루마에 실으셔유. 다 실으셨으믄 반대로 혀서 사랑마루 쪽으루다 바짝 붙여주시구유."

어머니는 팔짱을 끼고 서있는 선일이 누이 대신 같이 온 아저씨를 불렀다. 아저씨는 어리둥절해하면서도 기꺼이 어머니가 시키는 대로 했다.

사랑방을 흘낏 들여다보았다. 할머니는 머리에 쪽을 찌고 말끔해진 모습으로 앉아있었다. 할머니와 눈이 마주치지 않으려 슬그머니 뒷걸음을 했다. 선일이 누이가 그런 나를 물끄러미 바라본다. 할머니가 걱정된다. 선일이 누이에게 보내느니 내가 끝까지 돌봐드릴 걸, 후회가 밀려온다.

달구지에 볏짚이 깔렸다. 맨 먼저 할머니가 보물처럼 아꼈던 궤짝(할머니가 우리 집에 오실 때 가지고 왔던 작은 옷장으로 늘 그 자리에서 할머니를 지키고 있었다)이 실렸다. 뒤이어 요강과 이불보따리도 실렸다. 이젠 오롯이 할머니만 남아있다. 어머니가 할머니의 겨드랑이로 두 손을 밀어 넣는다. 할머니는 체념한 듯 순순히 어머니에게 몸을 맡긴다. 그러나 어머니는 할머니를 어쩌지 못하고 쩔쩔맨다. 그 모습을 보고 있던 마부아저씨가 할머니를 번쩍 안아 올린다. 선일이 누이는 여전히 팔짱을 낀 채 할머니를 바라본다.

볏짚 위에 눕혀진 할머니가 멍하니 하늘을 올려다본다. 하얀 얼굴이 더욱 창백해 보인다. 문득 중풍 맞고 누워있던 할머니가 떠오른다. 암시랑투 안혀…, 암시랑투…. 할머니는 지금은 무슨 생각을 하고 있는 것일까.

어머니는 녹음기처럼 같은 말을 되풀이하며 달구지에 오른다.

"부디 아프지 마시구유. 편히 사시다가…."

어머니가 할머니의 손을 잡고 흐느낀다. 듣고 있던 할머니가 운다. 코끝이 찡해진다. 눈물이 나오려나보다.

어머니대신 선일이 누이가 달구지에 올라탄다. 달구지가 대문을 향해 움직인다. 나는 어머니와 함께 마지막 인사를 했다. 할머니가 입을 오물거린다. 무슨 말을 하는지 알 수가 없다. 할머니가 운다. 어머니도 운다. 내 눈에도 눈물이 흐른다. 할머니는 더 이상 눈을 뜨지 않았다.

달구지가 천천히 움직인다. 어머니가 달구지를 따른다. 나도 어머니를 따랐다. 달구지는 이내 고샅길로 들어섰다. 워낭소리와 털거덕 소리가 온 동네에 가득하다. 동네 사람 누구도 할머니께 인사를 건네는 사람이 없다. 아저씨는 고샅길을 빠져나가자마자 소의 엉덩이에 채찍을 가한다. 달구지가 빨라진다. 할머니는 그렇게 우리 집을 떠났다.

어머니와 나는 대문간에 서서 반야산 쪽을 바라보았다. 이삭을 내밀기 시작한 보리밭 사이로 뽀얀 먼지가 인다. 먼지 사이로 달구지가 희미하다. 우리는 먼지가 사라질 때까지 대문간에 서 있었다.

"엄니, 그만 들어가요. 진즉에 가셨어야 했는데 무엇 때문에 우리 집에 머물러 있었는지 모르겠어요. 할아버지도 돌아가셨는데 무슨 영화를 보겠다구…"

나는 어머니의 팔을 잡아끌었다. 어머니는 연무대 쪽을 바라보며 연신 걱정을 해댔다.

"선일이 누이가 형편이 핀 것 같아서 마음이 쪼금 놓이기는 헌다만, 할머니가 걱정이네. 그저 아프지 말구 곱게 가셔야 헐 틴디. 스무 해 전 선일이를 업구 마당에 들어서던 때가 엊그제 같여. 그땐 을메나 젊구 고왔게. 오늘만큼이나 날씨가 화창혔구나. 새파랗게 출렁이는 보리밭 사이로 선일이를 업구 왔었지. 갸름한 얼굴선이 하두 고와서 '어머님'이라는 말이 선뜻 나오질 않았어야. 나두 모르게 '즈 할머니'라는 이두저두 아닌 호칭을 쓰구 있더라구. 가끔 들리는 장사꾼들은 시누이유? 묻기두 혔지. 잘생긴 할아버지를 꼭 빼닮은 딸루 보였덩가벼. 그러니 눈 높은 할아버지가 어찌 반허지 않었겄어. 손자를 데리구 나타났는디두 입이 귀에 걸려 내려오지 않았다믄 말 다혔지 뭐. 그렸던 사람이 저투룩 초라한 몰골로 귀향할 줄 어느 누가 알았을꼬, 어느 누가."

할머니가 떠나고 얼마 되지 않아 출타하셨던 아버지가 돌아오셨다.

아버지는 당신이 지시한 대로 쌀가마를 실어 보냈는지 물어보는 걸로 끝이었다. 그날 이후로 우리 집 식구들은 약속이나 한 듯 할머니에 대한 어떤 이야기도 하지 않았다. 동네 사람들 역시 마찬가지였다. 나는 사람들의 기억이 그토록 쉽게 사라질 수 있다는 게 신기했다. 든 자리는 몰라도 난 자리는 안다던데 투명인간이 아니고서야 어찌 이런 일이 일어날 수 있는가. 나는 할머니가 궁금해 견딜 수가 없었다.

제2장 무서운 아버지

소년가장이 되어

할머니가 떠나시고 얼마 되지 않은 어느 날이었다. 아버지는 여느 때와 마찬가지로 아침상을 물리자마자 두루마기를 찾는다. 어머니가 묻는다.

"노인정에 가시우?"

"아, 오늘이 시조선상님 오시는 날인디 얼릉 가야 앞자리에 앉지. 워낙이 자주 오시는 분이 아니니께."

아버지는 옷매무새를 만져주는 어머니를 재촉한다. 목석같은 아버지가 좋아서 배우는 게 있을 줄이야. 신기했다. 시조창 선생님이 고마웠다. 나는 아버지가 저녁때나 되어야 오신다는 걸 알고 있다. 부리나케 아침설거지를 끝내고 어머니 앞에 다가앉았다.

"엄니, 할머니는 어쩌다 우리 집에 오셨대요. 왜, 무엇 때문에? 아버지 오시기 전에 어서 말씀 좀 해 주세요. 궁금해 죽겠다고요. 네?"

어머니는 이번만큼은 나를 이겨내지 못하겠는지 반짇고리를 윗목으로 밀어놓고는 아랫목 벽에 허리를 기댄다. 나는 귀를 세우고 숨소리를 낮추었다. 젊은 시절의 할아버지는 아버지처럼 무서운 분이 아니었기를 간절히 바라면서.

1920년대, 전북 완주군의 한 벽촌(僻村)에 젊은 홀아비가 살고 있었다. 부잣집 막내아들로 태어난 그는 전답이 어디에 있는지, 그 전답에 무엇이 심겨져 있는지, 심어진 곡식을 언제 거둬야 하는지, 부엌에서 죽이 끓는지 밥이 끓는지, 심지어는 당신의 마누라가 왜 저토록 바빠야 하는지조차 모르는 한량 중의 한량이었다.

동네 사람들은 그를 보고 얼마나 복이 많으면 날마다 놀고먹을 수 있느냐며 혀를 찼다. 하지만 그의 아내는 안팎살림을 도맡아 하면서도 모든 걸 자신의 타고난 팔자로 치부하며 한 마디의 불평조차 하지 않았다. 그러나 한 치 앞을 모르는 게 사람의 일이라던가. 그의 아내는 그만 저세상 사람이 되고 말았다. 아내를 잃고 졸지에 홀아비가 된 그는 눈앞이 캄캄했다. 그는 천양지차인 과거와 현재 사이에서 갈팡질팡할 수밖에 없었다. 아이들의 몰골은 말이 아니었다. 땟국이 줄줄 흐르는 얼굴엔 버짐이 피고 온몸엔 이가 득실거렸다. 젖먹이 막내딸은 엄마를 찾으며 칭얼댔다. 아홉 살 장남은 그런 막내를 업고 이웃집을 기웃댔다. 젖동냥을 나선 것이다. 그걸 본 동네 사람들이 가만히 있을 리 없었다. 이구동성, 어린 자식들 때문이라도 후처를 들이지 않으면 안 된다는 것이다.

여러 모로 힘들었던 그는 못 이기는 척 후처를 받아들였다. 그러나 그녀는 오래 머무르지 않았다. 잠깐 집안 꼴이 되어가나 싶었던 집은 전보다 더 어수선해졌다. 그는 또 다른 여인을 맞이했다. 그러나 그녀도 오래 버텨주지 않았다. 다음 여인도 또 그다음 여인도…. 그러자 마을 사람들은 수군대기 시작했다.

"아, 우리가 모르는 뭥가가 있능 겨. 그러지 않구서야 도망치디끼 나가겄어?"

"아, 무신 덕을 보겄다구 넷이나 되는 남의 자식을 거두겄어. 젖먹이꺼정 있는디?"

"말허믄 뭘혀. 심어진 곡식이라두 거두어 주어야 먹고 살 것 아닌감? 눌러 사는 사람이 이상헌 기지."

"두 말 헐 것 읎어. 조강지처헌티 워낙 잘 못혀서 죄 받는 겨. 아, 촌이 살믄서 삽 한 번 들어본 적 읎는 사람인디 오죽허겄어."

"맞어. 손이다 흙 묻히믄 큰 일 날 사람마냥 먹구 놀기만 허더니 잘 되얐지, 잘 되얐어. 그나저나 시방이라두 마누라 덕으루다 편허게 살었다는 걸 알기나 헐까나?"

"아이구, 저 남정네가? 알긴 뭘 알어. 흰 개꼬리 굴뚝에 삼 년 둬봐 흰 개꼬리 그대루지. 아, 세 살 버릇 여든 간다는 말이 거저 나왔던감?"

"아이구, 죽은 사람만 불쌍허지. 자식들 눈에 밟혀 어찌 눈을 감았을꼬."

동네 아주머니들은 여러 명의 여인들이 드나들었음에도 불구하고 정신을 차리지 못하는 그가 밉살맞은 모양이었다.

아홉 살 장남은 팔을 걷어붙였다. 동생들이 낯선 새어머니보다 자신을 더 따르기도 하지만 더 큰 이유는 듬성듬성 털 빠진 새 모양을 하고 옹기종기 모여 있는 동생들을 보고도 무엇을 어찌해야 하는지 갈

팡질팡하는 아버지 때문이었다. 그는 어머니를 떠올리며 밥을 짓고 빨래를 하고 막내에게 먹일 미음도 끓였다.

그는 어린 장남이 살림을 도맡아 한 지가 4년이 되도록 정신을 차리기는커녕 후처 들이는 일에만 정신을 쏟았다. 가세는 점점 기울어갔다. 전답은 이제 입에 풀칠할 정도만 남았다. 그러나 그는 그것마저도 모르는 것 같았다. 장남은 이대로 살다가는 머지않아 온 식구가 굶어죽을 거란 생각이 들었다.

열세 살 장남은 결단을 내렸다. 아버지와 동생들을 위해 돈을 벌기로. 고향을 떠나 정착지를 물색하던 그의 눈에 논뫼벌(논산평야의 옛 이름)이 들어왔다. 그는 두 팔을 들고 환호성을 질렀다. 이튿날부터 부잣집을 찾아 머슴살이를 시작했다. 근근이 식량을 모아 고향을 찾는 일도 잊지 않았다. 그럭저럭 동생들은 잘 자라주었다. 그는 동생들이 그렇게 고마울 수가 없었다.

스물여섯 노총각인 그에게 중매가 들어왔다. 강경에 사는 신붓감은 갓 스무 살로 두 오라버니가 있는 가난한 집 처자였다. 성질 급한 그는 처자를 만나자마자 장가를 들기로 작정을 했다. 그녀는 두 오빠와 터울이 컸다. 가난해서 학교에 가진 못했지만 그녀를 많이 귀애했던 오빠들은 정성을 다해 그녀에게 글을 가르쳐주었다. 일찍감치 한글을 깨우친 그녀는 유달리 책을 좋아했다. 두 오빠는 그런 그녀를 위해 이야기책을 구해주는 일을 마다하지 않았다.

그는 번갯불에 콩 볶아 먹을 만큼 성격이 급한 사람이었다. 오죽하면 허두만 듣고 상대방의 의중을 지레짐작하거나, 눈에 보이는 것만으로 사건의 본말을 혼동하는 바람에 오해를 불러일으키는 일이 비일비재했겠는가. 그때마다 그의 아내는 해결사가 되어주었다. 남편의 진심은 그게 아니다, 급한 성격 탓에 오해를 한 것이니 양해해 주시면 감사하겠다, 제가 대신 사과드린다, 술김에 한 말이니 마음에 두지 마시라 등은 그녀가 가장 많이 동원하는 구절이기도 했다. 그 같은 일들이 반복되는 데도 천성이 착하고 나누어주는 것을 좋아했던 그녀는 그와의 결혼을 후회하지 않았다. 누구 못지않게 부지런하고 성실한데다 우애를 강조하는 그의 모습이 좋았다.

둥지를 마련하였으나

아버지는 어머니와 아버지만의 유토피아를 만들고 싶었다. 그 근거지를 삼은 곳이 바로 '새뜰'이다. '새뜰'은 관촉사가 있는 '반야산'에서 내려다보면 논뫼벌의 녹색바다에 박혀있는 섬 중의 하나로, 지극히 한가롭고 평화로워 보이는 작은 마을이었다.

나는 어머니께 왜 '새뜰'인지 물어본 적이 있다. 어머니는 새가 많아서 그렇게 지어졌을 거란다. 새가 많다는 것은 먹을 것이 많다는 뜻일 터, 그래서 우리 동네엔 지극히 가난한 사람이 없다는 것이다. 아닌 게 아니라 나는 배고파 본 기억이 없다. 그렇다고 우리 집이 행복한 집이었다는 말은 아니다.

나는 부모님의 말씀 중에 사후(死後)까지 잊히지 않을 것 같은 말을 기억하고 있다. 아버지가 나에게 하셨던 '즈 오래비 잡아먹고 태어난 지지바'라는 말과 어머니의 '나는 아들 잡아먹은 어미여'라는 말이다.

아버지는 자식을 반타작했다는 말을 심심찮게 하셨다. 자식을 곡식에 비교한 말일 테지만 나는 그 말이 그렇게나 싫었다. 예닐곱 살 적 어느 봄날이었을 것이다. 어머니가 마루를 치며 통곡하던 모습을 본 적이 있다. 그날 나는 밖에서 신나게 놀다가 배가 고팠던지 아니면 목이 말랐던지 그도 아니면 귀여운 동생이 보고 싶어 집으로 돌아왔을 것이다. 큰언니가 나를 보자마자 쏜살같이 달려 나오더니 내 입을 틀어막으며 힘껏 끌어안는 게 아닌가. 나는 답답하여 몸을 빼내려 바득바득 애를 썼다. 그럴수록 언니는 힘을 가해가며 나를 붙잡는 거였다. 그렇게 얼마나 지났을까. 아버지의 자조 섞인 탄식이 들려왔다.

"인자…, 나두…, 하늘이 원망시럽다. 낳기만 허믄 당신 자식인 양, 데려가 싸니…."

아버지의 탄식에 집안은 쥐죽은 듯 조용해졌다. 큰언니가 울음을 삼키느라 꺽꺽대지 않았다면 나는 난생처음으로 개미 기어가는 소리와 머위가 꽃피우는 소리를 들었을지 모른다.

마당에 들어섰을 때 동생의 반기는 소리가 들리지 않았던 게 기억났다. 그렇다면? 나는 뭔지 모르지만 이상한 감정에 휘말리고 있었다. 그것은 내 앞날에 대한 어렴풋한 공포심이기도 했다.

잠시 후, 쿵! 육중한 소리가 들렸다. 나는 궁금해 몸을 빼내려 용을 썼다. 그것은 어마어마한 것이 떨어지는 소리였다. 마당이 흔들리고 집이 흔들렸다. 아니 온 세상이 흔들렸는지도 몰랐다. 만약 그때 마음껏 말을 할 수 있었다면 나는 틀림없이 "하늘에서 커다란 것이 떨어졌어요."라고 외쳤을 것이다. 설령 아무도 믿어주지 않았다 하더라도 내 귀엔 틀림없이 그렇게 들렸으니까.

지금도 가끔 그 진동을 느끼다 잠을 깰 때가 있는 걸 보면 그 충격이 어마어마했던 건 확실하다. 나는 나이를 한참이나 더 먹고 나서야 그 소리가 죽은 동생을 지고 갈 아버지의 지게 내려놓는 소리였다는 걸 알 수 있었다. 나는 아버지로부터 '아들 잡아먹은 지지바'라는 말을 수없이 듣고 자랐다. 오죽하면 내 진짜이름이 정숙인지 지바인지 고민을 했겠는가. 그토록 우둔해서일까 어머니께 동생이 죽으려고 할 때 나서서 죽음을 물리쳐주던가 죽지 말라 말렸으면 될 일을 멍하니 바라보고 있다가 왜 죄 없는 나에게 누명을 뒤집어씌우느냐 따진 적이 있다. 기가 막힌 어머니는 "아이구 이눔아." 하며 꿀밤 한대를 주셨던가.

어머니의 애끓는 통곡이 들린다.

"아직은 안 돼유. 이르케 젖을 물리구 있으문 틀림읎이 살아날 겨. 어미 냄새 맡으문 눈을 뜬당게. 어미라문 환장을 혔응게 이르케 안구 있으문 어미를 부를 기구먼. 아, 저리 가유. 냅두라는디 왜 그려유. 내 새끼유, 금쪽겉은 내 새끼…, 누구던 내 새끼헌티 손만 대봐. 내 가만두지 않을 팅게. 아이구, 이뻐라. 아이구 이뻐…. 봐봐유, 보라구유, 내 말이 틀링가. 아가, 그만 자구 일어나. 어서 일어나라니께. 엄마여 엄마. 흑, 흑…."

어머니는 죽은 동생을 안고 미친 듯이 울부짖었다. 뼈가 부서지고 창자가 끊어지는 울음을 듣고 있던 아버지가 소리쳤다.

"이 놈으 여편네가 뭘 잘했다구 울어, 울기를. 얼른 이리 내놓지 못혀? 그르케 안구 있으믄 죽은 자식이 살아난댜? 내, 지금부텀 집이서 울음소리가 들리믄 가만 안둘 껴. 부모 앞이 먼저 간 자식은 자식두 아닝 겨. 에잇, 천하의 불효 막심헌 눔 같으니라구. 끙."

아버지의 호통이 끝나고 얼마가 지났을까, 잠깐의 정적이 흐르는가 싶더니 다시 어머니의 울부짖음이 들리기 시작했다.

"엄니, 정신 차려유. 엄니, 엄니…, 흑, 흑…."

작은언니다. 작은언니도 나처럼 숨어 있다가 아버지가 보이지 않자 나타난 게 틀림없었다. 나는 큰언니의 품을 벗어나려 꿈틀댔다. 그러나 큰언니는 안심이 되지 않는지 나를 그 자리에 놔둔 채 마당을 기웃거리는 거였다. 나는 이때다 싶어 어머니를 향해 내달았다. 어머니는 넋이 빠진 사람처럼 앉아있었다.

어머니를 부르며 품속을 파고들었다. 어머니의 심장 소리가 들렸다. 숯등걸처럼 거칠었다. 얼마나 답답할까. 죽을까 겁이 났다. 대신 울지 않으면 안 될 것 같았다. 악을 쓰며 울었다. 그 울음은 오직 어머니를 위한 울음이었다. 어머니가 말라비틀어진 울음을 다시 끄집어낸다. 큰언니와 작은언니도 울음보를 터뜨린다. 우리 집은 금세 울음바다가 되었다.

"아이구 불쌍헌 것, 니는 아무 죄두 읎다. 다 못나 터진 어미 죄여."

어머니가 내 얼굴을 어루만진다. 나는 이를 악물고 울음을 참았다. 어머니가 울다 죽을 것 같아서.

다행히 참척(慘慽)의 참상은 그날로 끝이었다. 하지만 그 후유증은 긴 시간을 우리 집에 머물러 있었다.

고통의 바다

 나는 오빠나 남동생들의 죽음을 차마 입에 담을 수가 없다. 직접 본 적도 없거니와 당신의 가슴에 죽은 자식을 묻은 부모님 때문이다. 부모님은 자식의 반을 잃으신 분이다. 그것도 아버지가 좋아하는 아들만을. 나는 아버지로부터 '즈 오래비 잡아먹은 지지바'라는 말을 들을 때마다 죽어간 아버지의 아들들이 미웠다. 내 죽어 저승에서 그들을 만나면 꼭 이 말을 해주고 말리라.

 아버지는 오직 아들만 좋아했거든. 오빠들이랑 동생들이 죽어갈 때마다 내가 얼마나 힘들었는지 알아? 그렇게까지 불효를 저지를 게 뭐냐 그 말이야. 아버지가 나만 미워했던 것도 아니야. 죄 없는 어머니, 언니들까지 끌어들여서 집안의 모든 여자가 죄인이었다고. 아니 아비인 당신이 그렇게 슬프면 뱃속에 열 달을 품었던 어미 마음은 어땠겠냐고? 나 당신들한테 한 마디만 물어볼 게. 어머니가 잘못 해준 것 있어, 아님 내가 미워서 그랬던 거야?

 아버지는 유독 아들만 좋아했다. 마치 오빠와 두 남동생이 있어 살맛나는 사람처럼. 그러나 나는 아니었다. 죄인 아닌 죄인 취급을 받았으니까. 어머니 역시 나와 다를 바 없었다. 아버지는 화가 날 때마다 걸핏하면 어머니를 끌어들였다. 어머니는 그조차 순순히 받아들였다.
 나를 고등학교에 보내네 마네로 뒤숭숭하던 중 3의 겨울방학 때였을 것이다. 그날도 아버지는 술이 얼큰하게 취해 있었다. 나는 아버지가 무서워 윗방 구석에 몸을 숨겼다. 아버지의 눈빛만 봐도 아버지의 기분이 어떠한지 알 수 있을 만큼 눈치만 늘어 있었으므로. 아니나 다를까 아버지는 습관처럼 어머니를 찾았다. 어머니는 어깨를 축 늘어뜨린 채 안방 문을 열었다. 나는 귀를 곤두세웠다. 무슨 말인지 확실하지 않은 아버지의 목소리가 들렸다. 분명 꼬투리를 잡으려 미끼를 던져보는 것이리라. 그렇게 몇 분의 시간이 흘렀을 때였다. 모기소리만 한 어머니의 말이 새어나왔다.
 "다 아니께 어서 주무세유. 어서유…."
 그러나 그 말이 끝나기 무섭게 벼락 떨어지는 소리가 났다.
 "아들 잡아먹은 여편네가, 뭘 알아, 알기는."
 그 말을 들은 어머니는 방문을 박차고 나오더니 신발도 챙겨 신지 않고 창고로 들어가는 거였다. 어머니가 걱정돼 가만히 있을 수가 없었다.
 어머니는 숨을 몰아쉬며 가슴을 쥐어뜯고 있었다. 나는 초점을 잃은 어머니의 눈이 무서웠다. 어머니를 끌어안고 마구 흔들었다.
 "엄니. 엄니, 정신 차리세유."
 어머니는 힘없이 손을 내저었다. 문득 어머니가 실어증을 앓았었다는 걸 기억해냈다. 아마 이 년 전쯤이었을 것이다. 그날도 아버지는 과음을 했었다. 가만히 있을 수가 없었다. 참아서는 안 될 것 같았다. 다시는 아버지의 입에서 그런 말이 나오지 않도록 담판을 짓고 말리라. 악에 북받쳐 마당으로 나왔다. 그러나 자신이 없었다. 지원군이 필요했다.

"오빠, 엄니가 이상해. 죽어가고 있다니까."

오빠가 달려왔다. 두 동생도 토끼 눈을 하고 나타났다.

"아부지, 엄니가 죽어가유."

오빠가 안방을 향해 소리쳤다. 안방 문이 열릴 리 없었다. 어머니는 손사래를 치며 입만 오물거렸다.

"엄니, 무슨 말 좀 해 봐유. 엄니가 좋아하는 오빠잖유, 동생이랑 막내도 왔어유. 아들들이 다 모였다고유, 아들들이…."

나는 마구 지껄이며 울부짖었다. 아무것도 무섭지 않았다. 이곳에 아버지가 나타나도 결코 도망치지 않으리라 맹세했다.

처음 실어증이 왔던 그날처럼 찬물을 어머니의 입에 흘려 넣었다. 물이 목으로 넘어가는 소리가 났다. 나는 다시 어머니의 가슴을 문지르며 손과 발을 주물렀다. 그것은 시집간 언니들이 했던 방식이기도 했다. 그렇게 얼마의 시간이 지났을까 어머니가 깜빡 잠이 들었다 깬 사람처럼 눈을 떴다. 어리둥절한 표정이다. 반가우면서도 화가 치밀어 올랐다.

"엄니, 정신 좀 차려유. 예? 하루 이틀도 아니고 정말 미치겠다구유."

잊을 만 하면 일어나는 아버지의 주사에 진저리가 난 나는 애꿎은 어머니께 화풀이를 해댔다.

"엄니, 엄니도 하고 싶은 말 좀 하고 사세요. 우리가 있잖아요. 그렇게 참다가는 병 생겨요, 병."

말없이 어머니를 바라보고 있던 오빠도 울먹였다.

"왜들 이래 쌌냐. 어미는 괜찮은디, 괜찮으니께 어서들 가서 자거라. 내일 학교 가야지."

어머니는 간신히 말을 뱉어내고는 나가라는 손짓을 했다.

"왜 엄니는 만날 괜찮아야해? 도대체 무엇이 괜찮은 건지 대답 좀 해봐유, 바보처럼 그러구 있지 말구. 엄니가 그러니까 아버지도 엄니를 업신여기는 거라구유. 엄니 죽으면 할아버지처럼 젊은 여자한테 새장가 들려구."

이때다 싶어 나도 쌍지팡이를 짚고 나섰다. 어머니는 암시랑 않다는 말과 괜찮다는 말을 주문처럼 외워댔다. 답답해 죽을 지경이었다. 죽기 살기로 대들어보면 속이 후련할 것 아닌가. 시간은 점점 흘러가건만 어머니는 무엇을 생각하는지 눈 뜰 생각을 않는다. 하는 수없이 방에 들어가기를 간청했다. 어머니가 일어선 건 자정이 넘어섰을 때였다. 창고 밖으로 나오자 아버지의 코고는 소리가 마당에 가득했다.

안방 문 앞에 다다르자 어머니가 멈춰 선다. 나는 있는 힘껏 어머니의 손을 잡고 놓아주지 않았다. 그때였다. 어머니가 나를 노려본 것은. 어머니의 눈은 날카롭게 변해있었다. 어머니는 어린애가 어른들의 일에 참견하면 안 된다고 했었다. 그렇지만 이번만은 아니다. 참견하지 않고는 배길 수가 없다. 같이 노려보았다. 이렇게 사느니 차라리 집을 나가는 게 나을 것 아닌가. 어머니가 내 손을 뿌리쳤다. 어디서 그런 힘이 나오는지 놀라지 않을 수 없었다. 내 말을 들어주지 않는 어머니가 야속했다. 어머니가 어떻게 되더라도 절대 참견하지 않으리라. 한참동안 안방을 노려보았다. 두 볼 위로 뜨거운 눈물이 흐르고 있었다.

다음 날 아침 어머니는 아무렇지 않은 듯 부엌에 있었다. 나는 그런 어머니가 무서웠다. 아버지보다도 더.

우리 집 아침은 아무 일도 없었다는 듯 지극히 평온해 보였다. 학교에 갔으나 공부가 되지 않았다. 학교가 파하자마자 집을 향해 뛰었다. 어머니와 담판을 지어야 한다. 이대로는 아니다. 나는 어머니랑 도망칠 각오가 되어있었기에 거리낄 게 없었다. 집에 들어서기 무섭게 어머니를 찾았다.

"엄니, 우리 도망가유. 무슨 일을 해서라도 호강시켜 드릴께. 이건 사람 사는 게 아니야. 엄니가 왜 이러고 살아야 하는데?"

어머니는 그 말 한마디 하려 숨을 헐떡이며 달려왔냐며 활짝 웃는다. 나는 어머니가 한심했다. 야속했다. 바보 같았다.

"내 말이 틀렸어요? 헛소리로 들리느냐고요? 저 지금 심각하거든요. 인생을 걸었어요. 제 인생을요."

"이눔아, 화를 다스릴 줄 알아야 혀. 성질대루 살믄 안 되능 겨. 특히 여자는 더 그려야 허지. 어미가 니 속을 왜 모르겄어. 그란디…."

어머니는 내 눈치를 살피더니 차분한 어조로 말을 이었다. 듣고 있을 수밖에 없었다.

"어미의 가슴엔 시커먼 숯이 가득헐 거여. 타다 타다 단단혀졌을 거로구먼. 처음엔 그만 죽어간 자식들을 따라 죽으려 혔구나. 그란디 그게 마음대루 되질 않능 겨. 강제루 빼앗아가구선 또 애를 배게 하셨응게. 그러다 두 번째 일을 당혔지. 참 이상두 허지. 아들을 낳아주지 않구 죽으믄 천벌을 받을 것만 같응 겨. 일단 시집을 왔으니 대를 이어줘야 헐 것 아니겄어?"

"그놈의 대, 대를 잇는 게 그렇게나 중요한가? 하여튼 어른들은 못 말린다니까. 아니 아들이 죽어나가면 딸을 기다려야 하는 것 아니냐구유."

"글쎄다, 니 말대루 허믄 그럴 수두 있겄지. 허나 그걸 어뜨케 마음대루 허겄어. 그것만은 절대루 헐 수가 읎는 일인디. 어미한티 무신 재주가 있었등가 연달아 아들이 태어나대. 안심이 되얐지. 아, 그러믄 뭘 혀. 두 번을 빼앗아갔으믄 좀 봐주셔야 허는 것 아니냐? 아니더라구. 그여 세 번째 일을 당혔구나. 그땐 니 오라비가 있긴 혔지. 허약허기 그지읎었구나. 도저히 사람노릇을 못 헐까 싶어 늘 불안혔어. 그랴서 또 따라죽질 못혔지. 내가 죽어버리믄 살아남은 자식들, 약해빠진 니 오빠는 어찌 사냐 그 말이여. 더 이상 죽지 않게끔 혀 주능 기 어미도리가 아니겄냐? 그랴서 이를 악물었덩 겨. 그러다 니가 태어낭 거여. 그란디 니가 태어나구 얼마 되지않었을 때 또…"

"엄니, 이젠 제 머리가 아파요. 제가 정신이 없다고요. 친구도 자기 동생이 죽었다는 말을 했었어요. 그렇지만 우리 집은 너무 심해요. 도대체 언제까지…"

"그 세월 살아낸 이야기를 어찌 다 허겄느냐. 어미뱃속은 비어 있을 때가 거의 읎었어야. 눈물이 마를 때도 읎었구. 어떤 때는 차라리 미치능 게 나을 것 같드구나. 모든 것을 잊게 될 티니께. 그란디 한 편으루 생각허믄 그것마저 살아있는 자식들헌틴 죄가 되었드라구. 어찌 보믄 자식이라두 연이어 태어나주어 그 고통을 이겨낼 심이 생긴 것 같여. …, 하나같이 잘생겼단다. 눈에 넣어두 아프지 않었지. 보고 있어두 보구 싶었구. 징글징글허게 이뻐서 눈을 띨 수가 읎었어. 살아있는 자식 앞에서 죽은 자식이 보구 싶어 울었어야. 살아있는 자식들헌티 미안혀서 또 울구. 눈물이랑 기 그토록 끈질길 거라군 생각두 못혔구나. 다 말라버렸나 싶으믄 다시 나오구, 시두때두 읎어 그눔으 눈물은. 낳아서 죽이구 낳아서 죽이구, 그동안 쓸디읎는 짓 많이 혔다, 많이."

어머니는 다 당신이 지은 죄란다. 그게 어찌 어머니의 죄인가. 나는 다시 어머니의 눈물을 보고 싶지 않았다. 주위를 환기시킬 겸 뜬금없는 질문을 해보기로 했다.

"엄니, 엄니는 어떻게 그 많은 자식을 낳을 수 있었어요? 몸집이 그리 크지 않은데? 궁금해요. 아기 낳는 게 세상에서 가장 고통스럽다던데."

"지금 생각허믄 어미가 몸은 건강혔던 모양이여. 그러지 않구서야 어찌 살아낼 수 있었겄어. 한 두 번두 아니구. 그럭저럭 살아있는 자식만 넷이 되았구나. 니 언니 둘과 니 오빠랑 니지. 어미는 애가 탔어. 그란디 뭘 알었다는 디끼 니가 내리 남동생을 보더라구. 어미는 마음이 놓였구나. 아부지두 흡족헌 눈치구. 어미는 더 이상 바랄 기 읎었어야. 시상이 이게 웬일이다냐. 그놈의 홍역이 또 번지기 시작혔어. 그때 홍역은 을메나 심혔는지 집집마다 자식을 잃는 일이 허다혔구나. 우리 집이라구 그냥 갔겄냐. 그예 또 일을 당허구 말었어. 정말이지 이제는 악만 남더라구. 하나님, 을메나 데려가시나 볼 팅게 마음대루 허셔유, 혔지. 그냥 남은 자식이라두 그대루 놔뒀으믄 을메나 좋았겄어. 니가 아마 예닐곱 먹었을 때였지? 보란 듯이 몇 개월 사이에 둘을 데려가더라구. 헐 말이 읎더구나. 니 아부지는 술을 입에 달구 살었지. 그럴 일 아니냐? 그르케나 바랬든 아들인디."

어머니는 숨을 몰아쉬며 말을 이었다. 나 역시 숨 쉴 틈이 없었다.

"옛부텀 죽은 낭구에두 꽃이 필 때가 있다는 말이 있었어야. 그 말이 맞더랑게. 어느 날 부텀 막내가 아부지의 혼을 빼놓능 겨. 을메나 이쁜 짓을 허는지. 니 아부지, 막내만 있으믄 세상걱정이 모다 사라지나보드라. 어미는 막내가 참으루 고마웠어야. 그란디 도망을 가자구? 아이구, 이 눔아. 오래비랑 동생들 생각은 왜 못혀. 그저, 어미는 암시랑투 않응게 걱정 말어. 설마 남은 육남매는 놔두고 보시겄지. 아무리 하느님이라두 양심이 있을 팅게. 안 그러냐?"

어머니는 말이 나온 김에 다 들어보라는 듯 뒷이야기까지 쏟아냈다. 나는 도망가자는 말을 꺼낸 게 죄송했다. 어머니는 살아있는 새끼들 때문에 악착을 떨었다며 눈시울을 붉혔다. 거기서 그쳤으면 좋으련만 나는 철딱서니 없게도 어머니의 가슴에 못을 박기 시작했다.

"엄니, 엄니는 오빠나 남동생들이 연이어 죽어갈 때 차라리 계집애를 데려가시지…, 하는 생각이 드신 적 있었죠? 그런데도 눈치 없이 이렇게 내가 살아 있었으니…. 나랑 바뀌었으면 덜 속상하셨을 텐데."

나는 눈물이 나오려는 걸 간신히 참아내며 억지를 부렸다.

"이눔이, 감히 그런 말을. 다신 그런 말 혔단 봐라. 아주 쫓아내버릴 팅게."

어머니는 눈을 부릅떴다. 울컥 뜨거운 것이 치민다. 보 터진 듯 눈물이 쏟아진다.

"울지말어 이눔아, 니는 누가 뭐래두 내가 낳은 자식이여. 열 손가락 깨물어봐. 안 아픈 손가락 있나. 이르케 잘 커주어 을메나 고마운디 그런 말을 혀? 어미 앞에서는 절대 그런 말 허믄 안된다, 알었지? 어미의 자식은 죽었건 살아있건, 아들이건 딸이건 다 똑 같여. 니 아부지두 마찬가질기구. 그랴서 어미는 니 아부지를 이해혀. 그 또래의 아이들을 보믄 생각이 나서 그라능 기니께. 말이야 바루 말이지 자식을 낳었다구 다 어미가 아닝 겨. 잘 키워주구 지켜주어야 어미지. 그란디 어미는 지켜주질 못했잖여. 그래서 마음이 쓰리구 아픈 기지."

나는 어머니의 눈물을 보았지만 가만있을 수가 없었다.

"지금에야 병원도 흔하고 예방주사도 있으니까 그렇다 쳐요. 그때는 어쩔 수가 없었잖아요. 그런데 아버지는 자꾸만 날 보고 '즈 오래비 잡아 먹고 태어난 지지바'라 하시니 내 마음이 어땠겠어요. 아버지말씀대로 한다면 내가 오빠는 말할 것도 없고 동생들까지 다…"

"아니다, 아녀. 아가, 어미의 부탁이니 그런 생각일랑 허지두 말구 말허지두 말거라. 니조차 그러믄 어미는 살 수가 읎어. 남은 자식들은 무슨 일이 있어두 어미가 지켜낼 겨. 알겄냐?"

어머니는 나를 와락 끌어안았다. 어머니의 팔엔 강한 힘이 작용하고 있었다. 나는 건강하게 자라고 있는 내가 고마웠다. 오빠와 동생들을 잘 보살펴야겠다는 다짐을 했다. 아버지가 우리 육남매(언니 둘에 오빠 하나, 두 명의 남동생과 나)를 지켜내기 위해 얼마나 애쓰셨는지를 모르는 게 아니다. 다만 어머니나 나를 화풀이 대상으로 여기지 말아 주었으면 하는 거지. 나는 아버지가 한숨을 내쉬며 하셨던 넋두리 같은 혼잣말을 기억하고 있다. '하늘이 나를 버링겨. 그러지 않구서야 이럴 리가 웂어. 한 둘두 아니구….' 그 말을 들을 때마다 산이 떠나가라 우시는 아버지의 모습이 떠올라 가슴이 뭉클했었는데.

'만약시 집이서 울음소리만 냈다 허믄 가만두지 않을껴.' 어머니를 향해 벼락같은 호통을 치고 나가긴 했으나 아버지인들 무슨 방도가 있었겠는가. 뒤집기를 하다, 걸음발을 떼다, 부모님의 얼굴을 알아보다, 온갖 재롱을 피우다 떠난 자식들이 그리워 술의 힘을 빌지 않고는 하루도 살아낼 수 없었던 아버지와 아버지의 슬픔까지 떠안고 사는 어머니를 보면서 나는 살아있는 자식으로서의 죄송함과 슬픔이 교차되어 갈피를 잡을 수가 없었다. 그것이 '즈 오래비 잡아먹은 지지바'로 쉬이 연결 되지 않았으면 좋으련만 그때의 나로서는 그럴만한 지혜가 자라있지 않았다. 오히려 '아버지, 제가 뭘 어쨌는데요? 제가 태어난 자체가 잘못이란 말씀이군요. 그렇다면 차라리 태어나자마자 윗목으로 밀쳐놓지 그랬어요. 아무리 울어도 젖도 물리지 말라했어야죠. 제까짓 게 별 수 있어요? 이렇게 미움을 받느니 그게 나았을 거예요. 지금이라도 그런 마음이 있으심 그리 하시던가.'대들고 싶었다.

정말이지 '즈 오래비 잡아먹은 지지바'라는 단어는 시도 때도 없이 나를 공포와 전율에 휩싸이게 한다. 그러나 아버지는 그런 말을 한 적이 없었다는 듯 한 시간도 지나지 않아 내 이름을 불렀다. 나는 그게 더 화가 났다. 나를 바보로 여기지 않고서야 그럴 수가 없는 것이다. 적어도 내가 어찌한 건 아니지 않는가.

아버지는 죽은 자식을 차마 다른 사람에게 맡길 수 없어 직접 묻어주었다 한다. 죽은 자식을 지게에 얹고 천근만근 무거운 발걸음을 옮겨야 했을 아버지. 그 아픔을 헤아릴 줄 모르고 나는 아버지를 미워하며 자랐다. 내 안에 잠재되어있던 질투심이 아버지의 편애로 생긴 가슴속의 응어리를 만나 못된 반응을 일으킨 탓이리라. 고백하건데 아버지 없는 친구가 부러울 정도였으니 두말해 무엇 하리.

할아버지는 아들며느리가 참척의 슬픔을 겪는 중에도 여전히 새할머니를 찾고 있었다. 부모님은 넋이 빠질 지경이었다. 애써 모셔온 분을 할아버지가 강제로 내보내는 경우도 있었으나 거의 대부분은 모셔온 분들이 도망치듯 나갔다. 부모님은 답답할 노릇이었다. 그 이유를 알면 그에 상응하는 조치를 취할 수 있겠으나 그게 안 되는 것이다. 할아버지는 수시로 밥상을 물리는가 하면 착해빠진 언니에게까지 생트집을 걸었다.

부모님은 지쳐갔다. 아무리 면환(免鰥)을 해드리고 싶어도 방도를 찾을 수가 없는 것이다. 그때 나타난 분이 바로 선일이 할머니라는 사람이다. 어머니는 그 분이 없었다면 나는 세상구경을 아예 못했을 거란다. 생명의 은인이라는 할머니는 대체 어떤 분일까. 손자까지 데리고 우리 집에 오신 이유가 뭘까.

제3장 기로에 선 여인

나이 많은 신랑을 만나다

찢어지게 가난한 집에 자식들까지 많다면 그 집은 사는 게 고될 수밖에 없을 것이다. 하필이면 그녀는 그런 집의 맏딸로 태어났다. 그녀는 나이를 먹어갈수록 맏이라는 무게에 짓눌렸다. 부모님과 동생들을 위해 할 수 있는 일을 찾았지만 처녀의 몸으로 돈을 벌 수 있는 일은 쉽게 찾아지지 않았다.

부쩍 그녀의 집을 드나드는 사람이 있었다. 그는 오지랖 넓기로 소문난 이웃마을의 중매쟁이아줌마였다. 어느 날 그 아줌마는 그녀와 맞아떨어지는 혼처가 있다고 그녀의 부모를 꼬드겼다. 먹고 살 만은 한데 나이가 좀 많은 노총각이라던가. 그녀는 시집을 가기로 마음을 굳혔다. 같은 처지의 친구도 노총각한테 시집을 갔는데 친정에 도움을 주면서까지 잘 살고 있었던 것이다.

친구가 부러웠던 그녀도 시집을 갔다. 열여섯이었다. 신랑은 나이가 많았으나 착한 사람이었다. 그녀는 신랑을 부모처럼 의지했다. 어떤 어려움이 닥쳐도 자신을 지켜줄 사람이라 생각했다. 믿음 때문일까, 그녀는 바로 입덧을 했고 신랑의 바람대로 아들을 낳았다. 늙은 신랑은 입을 다물지 못했다. 그녀는 난생처음 행복이 이런 것이라 생각하게 되었다. 꿈같은 시간은 더디어도 되련만 냉정하리만치 빨랐다. 그 사이 아들도 무럭무럭 자랐다. 그녀는 세상 바랄 것이 없었다.

바지런하던 신랑이 이상해지고 있었다. 자리에서 일어날 생각을 않는다. 그녀는 신랑의 이마를 짚어보았다. 열이 있었다. 감기치레를 하나보다 여겼다. 곧장 병원에 데려 갔으면 좋으련만 그녀는 콩나물국에 고춧가루를 풀어 국물을 마시게 하는 등 어른들의 흉내를 내느라 바빴다. 금쪽같은 시간은 엉뚱한 방향으로 흐르고 있었다. 그녀가 그것을 알아챘을 때 신랑의 몸 상태는 이미 죽음을 향해 치닫고 있었다. 신랑은 그만 짚불 잦아지듯 세상을 떠났다.

그녀의 곁에는 다섯 살 아들 하나만 남게 되었다. 동네 사람들은 그녀의 슬픔은 아랑곳하지 않은 채 개가(改嫁)를 부추겼다. 그러나 그녀는 꿈쩍하지 않았다. 신랑의 분신인 아들을 지켜내고 싶었다.

그녀는 아들을 엄하게 훈육했다. '아비 없는 후레자식'이란 말을 듣지 않게 하는 것만이 신랑에 대한 자신의 의무라 여겼다. 다행히 아들은 그런 모친을 잘 따라주었다. 그녀는 점점 자신감이 넘쳐났다. 아들 하나로도 얼마든지 행복하게 살 수 있음을 만천하에 보여주고 싶은 욕심까지 일었다. 그녀는 결혼한 여자라면 반드시 아들을 낳아야 하고 그 아들이 또 아들을 낳아 대를 잇는 것이 도리라 굳게 믿는 사람이었다. 아들이 스무 살이 되자 그녀는 아들에게 넌지시 결혼 이야기를 꺼냈다. 아들은 어머니의 외로움을 알고 있었다는 듯 흔쾌히 장가를 가겠단다. 그 말을 들은 여인은 감격의 눈물을 흘렸다.

며느리는 심성이 곱고 정이 많은 사람이었다. 그녀는 은근히 대를 이을 손자를 기대했다. 며느리는 그녀의 기대에 부응하듯 아기를 가졌다. 첫 아이는 딸이었다. 그녀는 조금 서운하긴 했으나 내색하지는 않았다. 첫딸은 살림 밑천이란 걸 알고 있었으니까. 손녀는 커갈수록 온갖 재롱을 떨어댔다. 손녀의 재롱에 세월이 가는지 오는지 모르고 지낼 때, 며느리가 또 입덧을 시작했다. 그녀는 손자를 기다리며 날마다 비손했다. 손녀가 일곱 살이 되던 해, 며느리는 고대하던 손자(선일이)를 낳아 그녀에게 안겨주었다. 여인은 자신만큼 며느리 복 많은 사람이 있을까 싶었다.

복숭아꽃이 흐드러지게 피어 온 산을 뒤덮기 시작했다. 그녀는 무릉도원에 살고 있다는 착각이 들 정도로 행복했다. 그녀의 며느리 또한 그런 것 같았다.

선일이가 젖살이 오를 무렵의 어느 날이었다. 아들이 그녀 앞에 무릎을 꿇는 게 아닌가. 깜짝 놀란 그녀는 자초지종을 물었다. 거두절미하고 돈을 벌어오겠단다. 고부(姑婦)는 말리고 나섰다. 아들은 한사코 자기의 결심을 꺾으려하지 않았다. 이왕 사는 것 멋지게 살고 싶다는 거였다. 가난이 싫다는 거였다. 사내로 태어난 김에 세상이 얼마나 큰지, 얼마나 할 일이 많은지 느껴보고 싶다는 거였다. 그녀는 그런 아들을 잡아둘 수 없었다. 끝내 울며불며 따라가겠다는 며느리를 주저앉혔다. 용기백배한 아들은 금의환향하겠다는 약속을 남기고 힘찬 걸음을 내디뎠다. 그녀 또한 그리되리라 믿었다.

아들은 거랑꾼을 따라나섰다. 금덩이 한 개만 캐면 큰 부자가 될 수 있다는 말에 회가 동했다. 노력에 재수(財數)까지 더해진다면 도전해

볼 만한 가치가 있는 일이라 믿었던 것이다. 그러나 아들은 일 년도 되지 않아 모친과 아내와의 약속을 어긴 채 망자(亡者)가 되어 돌아오고 말았다.

그녀는 무너져 내렸다. 아들을 사지(死地)로 몰아넣었다는 죄책감에 짓눌려 슬퍼할 염치도 없었다. 무엇보다 며느리 볼 면목이 없었다. 사람들은 '여자 팔자가 얼마나 세면 남편 잡아먹은 것도 모자라 아들까지 잡아먹느냐'며 수군댔다. 하지만 그녀가 무서운 건 따로 있었다.

며느리 맴은 언제 변헐지 몰러. 손자를 지켜야 돼. 하나밖이 읎는 금쪽겉은 내 손자를.

개가를 결심하다

　그녀(선일이 할머니)는 정신 줄을 놓아버린 며느리를 볼 때마다 앞이 캄캄했다. 사람들은 아이(선일)어미가 저래 가지고서야 어찌 수절을 할 수 있겠는가, 수군댔다. 그 말을 듣는 순간, 잠시 잊고 있던 자신의 과거가 섬광처럼 후려쳤다.
　그녀는 며느리의 앞길을 열어줄 방도를 고민하기 시작했다. 그러나 답이 쉬이 얻어지지 않았다. 곧 학교에 갈 손녀와 젖먹이 선일이 때문이었다. 천지간에 남매밖에 없는데, 며느리를 나처럼 만들면 안 되는데, 가문의 대를 이어야 할 텐데… 아무리 산 입에 거미줄 칠일 없다지만 아녀자 셋이서 이 험난한 세상을 어떻게 살아낸단 말인가. 생각은 꼬리에 꼬리를 물고 이어지는데 명쾌한 답은 찾아지지 않았다. 그녀는 물불을 가리지 않고 돈벌이에 나섰다. 그러나 아무리 용을 써도 입에 풀칠하는 것조차 버거웠다. 그녀는 하루가 다르게 지쳐갔다.
　여인이 방물장수아줌마의 눈에 띈 건 바로 그 즈음이었다. 방물장수는 매의 눈으로 그녀를 주시했다. 그녀를 엄마가 아닌 할머니로 보는 사람은 거의 없었다. 방물장수아줌마 역시 그랬다. 아줌마는 곱상하고 젊은 여인을 보고만 있을 남정네 또한 없을 거라 생각했다. 안쓰러웠다. 아까웠다. 고민도 되었다. 고부(姑婦)가 다 과부(寡婦)가 되었으니 누구든 한 사람은 개가를 하는 편이 나을 듯도 싶었다. 문득 반야산 앞 '새뜰'이라는 동네의 단골집이 떠올랐다.

'새뜰'엔 홀시아버지를 모시고 사는 맏며느리 '순자엄마'가 있었다. 방물장수는 주기적으로 순자엄마에게 탄띠, 참빗, 구루무, 동백기름 등을 대주고 있어 순자네 집 사정을 누구보다 잘 알고 있었다. 방물장수는 다른 때보다 일찍 '새뜰'을 찾았다.

"순자어머니, 동안 잘 지내셨지유? 농번기 전에 왔다가능 기 나을 것 같아서 조금 일찍 왔어유. 필요한 거 있으셔유?"

"그러찮어두 아줌니를 눈이 빠지게 기다렸구먼유. 아줌니, 아줌니라믄 홀시아버지를 모실래유, 버선발로 담벼락을 꺼꾸로 기어올라 가실래유? 저보다 연배가 있어 물어보는 것이니 대답 좀 해줘유."

"아니 그걸 말이라구 혀유? 백번을 물어두 담벼락 올라가구 말거구먼유."

"아줌니, 나 좀 살려줘유. 많은 사람들을 만나닝께 무리한 부탁은 아닐 거 같은디…"

순자엄마는 편히 잠을 자보는 것이 소원이라며 애원하다시피 방물장수를 붙들고 늘어졌다. 시아버지가 밤만 되면 재떨이를 두드리는 통에 당최 잠을 잘 수가 없다는 것이다. 아줌마는 잘 알겠다며 조건을 물었다.

"조건이랄 것두 읎어유. 젊구 이쁘믄 돼유. 심들여 모셔 오믄 트집만 잡구 돌려보내니 사람 환장할 노릇 아녀유. 자기 아부지 민환(免鰥)해드리는 걸 최고의 효도루 알고 있는 남편이나 빨리 새장가 보내 달라 보채는 시아버지나 저울에 달믄 똑 같을 거로구먼유. 그러니 내가 살 수가 있었어유? 하루가 급혀유. 하루가. 아, 엊저녁엔 을메나 놀랐게 유. 남편이 자는 듯 누워있다 느닷없이 일어나는 거여유. 두말할 것 읎이 젊구 이쁜 여자가 답이라나 뭐라나. 듣구 보닝 게 맞는 것 같기두 헌디 틀린 답이더라구유. 아니, 이쁘구 젊은 여인이 미쳤다구 아버님께 오냐구유. 답답혀서 돌아가신 시어머님께서 현몽하시던 감유? 물었다니께유. 무턱대구 얼른 찾아보라는 거여유. 한참을 곰곰 생각해 봤쥬. 지금꺼정 아버님을 지켜본 바루는 남편의 말이 맞는 답이더라니께유. 휴우, 인자는 새시어머님 물색허는 일두 넌더리가 나네유. 홀시아버지 모시기가 이토룩 힘들 줄 꿈에두 몰랐시유, 참말루."

"순자엄마두 참, 젊구두 이쁜 여자 싫어하는 남정네 봤어유? 그저 사내들은 다 그렇구 그렇더라구유. 늙으나 젊으나 다. 그란디…, 혹 달린 여자두 괜찮을까유? 제가 아는 과부가 있는디 혹이 있어유. 아주 커다란 혹이."

"딸린 자식이 있어유?"

순자엄마는 의외라는 반응을 보였다.

"자식은 자식이지유. 손자니께."

"손자유? 손자?"

방물장수의 말에 순자엄마는 잠시 생각에 잠겼다. 아무리 젊고 곱다 해도 시아버지가 허락할지 걱정인 것이다. 그러나 한편으론 이런 기회를 놓치면 안 될 것 같기도 하다. 젊은데다 예쁘기까지 하다는데.

"아니, 말이야 바루 말이지 혹이 있으니께 지가 말을 꺼낼 수 있능 거지 언감생심 말이나 꺼냈겠어유? 혹만 읎으믄 누가 채가두 벌써 채 갔을 여인넨디."

 "허긴, 그러네유. 여하간 말이나 익혀봐유. 아버님두 아버님이지만 내가 지레 죽겄어유."

 그날 이후 방물장수아줌마는 '새뜰'에 자주 나타났다. 순자엄마도 덩달아 분주해지고 있었다. 시아버지를 설득하는 일에, 남편의 의중을 떠보는 일에.

 밤이 되었다. 어김없이 시아버지의 재떨이 두드리는 소리가 들린다. 요란하다. 힘차다. 순자엄마는 시아버지가 어떤 기미를 알아챈 거라 확신했다. 순자아버지가 뒤척댄다. 순자엄마가 남편을 불렀다.

 "왜 그려?"

 남편이 신경질을 내며 묻는다.

 "오늘 방물장수아줌니가 왔다 갔어유. 그란디…."

 "그란디 뭐? 말을 끄냈으믄 종지부를 찍으야지 답답증나게 허지말구."

 성질 급한 순자아버지가 목소리를 높였다.

 "요즘 같어서는 치마만 둘렀으믄 좋아허실 것 같은디 모르겄네유. …, 젊구 이쁘기는 허다는디 손자가 딸렸대유, 손자가."

 "손자가? 아니 즈 어메가 잘못 들응 거 아녀? 사지가 멀쩡하다믄서? 내, 살다 살다 손자 데리구 개가하겄다는 여인이 있단 소린 처음 듣네 그려."

"오죽허믄 여북혀서 그러겄어유. 듣구보니께 워낙이 심들게 생겼더라구유. 만약시 받아준다혀두 형편을 생각혀서 그냥 데려올 순 없것던디…."

"그야, 그란디. 내 소견이룬 당최…. 아무리 여자라두 사람이 아닝감, 사람이. 허어…, 참."

"당신이나 나나 잠을 자야 농사를 지을 것 아녀유? 들어온다 혀두 끝을 맺구 산다는 보장두 없으니 잘허는 일인지 못허는 일인지 지두 모르겄네유. 어뜨케, 였던 일루 혀유? 그거사 어렵지 않응게."

순자엄마는 뒷일이 걱정되는지 남편에게 결정권을 넘겨주었다.

"손자 딸린 여인을 받아들이실까 몰러. 즈 어메가 알어서 허드라구. 지지바보다는 맴이 덜 쓰이기는 허는디 그래두 영…."

순자아버지는 뭔가가 개운치 않다는 듯 말꼬리를 흐렸다.

"상처가 망처라는 말이 딱 맞는 것 같여. 어머님은 왜 일찍 돌아가셔가지구 설랑."

순자엄마는 자신도 모르게 군소리를 했다.

"아니 이 여편네가, 말이믄 다여? 그러지 않어두 새 어머니 맞아들일 때마둑 가슴이 미어지구 죄송혀 죽겄는디…. 다시는 그런 말 혔단 봐라."

자리에 누우려던 순자아버지가 자리를 고쳐 앉으며 눈을 부라렸다. 안방 분위기는 순식간에 냉랭해졌다.

"그냥, 한 번 해본 소리여유. 나두 당신만큼이나 속상혀서."

"아, 쓸디없는 소리 허지말구 성사시킬 궁리나 혀봐. 차일피일 미루다 버스 지나간 뒤여다 손들지 말구."

 순자엄마는 속으로 안도의 숨을 내쉬었다. 이젠 마음 놓고 일을 추진해도 되는 것이다. 자리에 누워 여인의 모습을 상상해보았다. 젊구, 이쁘다구? 어찌되얐건 아버님 눈에만 들었으믄 좋겄는디. 그나저나 나헌티나 우리 집 헌티나 이(利)가 돼야 헐 틴디. 맴씨꺼정 고우믄 더 바랄 기 없을 티구.

 드디어 순자할아버지와 새로운 순자할머니가 될 그녀와의 상봉일이 다가왔다. 순자엄마는 아침부터 정신이 없다. 일이 성사되기를 기원하며 대청소를 하고 음식을 장만하느라 비지땀을 흘린다.

 그럭저럭 준비가 끝났나보다. 이번엔 그동안 마련해둔 새 이부자리를 들고 사랑방으로 향한다. 마지막으로 해야 할 일을 하기 위해서. 그 일은 순자엄마를 가장 힘들게 하는 일이지만 하지 않으면 안 되는 일이기도 하다.

 순자할아버지는 게으르기로 정평이 난 사람이다. 얼마나 게을렀으면 양치와 세수하는 것까지 싫어했겠는가. 그나마 며느리인 순자엄마가 바지런하여 바쁜 틈을 쪼개 씻겨드렸으니 망정이지 순자엄마마저 손을 놓았더라면 눈 뜨고는 볼 수 없을 지경에 이르렀을 것이다.

 순자엄마는 시아버지에 대한 불만을 드러낼 만도 하건만 그것조차 꼭꼭 숨겨두었다. 그것이야말로 새시어머니들이 가장 버티기 힘든 일이라는 걸 알아챘던 것이다. 그렇다고 시아버지의 몸에 밴 습관(?)을 바꿀만한 능력 또한 없으니 답답할 밖에.

 "아버님, 오늘은 깨끗하게 씻으셔야 돼유. 새어머니 맞아들이는 날이잖어유. 지가 살살 씻어드릴 팅게 아버님은 그저 지헌티 맡기시구 가만히 있으시믄 돼유. 자 그람 손 부텀…"

　따뜻하게 데운 물을 들고 사랑방으로 들어선 순자엄마가 시아버지를 달래고 나섰다.

"아니, 깨끗헌디 뭘 자꾸 씻어싸. 괴기국 먹은 지두 한참됐는디. 아, 지름기가 몸으루 들어가야 때가 맨들어지능 겨, 이 사람아."

"아버님, 지가 괴기국 맛있게 끓여놨구먼유. 이따가 새어머니 오시거들랑 두 분이서 맛있게 드셔유. 자, 인자 세수혈까유? 오늘은 더 젊두룩 보이셔야혀유. 원체 인물이 훤허싱게 깨끗이씻기만혀두 십 년은 젊어보이실 거구먼유. 이것 봐유. 때 나오능 거. 순자야 따신물 더 떠오니라."

"되얐다 되얐어, 인자 그만혀."

"아버님 여기만, 쬐끔 더 씻으께유. 젊구 이쁜 여자는 남새나믄 싫어해유. 자, 여기만."

"아니 니는 시애비 깍대기를 벗길려? 엥간히 혀라믄 말을 들어야지."

　구부간(舅婦間)의 실랑이는 여기에서 끝을 맺었다. 순자엄마는 땀을 닦으며 시아버님이 이렇게라도 참아주신 걸 고맙게 생각했다. 젊고 이쁘다는 약발이 이렇게 먹혀들 줄 누가 알았겠는가. 제발 새시어머니가 들어와서 이 일만은 하지 않게 되기를 간절히 바라며 말끔해진 시아버지를 물끄러미 바라본다. 시아버지는 조금은 겸연쩍어하면서도 개운함이 싫지 않은지 몸단장만큼은 당신이 하겠다고 나섰다.

상투를 틀고 망건을 쓰고 갓까지 갖춰 얹은 시아버지의 모습은 잘생긴 선비의 모습 그 자체였다. 순자엄마는 어느 필부(匹婦)가 보더라도 시아버지에게서 넘쳐흐르는 기품과 지성에 빠져들 것 같은 예감이 들었다. 그러면서도 입맛이 씁쓸한 건 어쩔 수 없는 노릇이었다. 먼 훗날 사윗감을 고를 땐 인물이 아닌 인품만 따져보리라 맹세했던 것도 아마 그때였을 것이다.

순자엄마는 잘생긴 남자일수록 색탐을 한다는 공식을 재차 확인하며 그동안 모셔왔던 여인들을 떠올려본다. 첫 번째, 두 번째, 세 번째…. 이번이 여섯 번째인지 일곱 번째인지….

어색한 상봉

"아직두 안 왔냐? 틀렸다. 틀렸어. 여지껏 안 오능거 보믄…."

순자할아버지가 괜한 부산을 떨었다며 다시 재떨이를 두드린다. 순자엄마는 애가 탔다.

설마가 사람 잡는다더니 사람을 잘 못 본 건가. 고연헌 짓을 헀나. 일이 틀어지믄 집안이 발칵 뒤집힐 틴디. 아이구 이 일을 어쩐댜. 이 일을…. 아니, 방정맞게 시방 무신 생각을 허구 있댜. 방물장수아줌니는 그럴 사람이 아니여, 절대루. 하루 이틀 알구 지냈간디. 믿을만헌 사람여, 그 냥반은. 내는 사람을 잘 못 본 적이 읎어. 한 번두.

순자엄마는 부뚜막에 앉아 의심과 자책을 신념으로 바꾸느라 진땀을 뺀다. 그러나 며느리의 마음을 알 리 없는 순자할아버지는 당신걱정을 해주지 않는 며느리가 밉다. 인정사정 볼 것 없이 놋재떨이를 두들긴다. 오늘 안에 구멍을 낼 것처럼.

이상허네, 다른 때 겉으믄 메누리가 달려왔을 틴디. 오냐, 니가 시애비를 이겨보겄다? 그려 좋다, 니가 이기나 내가 이기나 혀보자 한 번.

"어미야, 이리 좀 와보니라. 너 시방 뭣허는 지껄이여. 시애비 지름기 빼놓구 뭐여 이게, 엉? 을메나 때를 밀어댔능가 몸뚱이꺼정 허혀진 것 같은디 어쩔거, 어쩔기냐구?"

순자엄마도 지쳤다.

아이구, 부끄러운지두 모르구 왜 저러신댜. 그깟 재떨이야 새걸루 사드리믄 되지만서두 저 놈으 바람은 잡을 방도가 읎으니. 아이구, 저 놈으 바람 개라두 물어가믄 오죽이나 좋아. 그나저나 내 이러구 있다 저 노인네 병나지. 되든 않든 달래나 봐야겄다. 잘난 시아버지 새장가 들이다 못난 며느리 죽겄네, 죽겄어.

순자엄마가 힘없이 일어선다.

"순자야~"

순자할아버지가 앓는 소리 하듯 순자를 부른다. 순자엄마는 기가 막히다. 걸음을 빨리한다.

"아버님, 아직 해가 남아 있잖어유. 이런 일은 백주대낮보담은 해가 조금 기울어질 때가 더 좋은 것 아녀유? 아, 시집가는 처녀처름은 아니라두 그냥 오믄 쓰겄어유? 아버님처름 씻구 바르구 혀야지유. 여자잖유, 여자. 그러지 않겄어유 아버님? 그러닝게 조금만 더 기다려봐유. 연무대서 반야산 넘어올라믄 좋이 반나절은 걸리닝게…"

순자엄마는 시아버지를 다독이느라 진땀을 흘린다. 듣고 있던 순자할아버지가 곰방대를 입에 물고 뻐끔댄다. 그래도 조금은 겸연쩍은 모양이다. 순자아버지 역시 안절부절못하고 난리다. 솔직히 홀로 되신 아버지께 효도하는 심정으로 추진한 일이기는 하다. 그렇지만 이런 일이야말로 커나는 자식 보기 민망하고 동네 사람들 보기에 부끄러운 일 아닌가. 아들며느리 속 타는 줄 모르고 어린애처럼 보채는 아버지를 보고 있자니 뒷감당을 어떻게 할지 걱정되는 것이다. 아버지가 누군가. 두어 달을 홀로 지내신 분이 아닌가.

"엄니이, 누가 우리 집으루 오구 있어유."

징징대는 남동생을 들쳐 업던 순자가 소리친다. 순자엄마는 안도의 숨을 내쉬며 밖을 힐끗 내다보았다. 지게를 진 남자와 아이를 업은 여인이 순자네 집을 향해 천천히 걸어오고 있다.

마중 하려던 순자엄마가 머뭇거린다. 머릿속이 복잡해진다. 여인이 오기 전만 해도 여인이 나타나면 등에 업은 아기를 받아 안고 싶었는데 그게 아닌 것이다.

순자엄마는 오늘, 특히 이 순간이 그녀의 앞날을 결정지을지 모른다는 생각이다. 여인이 젊지만 않았어도 이런 생각까진 들지 않았을지 모른다.

여인의 치마폭에서 많은 일들이 일어날 것만 같다. 이제부터 정신을 차리지 않으면 안 돼. 젊고 예쁘다지 않는가. 고삐를 바짝 움켜쥐자. 고삐를. 순자엄마는 딴전을 피우며 여인이 마당으로 들어서기를 기다렸다. 드디어 여인이 남자를 앞세우고 들어온다.

"어서들 오셔유. 자, 이쪽으루."

마당을 서성이며 숨 고르기를 끝낸 순자엄마가 여인 쪽으로 서너 발자국 걸어가더니 공손하게 여인을 맞아들인다. 아기를 업은 여인도 같이 고개를 숙인다. 등에 업힌 아기는 눈을 동그랗게 뜨고 사방을 두리번거린다. 낯선 빛이 역력하다.

"이거 어디다 내려놓을까유?"

궤짝을 지고 온 남자가 퉁명스럽게 묻는다.

"아이구, 깜빡했네유. 개벼워 보여서 먼저 인사부텀 나눴는디 그게 아닝게 보네. 하긴 둘이 입을 입성이랑 기저귀꺼정 들어 있응게… 자, 이 쪽으루, 이 방이다 넣어줘유."

순자엄마 역시 남자를 대하는 게 살갑지 않다. 젊은데다 덕대 같이 생긴 남자가 여인을 따라온 게 마음이 쓰인다. 아무리 생각해도 손자를 데리고 개가하는 여인을 따라올 피붙이는 없다. 필경 남일 터인데 왜 여인을 따라 왔다는 말인지. 빨리 돌아가 주었으면 하는 심정으로 술상을 보아 안겨주고는 어색하게 서있는 여인을 데리고 사랑방으로 들어간다.

"아버님, 새어머니 오셨시유. 여기…."

순자엄마는 굳이 새 자(字)를 강조한다. 여인이 아기를 업은 채로 할아버지께 큰절을 올린다. 순자엄마는 얼른 시아버지의 낯빛을 살폈다. 시아버지의 입은 귀에 걸리고 말았다.

"어, 어서, 아기 내려놓지 않구선… 자, 어서…."

할아버지가 바닥에 내려놓았던 장죽을 들더니 당신 앞으로 더 당겨 앉으라며 방바닥을 두드린다. 여인의 얼굴이 붉어진다. 순자엄마도 마찬가지다. 여인이 포대기를 푼다. 아기가 울먹이며 여인의 품을 파고든다.

"음마, 으음마…."

걸음발을 떼는 걸 보니 첫돌은 지난 것 같다.

"애기가 낯이 선가 보네유. 배두 고픙가 보구유. 얼른 젖, 아니 먹을 것 좀 먹이세유. 지는 그람, 아버님 저녁진지 때미…."
 순자엄마가 시아버지와 여인을 번갈아 바라보고는 방문을 연다. 마당을 가로지르는 순자엄마의 발걸음은 아까보다 훨씬 가벼워졌다.
 순자엄마가 나가자 여인은 옷가지를 정리해 궤짝에 넣는다. 대부분 아기의 것이다. 할아버지가 다정하게 아기를 부른다. 아기는 할아버지가 무서운지 여인에게 안겨 울음을 터뜨린다.
 "낯가림을 많이혀유. 지허구만 있다시피혀서유. 며칠 있으믄 괜찮어질 거여유. 애가 원체 순혀서…."
 여인이 민망한 듯 입을 연다. 전혀 할머니라고 믿겨지지 않을 정도로 젊고 청량한 목소리다.
 "누가 뭐랴? 애는 밤이 잘 자야 순힝 겨. 낮이야 뭐…."
 "밤낮을 알믄 어른이지 애여유? 지가 재울 팅게 걱정마셔유."
 여인은 아기를 보여주고 싶지 않은지 등을 돌린다. 할아버지는 헛기침을 하고는 장죽에 불을 붙인다.
 고깃국 냄새가 난다. 순자엄마가 저녁상을 들고 나타났다.
 "어서 드셔유."
 여인이 할아버지의 수저를 들어 할아버지께 권한다.
 "아, 자네두 들게나. 밥은 혼자 먹으믄 맛을 모르능 겨. 오랜만이 밥다운 밥 좀 먹어보세 그려."
 여인이 아기를 안고 할아버지와 마주 앉는다. 여인은 밥을 퍼 입에 넣고 씹더니 도로 뱉어내어 아기에게 먹인다. 아기는 쉼 없이 그걸 받아먹는다. 할아버지는 미간을 찡그린다. 반 그릇도 비우지 않고 수저를 내려놓는다. 여인은 본체만체 하던 일을 계속한다. 아기의 배를 채우고 나서야 여인은 수저를 들었다.

　그날 밤 순자네 집은 보리이삭이 피어오르는 소리가 들릴 만큼 평온해서 닭장의 닭과 외양간의 소와 마루 밑의 메리까지 숙면을 취했다. 텃밭 역시 새벽부터 난리다. 상추와 아욱과 쑥같이 기지개를 켠다. 밭 가장자리의 완두콩도 손을 들어올린다. 마늘이 길게 심호흡을 한다. 향으로 순자엄마를 불러낼 모양이다.

　순자엄마는 새들의 청아한 노랫소리를 들으며 잠을 깼다. 몸이 가벼워진 것 같다. 하루 사이에 세상이 바뀌어진 것도 같다. 순자엄마는 옷깃을 여미며 방문을 연다. 의식적으로 사랑채의 댓돌을 살핀다. 하얀 고무신 두 켤레가 나란하다. 새삼 고무신도 짝이 있어야 아름답다는 걸 느낀다.

　할아버지를 비롯한 순자네 식구들의 얼굴엔 생기가 넘쳐났다. 선일이의 칭얼댐도 들리지 않는다. 순자엄마는 더욱 분주해졌다. 식구가 늘어난 만큼 살림의 규모나 질서를 바꿔야겠다고 생각한다.

　아침 설거지를 끝낸 순자엄마가 세숫물을 들고 사랑으로 들어선다. 여인이 깜짝 놀란다. 세수를 방안에서 하는 사람이 어디 있냐는 표정이다. 순자엄마는 아랑곳 하지 않고 시아버지를 씻긴다. 여인은 물끄러미 그 광경을 지켜본다.

　"아버님, 개운하시지유? 인자 낼 부텀은 지가 안 들어올 거구먼유. 새어머니가 기시닝게."

　순자엄마는 일어서며 방안을 휙 둘러본다. 문제의 궤짝에 시선이

꽂힌다. 궤짝은 여인에게 옷장 이외의 의미가 있는 것 같다. 여인의 혼수품 같은. 그러지 않고서야 보물단지 가져오듯 남자까지 끌어들여 가져올 필요가 있었겠는가. 순자엄마는 그 달갑지 않은 물건을 뚫어지게 바라본다.

　순자엄마는 두레박으로 물을 올려 빨래를 시작한다. 여인이 머리에 수건을 눌러쓴 채 아기를 업고 우물가로 나온다. 여인의 손엔 아기 기저귀가 들려있다.

　"돌은 지났지유? 우리 애들은 돌만 지나믄 오줌똥을 가리던디. 애를 싸고만 돌믄 더딩거유. 사람이건 짐승이건 자꾸 훈련을 시키야지."

　순자엄마가 기저귀를 보며 한마디 한다.

　"낮이는 잘 눠유. 잘 때만 채우능 기지. 때가 되믄 띨 때가 있겄지유 뭐."

　여인도 지고 싶지 않은 듯 대꾸를 한다. 잠시 침묵이 흐르는가 싶더니 이내 두 사람은 빨래를 끌어다 주무른다. 여인의 등에서 아기의 코고는 소리가 들린다. 여인은 아기를 사랑방에 누이고 다시 우물가로 나온다. 빨래는 금방 끝이 났다. 여인은 빨래대야를 들고 마당으로 나갔다.

　여인이 순자네로 왔다는 소문은 산지사방으로 퍼져나갔다. 아니나 다를까 순자네 울타리는 금세 알록달록해졌다.

　"시상이, 메누리보다 더 젊어."

　"그러네, 누가 고부사이루 보겄어. 동서지간 같은디…"

　"말혀 뭐허겄어. 손잔지 아들인지 누가 봤다? 증인이 있는 것두 아니구…"

"그나마 고추니께 받아줬겄지 안 그려?"

"허긴, 아들만 좋아허는 집잉게 그러타고 봐야겄네."

"순자할아버지가 걱정이네 그려. 나이가 있는디 저르케 젊은 여인을 어찌 감당하누. 쯧, 쯧…"

무리 중엔 남정네들이 두셋 보이기는 하였으나 여인네들이 대부분이다. 그 중에는 조심성 있게 말하는 사람도 있고 감정을 즉시 뱉어내는 사람도 있다.

"쉿, 조용히들 혀봐유. 부끄러웅게 얼굴을 가렸나본디… 기구한 팔자때미 그르치 곱상헌기 아깝다 아까워. 으흠…, 저토록 고운 여자가 우리 동네에 오다니. 순자할아버지가 부럽다, 부러워."

늙수그레한 남자가 능구렁이 같은 소리로 능글댄다.

"성님 말이 맞네, 맞어. 처녀 땐 아주 사내 애간장 좀 태웠겄는 걸. 그려서 말인디, 저런 효도는 효도가 아닐 수두 있어유. 민한(免鰥)두 정도가 있으야지 안 그려유 성님?"

누군가가 손뼉까지 치며 맞장구를 한다.

"그나저나, 저 여인네는 순자할아버지 소문을 들었능가 몰러."

아주머니가 남정네는 더 이상 끼어들지 말라는 듯 나지막이 소곤댄다.

"소문?"

"아, 순자할아버지 새장가 드는 게 몇 번짼지 몰러서 물어? 내가 보기엔 그 냥반은 시상 남정네랑 다릉 걸 가지구 있어. 확실허게…"

"맞어, 오직하믄 방도를 찾다 찾다 젊은 여인네를 찾었걨어. 그동안 드나들었던 여인네들이 늙수그레헸잖어. 그 여인네들이야 쇠심줄보다 질긴 목심을 어쩌지 못해서 찾아들었던 게지 다른 뜻(?)이 있었걨어? 그런 여인네를 밤마다 집적거렸을 티니…"

"자네 말대로라믄 저 여인은 번지수를 잘 찾은 것 아녀? 먹구살만 헌 집인디다 순자할아버지꺼정 정정허니께. 누가 알어, 한 몫 단단히 건네 주구 데려왔능가."

"맞는 말이네. 젊은 사내 잘 못 만났다간 죽두룩 일만 허구 얻어터지기 일쑤여. 골말 어떤 영감탱이 봐봐. 후처를 들여 농사철 내내 부려먹더니 농사철 끝나니께 쫓아내지 않덩감? 시상이 양심두 읎지. 양식만 축낸다구 그랬다더만 그려."

"그런 영감은 하늘이서 벌을 내려야혀. 시상이 쎄가 빠지게 부려먹구 뭐허는 짓거리랴? 그런디다 대믄 저 여인네는 호인 만낭겨."

"그려, 순자할아버지만헌 호인 만나기두 어려워."

"아, 호인이믄 다여. 그 나이에 손주들 재롱이나 보믄서 살지 새장가가 뭐여, 새장가. 자손들 남부끄럽게."

어느 아주머닌가가 세상의 모든 시아버지 들어보라는 듯 핏대를 세운다.

"저 여자나 순자네나 마찬가지지 뭐. 서로가 다급헝게 그랬걨지."

"그나저나 이쁘구 젊은디다 체구두 자그마허니 생겨서 뭔짓을 혀두 순자할아버지 눈엔 이쁘게만 보일 틴디, 순자엄니가 큰일 아녀?"

"걱정이야 되겄지. 옛부텀 후처에 빠지믄 감투 벗어지는 줄 모른다구 안 혔남? 아들메누리 똥줄 타는 걸 어찌 알었어."

"아, 그거사 순자엄니 복불복잉 겨. 지금꺼정 고생혔응게 좋은 사람 만났겄지 뭐."

"그려, 순자엄마 같은 사람 읎어. 저 여인네두 마찬가지구. 심안 들이구 착헌며느리 봤잖남? 복이 읎진 않나벼, 호호호…."

"아이구, 그런 말 말어. 순자아부지가 을메나 무서운지 저 여인네가 알구왔겄어? 을메나 살다갈지 모르겄네만 순자아부지 뜻 받기가 쉬운 문제는 아닐거구먼."

"그려, 순자엄니나 헝게 참구 사능 기지. 나 겉으믄 옆이두 못가, 무서워서."

여인은 온갖 말을 들으면서도 기어이 빨래를 다 널었다. 바느질을 하던 순자엄마는 그제야 일어서더니 여인을 부엌으로 부르는 거였다.

"귀담어 듣지 말어유. 오나가나 넘 말허기 좋아허는 사람은 있기 마련잉게."

여인은 아무 표정 없이 순자엄마의 말을 듣고 있다. 순자할아버지의 담뱃재 터는 소리가 요란해진 건 바로 그때였다. 아기의 울음소리도 뒤를 잇는다. 점점 크게 점점 우렁차게. 여인이 벌떡 일어선다. 부엌문을 박차고 나가는 여인의 행주치마에서 쇳소리가 난다. 놀랍게도 아기의 울음은 멈춘다. 순자엄마는 혀를 내둘렀다. 아기의 할머니인지 엄마인지 구별이 안 되는 것이다.

"자네, 어린 것 놔두고 어딜 나가나 나가길. 메누리가 다 알어서 헐 틴디. 날 보구 애나 재우고 있으란 말여 뭐여?"

할아버지의 호통은 집을 쩌렁쩌렁 울린다. 순자엄마는 잡아당긴 반짇고리를 멍하니 바라보며 생각에 잠긴다. 하룻밤에 만리장성을 쌓는다더니 이런 경우를 두고 하는 말 같다. 우려했던 일이 일어나고 있는 것이다. 여인에게 곁에만 있으라니. 순자엄마는 혹 떼려다 얻은 상황이 어리둥절하다 못해 기가 차다. 산 넘어 산, 이를 어쩌면 좋은가. 이제 와서 여인을 쫓아낼 수도 없고. 시아버지께 그러시면 아니 된다 말할 수도 없고.

"가만히 있으믄 뭐혀유. 죽으믄 썩어질 몸뚱어린디…."

뒤통수를 얻어맞은 듯 멍하니 앉아있던 순자엄마가 귀를 쫑긋 세운다. 예상과 다르게 여인의 단호한 목소리가 사랑방에서 흘러나왔던 것이다.

"지는 유. 어르신을 편안히 모시는 일이 지 본분이라는 걸 모르지 않구먼유. 허나 며느님을 보니 딱혀서 가만 있을 수가 읎어유. 배를 보닝게 만삭이 다된 것 같던디…. 그 몸으루다 온갖 일 허는 걸 어뜨케 보구만 있어유. 지발 부탁인디 지가 알어서 허는 대루 놔두시믄 안 되나유? 지두 인두겁을 쓴 사람이잖어유. 같은 아녀자이기두 허구유."

여인의 말을 듣고 있던 순자엄마는 시아버지가 여인을 쫓아낼 것 같아 덜컥 겁이 났다. 지금까지 만났던 새어머니 중엔 아무도 이런 말을 한 사람이 없었던 것이다.

"지는 유, 공밥을 먹을 생각이 읎어유. 손자만 잘 키울 수 있다믄 어떠헌 일이라두 헐 거구유. 어떤 수무두 견딜 거여유."

순자엄마는 가슴을 쓸어내렸다. 여인의 속마음이 저토록 깊었다니.

여인이 불쌍해진다. 여인과 오래도록 같이 살고 싶다. 불현듯 방물장수아줌마가 고맙다. 모든 일이 잘 될 것 같은 예감이 든다.

막 40대 후반에 들어선 그녀는 순자엄마보다 열 살이 위였으니 순자아버지와는 기껏해야 네 살 차이 밖에 나지 않았다. 나이차이가 많은데도 순자엄마보다 훨씬 젊어 보이는 그녀를 보고 동네 사람들은 하나같이 혀를 내둘렀다. 하지만 순자엄마의 생각은 다르다. 동서지간으로 보이면 어떻고 손자 데리고 개가한 여인이면 어떤가. 그저 시아버지 수발 잘 들고 평지풍파 일으키지 않고 잘 살아주는 게 중한 거지.

사랑방 사람들과 어머니

내가 할머니를 선일이 할머니로만 여기게 된 건 언제부터였는지 정확하지 않다. 유추해 보건대 사람을 알아볼 수 있을 정도의 나이부터 할머니의 이름이 선일이 할머니라는 걸 알았을 테고, 그 이름의 특수성을 조금씩 알아갈 때쯤부터 흐릿하게나마 특별한 사건들을 기억하는 걸 보면 적어도 대여섯 살은 넘기지 않았을까 싶다.

나에게 사랑방은 금단의 방이었다. 누가 그렇게 하라고 명령한 것도 아닌데 왜 그런 마음이 들었는지 모른다. 한 집에 살고 한솥밥을 먹으면서 물과 기름처럼 겉돌았던 느낌은 무엇 때문이었을까.

사랑방엔 언제나 선일이라는 사내아이가 살고 있었다. 나보다 두 살이 더 많은데도 키는 나보다 훨씬 작았으며 어찌된 일인지 선일이의 두 볼엔 눈물자국이 마를 날이 없었다. 눈물자국을 보면 애틋한 마음이 들었을 만도 한데 나는 그 애가 이유 없이 미웠다. 오죽하면 하찮은 것까지 어머니께 일러바쳤고 늘 업신여겼으며 눈을 흘기지 않고 바라보는 일조차 없었다. 어디 그뿐이랴. 할머니의 일거수일투족까지 감시하고 나섰다. 그중에서 가장 과민반응을 보인 건 할머니의 외모였다. 동네사람들 말마따나 어머니보다 젊고 고와서였다. 거기다 할머니는 우리 할머니가 아닌 '선일이 할머니'인 것이다. 왜 남의 할머니가 우리 집에 살면서 나를 불편하게 하는가. 내가 아버지한테 혼이 날 때만이라도 제발 나타나지 않았으면 좋겠는데 할머니는 눈치도 없는지 불쌍한 표정을 지으며 다가오는 거였다.

"제발 저리 가요. 내버려두라니까."

나는 입술을 삐죽거리며 눈을 흘겼다. 그러나 할머니는 내 말을 들어주지 않고 주위를 맴돌았다. 나는 그게 더 화가 났다. 가끔은 그때 선일이가 나타난다.

"야, 저리 가. 꼴도 보기 싫다는데 왜 쳐다보냐고."

발까지 구르며 삿대질을 해댔다. 그러면 선일이는 잠시 머뭇대다 슬그머니 뒷걸음을 하며 달아나는 거였다. 나는 그런 선일이를 보며 우월감과 두려움을 동시에 느꼈다.

막내를 업고 어머니를 찾으면 그곳엔 꼭 할머니가 있었다. 어머니가 빨래를 하거나 밭을 매거나 물레질을 하거나 베를 짜거나 다림질을 하거나 다듬이질을 하는 곳까지도 어김없이. 나는 그림자처럼 어머니를 따라다니는 할머니를 보면 괜히 짜증이 났다. 왜 내 어머니를 빼앗는가 말이다.

어머니와 할머니는 사이가 아주 좋았다. 할머니는 어머니와 같이 대화를 하는 동안만큼은 얼굴에 화색이 돌았다. 나는 그마저 좋아 보이지 않았다. 우리 집에 처음 들르는 장사꾼들은 하나같이 어머니와 할머니의 관계를 물었는데 그때마다 어머니는 할머니를 시어머님이라 불렀다. 그러면 장사꾼들은 놀란 표정과 함께 고개를 갸웃댔다. 어머니가 이상하게 보인다는 뜻이 아닌가. 자존심이 상했다. 할머니 같지 않은 할머니가 싫었다.

할아버지 역시 나처럼 선일이가 미운 모양이었다. 무슨 이유인지는 모르나 선일이는 할아버지로부터 꾸중을 자주 들었다. 할아버지는 꾸중을 하다 성이 차지 않으면 "나가 버려!" 소리쳤다. 힘없이 사랑방 문을 열고 나오는 선일이의 얼굴에서 나는 또 눈물자국을 볼 수밖에 없었다.

내가 보기에 할아버지는 당신의 정신이 혼미해(어른들은 그걸 노망이 들었다고 말했다.)지기 전, 그러니까 선일이가 열두어 살쯤 되었을 때까지 선일이를 아주 미워했던 것 같다. 나는 선일이가 눈물을 흘리며 벌을 받는 모습을 심심찮게 보았었다. 할아버지는 왜 선일이를 미워했던 것일까. 할아버지는 손자만 좋아하고 손녀를 싫어하셨던(나는 할아버지가 내 이름을 불러주신 기억이 없다.) 분이 아닌가. 거기다 선일이는 할아버지가 첫눈에 반해버린 할머니의 손자다. 한 방에서 데리고 자고 한 상에서 밥을 같이 먹는 손자.

나는 할머니와 선일이를 우리 가족으로 생각하지 않는다. 동네아줌마나 아저씨들이 할머니를 선일이 할머니라 부르는 것을 보면 내 생각은 맞다. 자연히 선일이 할머니가 할아버지와 함께 사랑방에 살고 있는 게 궁금할밖에. 그래서일 것이다. 나는 할아버지까지 선일이의 할아버지로 생각하게 되었다. 그런 할아버지가 선일이를 미워한다? 이를 어찌 받아들여야 하는가.

내 뇌리에 선명하게 남아있는 사건이 하나 있다. 초등학교 3학년 겨울방학 중 어느 날이었을 것이다. 그날도 나는 선일이의 특이한 울음소리를 듣게 되었다. 선일이의 울음소리는 항상 똑 같았다. 꺼,꺽, 꺼,꺽…. 슬픔이 북받치는데도 소리를 내지 않으려 이를 악무는 소리. 나는 선일이의 울음소리를 들을 때마다 속이 답답해 터질 것만 같았다. 듣는 내가 그럴진대 선일이 본인인들 오죽하겠는가.

사랑방 문은 반쯤 열려 있었다. 나는 재빨리 선일이를 찾았다. 곰방대를 들고 있는 할아버지 앞에 선일이가 서 있다. 꺼,꺽 대면서. 매양 있는 일이라 그냥 지나치려는데 하필이면 "이놈으시끼가 왜 어른 앞이서 하품을 허구 그려. 하품이 나올라구 허믄 입을 앙 다물구 속으루 혀야지. 어린애는 그려야 하능 겨."라는 할머니의 말이 튀어나오는 게 아닌가. 나는 놀라지 않을 수 없었다. 아직까지 저렇게 화내는 할머니를 본 적이 없었으므로. 그깟 하품이 무에 그리 대수라고 할머니까지 나서서 난리를 치는가.

할머니는 평소의 할머니가 아니었다. 매까지 들고는 선일이의 종아리를 사정없이 때린다. 나는 꼼짝할 수가 없다. 하품이 나오면 입을 앙 다물고 속으로 하라니 이게 무슨 말인가. 할머니 말대로 입을 다물고 하품을 해 보았다. 그러나 그것은 어른이 아니라서인지 마음대로 되는 게 아니었다.

선일이가 무엇에 놀란 듯 쏜살같이 사랑방을 뛰쳐나온다. "이눔이, 어서 들어오지 못혀!" 뒤이어 할머니도 신발을 신지 않은 채 선일이를 뒤쫓는다. 골목대장 선일이가 잡힐 리 없다. 선일이는 작지만 다부지고 날렵한 아이였다. 할머니는 선일이가 도망친 방향을 한참 동안 바라보더니 마당 가득 한숨을 내뿜으며 사랑방 문을 열었다. 나는 그때의 할머니 얼굴을 똑똑히 보았다. 할머니는 거의 울 것 같은 얼굴이었다. 아니나 다를까 할머니는 사랑방에 들어가기 무섭게 한참을 흐느꼈다.

"시상이, 내가 누구 때미 이러구 사는디 죄 읎는 아이를 들들볶구 난리여 난리가. 그르케 보기 싫으믄 차라리 나가라구 허믄 나갈 것 아닝가벼. 억망금을 주구 사온 종이라두 이런 치급은 받지 않을 거로구먼 흑, 흑…."

할아버지는 할머니의 흐느낌을 듣고도 이런저런 말이 없다. 우는 할머니를 달래주면 어디가 덧이라도 나는지. 어머니 역시 마찬가지다. 어떻게 할머니의 흐느낌을 듣고도 얌전하게 바느질만 할 수 있는가.

사랑방은 다시 조용해졌다. 그렇지만 나는 가만히 있을 수가 없다. 어머니 앞에 쪼그리고 앉았다. 어머니는 그런 나를 본체만체하신다. 무릎을 어머니 쪽으로 바짝 밀어 넣었다. 눈길조차 주지 않는다.

"엄니, 할머니가 선일이 때리는 소리 들었지? 할머니 우는 소리랑?"
"아, 귀루 듣기는디 어뜨케 못 들어. 그란디 왜?"
"왜라고유? 어떻게 모르는 체 할 수가 있댜?"
"차라리 눈 감구 귀 닫능 기 편허닝게 그르치 이눔아."
"왜 편한디?"
"끼어들었다가는 큰일이 생길 수두 있으닝게 아주 큰일이."
"무슨 큰일?"
"아이구, 이눔아. 니는 몰라두 돼여. 어린 것이 캐물어 쌓기는."

어머니는 더 이상 묻지 말란다. 답답해 죽을 지경이다. 어째서 어머니가 나서면 안 되는 일일까. 큰일이 생기다니, 큰일이 뭘까. 사랑방에서 일어나는 일은 우리 집이랑 무슨 상관이란 말인가.

눈물자국이 선명했던 선일이의 얼굴이 자꾸만 어른거린다. 소리조차 내지 못하고 꺽꺽대던 선일이. 불쌍하다. 하지만 선일이가 좋아지는 건 아니다. 식구이긴 하지만 가족은 아니지 않는가. 그 일이 있은 후부터 나는 선일이를 울보라 생각했다. 생각만으로 그쳤으면 좋으련만 기어이 그 말을 내뱉고 말았으니. 그 말을 들은 선일이는 주먹을 불끈 쥐며 때리는 시늉을 했다. 그러나 당황스럽나 두렵지 않았다. 다툼이 크고 작건 간에 단 한 번도 불미스러운 일이 일어나지 않았으므로.

그날의 사건이 그냥 스쳐지나가는 일이 되었다면 차라리 좋았을 걸 사람의 일이란 마음대로 되는 게 아닌가 보다. 나는 우연히 들은 할머니와 어머니의 대화로 인해 그날의 일을 다시 곱씹을 수밖에 없었다.

그날은 온공일이었을 것이다. 어머니가 김칫거리가 가득 담긴 소쿠리를 들고 나타나더니 감나무 아래에 자리를 잡는다. 할머니도 짝꿍인양 금세 나타났다. 두 분은 마주 앉더니 김칫거리를 다듬는다.

"즈 할머니, 며칠 전 아침에 무슨 일이 있었어유? 속상헌 일이 있으신지 아버님의 큰소리가…."

어머니가 먼저 운을 떼셨다. 나는 습관처럼 귀를 세웠다. 들어본 경험대로라면 틀림없이 할아버지나 아버지의 흉이 나올 것이기 때문이었다. 나는 할머니와 어머니가 할아버지와 아버지의 흉을 보면서 웃는 걸 자주 보았었다. 자연스레 귀가 솔깃해지지 않을 수 없었다. 어머니는 아이들이 어른들의 이야기를 엿듣는 게 아니라지만 두 분의 이야기엔 남다른 재미가 있는데 날 보고 어쩌라고.
"아, 별 것두 아닌 일을 가지구 그르케 미워헐 게 무에 있어… 어린 것이 버르장머리 읎이 밥상 앞에서 하품을 혔다나 뭐라나? 참 내…"
할머니는 기가 막히다는 듯 혀를 찼다.
"예? 그런 일이 있으셨어유? 시상이, 을메나 속상허셨어유. 아니, 아이나 어른이나 하품이 나오믄 허능 기지 어뜨케 참는댜? 아버님두 참…"
어머니는 할머니를 위로하면서도 할머니의 눈치를 살폈다.
"아니, 밤만 되믄 빨리 안 잔다구 성화네 그려. 속상혀 죽겄어. 하루이틀두 아니구, 날 보구 어쩌라구."
"선일이 보구 빨리 자랴? 아니 내버려두믄 어련히 잘까?"
어머니는 별것 아니라는 듯 넘어가려는 눈치다. 할머니는 진한 한숨을 내쉬더니 다듬던 김칫거리를 내려놓고는 한참 동안 하늘만 올려다보았다.
"내, 그날 많은 생각을 혔어. 내가 선일이를 위해 택헌 길인디 오히려 선일이는 구박덩이가 되얐더라구. 기가 막히대. 빨리 자라 윽박지르믄 오던 잠두 멀리 달아나는 법인디 그걸 알믄서두 머리를 쥐어박구 혔당게. 종래 선일이는 꺼꺽대다 잠이 들군 혔어. 을메나 보기 안쓰러운지."
할머니의 목소리는 비장하기까지 했다. 그러자 이번에는 어머니가 할머니처럼 다듬고 있던 김칫거리를 내려놓는 게 아닌가.

"아이구, 어찌 그런 생각이 들지 않았겄어유. 나야 아직 손자가 읎어 즈 할머니의 마음을 다 알진 못헐 티지만 손자가 자식보담 더 이쁘구 사랑읍다던디 말여유."

"내, 밤새두룩 고민허다 슬그머니 달아날 생각꺼정 혔었지. 즈 어머니가 몰라서 그렇지, 실은 사흘이 멀다허구 그런 생각을 혔었덩 겨. 휴우, 부지기수루 어린 것을 끌어안구 눈물졌당게. 그란디 인자는 그마저 마음대루 헐 수가 읎어. 선일이 머리가 컷잖여. 그란디두 할아버지란 사람은…, 아이구 말허믄 뭘혀 꼭 세 살 먹은 어린애 같어. 언제나 철이 들랑가 몰러."

나는 깜짝 놀랐다. 할머니가 울먹이는 게 아닌가. 할머니는 표정이 거의 없는 분이다. 얼굴을 보고는 속마음을 알 수 없는 할머니가 운다. 울었단다. 도대체 이게 무슨 말인가.

"즈 할머니께서 이해혀야지 어뜩허겄어유. 아버님이 철이 덜 드신 건 나두 알어유. 그렇다구 아주 냉정한 분은 아니잖어유. 즈 할머니두 그건 인정허지유? 그저 일하는 거 보믄 안쓰러워 허시능 거. 이왕 말이 났으니 허는 말인디 내 사는 것 좀 보셔유. 남편이란 사람이 을메나 인정머리 읎나."

어머니는 할머니의 편을 들어드리면서도 당신의 처지를 알아주길 바랐다.

"내, 어찌 즈 어머니의 사정을 모르겄어. 을메나 안쓰럽구 딱헌디. 그랴서 가끔은 차라리 내가 읎능 기 도움이 되지 않을까 싶을 때두 있어. 선일이가 나이를 먹어갈수룩 더 그런 생각이…"

할머니는 말꼬리를 흐렸다.
"아이구, 그런 말씀 마셔유. 즈 할머니나 나나 서로 의지허믄서 살어야지 어쩌겄어유. 서로 불쌍허게 생각허믄서유. 난 즈 할머니 속 알어주구유. 내 속은 즈 할머니가 알아주구유. 이르케 만난 것두 하늘이 맺어준 인연일 팅게유."
어머니는 할머니의 손을 잡으며 울먹이신다. 할머니도 코를 훌쩍였다. 나는 그날만큼은 할머니를 좋은 사람이라 생각했다.

이상해진 사랑방 식구들

내가 5학년이던 가을의 어느 날이었다. 그날은 겨울처럼 몹시 추웠다. 라디오에서는 강원도에 얼음이 얼었다는 뉴스를 대대적으로 보도하고 있었다. 나는 어서 일어나라는 어머니의 호통을 듣고서야 이불 밖으로 얼굴을 내밀었다.

등교 준비가 끝나도 아버지는 보이지 않았다. 새벽에 일어나 논에 나가신 게 분명했다. 어머니는 반(半)공일이니 공부 끝나는 대로 일찍 오란다. 어머니의 부탁이 아니더라도 나는 그럴 생각을 가지고 있었다. 아버지의 눈 밖에 나면 중학생이 될 확률이 떨어질 테니까.

집으로 돌아 온 나는 아버지로부터 마당을 에워싸고 벼를 훑는 아주머니들께 볏단을 날라주라는 명령을 받았다. 그 일은 쉬운 일이 아니었다. 얼마 지나지 않아 목이 마르고 싫증도 났다. 목마르다는 핑계를 대고 홀태사이를 비집고 나오려는데 갑자기 사랑방문이 열렸다. 본능적으로 사랑방을 쳐다보았다. 할아버지가 발가벗은 채 맨발로 서 있는 게 아닌가. 놀란 나는 숨넘어가듯 엄니를 불러댔다.

"엄니, 엄니."

어머니와 할머니가 득달같이 달려왔다.

"뭐하고 있어. 얼른 저리 가지 않구."

어머니의 호통을 들으며 도망치듯 그 자리를 떴다. 그 일이 있은 후 사랑방은 점점 시끄러워지고 있었다. 비명과 울부짖음이 새어나오고 뭔가가 부딪는 소리도 들렸다. 어머니는 그럴 때마다 사랑방 문 앞까지 달려가서는 방문을 열지 못하고 서성댔다. 다행히 소동은 길게 이어지진 않았다.

"아이구 일났네, 일났어. 이불속에서 아침 밥상을 받으시던 분이 왜 저러신댜…"

어머니는 머릿수건을 벗어 벌레 털어내듯 털어대더니 이내 다시 쓰고는 긴 한숨을 내쉬고 있었다. 그것은 답답하고, 화나고, 일이 풀리지 않거나 일이 끝났을 때 하는 어머니의 습관이다. 물어보나마나 답답해서 그러는 게 분명할거다. 이거정말 큰일 났다.

겨울이 되자 할아버지의 상태는 더욱 이상해졌다. 시도 때도 없이 밥을 안 준다며 소리를 지르는가 하면 망건도 쓰지 않고 상투바람으로 대문을 나서다 할머니께 붙잡혀 오는 일까지 있었으니 말이다. 어른들은 할아버지께 노망이 들어왔다고 했다. 나는 놀라지 않을 수 없었다. 친구로부터 들은 이야기가 생각났다. 친구 할아버지께서 노망이 들었는데 어느 날부터 벽에 똥칠을 해 할머니가 빨리 죽으라고 구박을 한단다. 어머니께 할아버지가 그리될까 무섭다고 말했다. 어머니는 할머니가 계시니 그런 걱정은 하지 말라며 할머니께 잘 해드리라는 당부를 했다.

할머니께 다가가고 싶어 별 일도 아닌 일로 할머니께 말을 걸었다.

그러나 할머니는 전과 같지 않았다. 불러도 대답은커녕 눈길조차 주려들지 않았다. 나는 은근히 화가 났다. 어머니께 낱낱이 일러바쳤다. 내 말을 들은 어머니는 할아버지의 갑작스런 노망기 때문에 할머니가 놀라서 그러는 것이라며 점점 나아질 거란다. 하지만 어찌된 일인지 겨울방학이 끝난 후에도 할머니의 굳은 표정은 그대로 있었다.

 3월과 함께 6학년이 되었다. 봄기운 때문일까 마음이 붕 뜨는 느낌이다. 그렇다고 걱정거리가 없는 건 아니다. 나는 요즈음 내년에 중학생이 되지 못할 까봐 걱정이 태산이다. 열심히 공부해서 훌륭한 선생님이 되고 싶은데 아버지는 가당치 않다며 강 건너 불구경이다. 사람이 사람을 가르치는 일만큼 멋진 일이 없을 진대 누구에게 하소연 할 수도 없으니 이 노릇을 어찌하면 좋은가.

 간밤에 봄비가 내리더니 보리 잎이 세수를 한 듯 깨끗하다. 이젠 우리 집도 많이 바빠질 것이다. 부모님과 할머니는 벌써부터 보리밭을 매느라 정신이 없다. 학교가 파하자마자 돌아온 나는 호미를 들고 보리밭으로 나갔다. 중학교에 보내주신다는 약속이 없으니 풀이라도 열심히 뽑아 점수를 따야 할 것 같아서.

 저만큼 혼자 보리밭을 매고 있는 선일이가 보인다. 못 본 체했다. 선일이는 날마다 학교에 가는 꿈을 꾸고 있을지 모른다. 지금이라도 아버지가 선일이를 학교에 보내주면 좋겠는데 지금의 내 입장으론 그 말조차 할 수가 없다. 나는 선일이가 만들어 놓은 얼레, 썰매, 방패연을 보면서 그 정교함에 입을 다물지 못했다. 영리한 애가 틀림없으니 공부인들 오죽이나 잘할까. 마음이 편치 않지만 어쩌랴. 까딱하다가는 나마저 선일이 꼴이 되고 말 텐데.

끝없이 펼쳐진 보리밭은 마치 풀밭 같았다. 겨우 두어 뼘 정도 맸을까 따뜻했던 봄바람이 변덕을 부리기 시작했다. 어머니께 추워죽겠다는 신호를 보냈다. 할머니를 모시고 들어가라 손짓을 보낸다. 할머니께 다가가 집에 가자고 말했다. 할머니는 못이기는 체 앞장을 선다. 몸을 잔뜩 옴츠린 채 할머니의 뒤를 따랐다.

막 사랑마루에 올라서려던 할머니가 갑자기 주저앉는다. 나는 얼떨결에 할머니를 부축했다. 할머니는 괜찮다는 듯 손사래를 친다. 엉거주춤 할머니를 지켜보았다. 마루에 손을 대고 일어서려던 할머니가 힘없이 나동그라진다. 문득 할머니가 죽을지도 모른다는 생각이 들었다.

"큰일 났어유. 우리 할무니가 이상해졌어유. 쓰러졌다구유."

대문간에 서서 온 동네가 떠나가도록 소리를 질러댔다. 뒷집의 중희 엄마가 달려온다. 주애아버지와 주애엄마도 호미를 든 채 나타났다.

"아이구, 이를 어쩐댜, 중풍이네 중풍여."

주애엄마가 외쳤다.

"엊그저끼 건너마을 어떤 어르신두 맞았다던디. 쯧, 쯧…."

헐레벌떡 달려온 분희 엄마가 숨을 헐떡이며 맞장구를 친다.

"맞네, 맞어."

뒤늦게 달려온 어른들도 할머니가 중풍을 맞은 게 확실하다며 입을 모았다. 할머니가 소리 없이 운다. 마루에서 그 난리가 났는데도 할아버지의 방문은 열리지 않았다. 나는 할아버지를 이상한 사람으로 단정하고 말았다. 어른들의 말처럼 노망기가 있다손 치더라도 할머니의 울음소리가 들리면 적어도 문은 열고 내다는 봐야 하는 것 아닌가.

어른들이 할머니를 불끈 일으켜 세울 줄 알았던 나는 허탈상태에 빠지고 말았다. 어른들은 할머니를 떠메다 방에 눕히고는 팔다리를 주무르라 이르더니 금세 자리를 떴다. 어른들의 말처럼 할머니의 팔다리를 있는 힘껏 주물렀다. 할아버지는 그런 나를 보며 깊은 한숨을 내쉰다. 나는 그런 할아버지가 한심하다. 할머니가 운다. 나도 슬프다.

"울긴 왜 울어. 심든디 그만혀. 주무른다구 되는 병이 아녀 이 병은…. 할미는 암시랑투 안혀, 암시랑투…."

할머니의 말투는 이미 어눌해져 있었다. 이럴 수가. 암시랑 않다는 할머니를 내려다보았다. 할머니는 아주 편안한 모습으로 나를 올려다본다. 표정으로 봐서는 마치 모든 걸 얻은 사람 같다. 몸을 움직여 빨리 일어날 생각을 해야지 왜 저러고 있는가. 바보 같다. 불쌍한 바보.

"열심히 주무르면 곧 일어나실 거여유. 어른들이 그러셨잖아유. 할머니도 가만히 있지 말고 온몸을 움직여 보세유."

나는 고집스레 할머니를 주물렀다. 그러나 할머니는 아예 눈까지 감아버렸다. 이대로 돌아가시려나? 할머니의 몸 위로 눈물이 뚝뚝 떨어진다. 내가 할 수 있는 일은 그게 다였다.

"아니, 몸이 이 지경이 되두룩 낌새를 모르셨어유 그려? 몸이 이상허다 싶으믄 집에서 쉬셨어야쥬. 즈 할머니가 보리밭 안 맨다구 보리가 어뜨케 되냐구유 참말루…."

보리밭에서 돌아오신 어머니가 할머니를 내려다보며 나무라듯 말

한다. 할머니는 눈을 잠시 뜨는가 싶더니 이내 감아버린다. 어머니가 길게 한숨을 내쉰다. 구들장이 금방이라도 내려앉을 것 같다.

이튿날 학교에서 돌아온 나는 할머니를 보고 깜짝 놀랐다. 할머니는 오른손을 가슴에 얹고 몸은 뒤틀려 있었으며 다리까지 절고 있었다. 세상에, 이렇게 무서운 병이 중풍이었다니. 나는 어머니께 약을 사다드렸냐고 물었다. 어머니는 아버지께서 한약을 지어와 달이고 있단다. 그제야 한약냄새가 나는 것 같았다.

한약을 드시면 할머니가 멀쩡해질 줄 알았던 나는 실망하지 않을 수 없었다. 그날 이후로 할머니는 아버지가 출타한 걸 확인한 뒤에야 사랑방 문을 열었다. 마치 죽을죄를 지은 사람처럼.

할아버지는 떠나시고

어느덧 6학년의 마지막 겨울방학이다. 아니나 다를까 아버지는 나를 중학교에 보내지 않겠단다. 하찮은 계집애를 가르치는 것만큼 멍청한 짓은 없다는 것이다. 나는 차마 그 말을 선생님께 전해드릴 수 없어 중학교를 졸업하고 고등학교에 진학하지 못 해 안달을 하던 둘째언니에게 도움을 청했다. 나보다 일곱 살이 위인 언니는 고등학교에 진학하지 못한 아쉬움을 삭이느라 몹시 힘들어하던 터였다.

선생님을 면담하고 온 언니는 선생님께서 나를 책임지고 가르치겠다고 하셨단다. 그 말은 언니가 나를 중학교에 진학할 수 있게 할 요량으로 선생님의 말을 부풀렸을 가능성이 있다. 어찌되었건 그 말을 들으신 아버지는 자존심이 상했는지 "살다 보믄 벨꼴도 많다더니…. 아니, 선상이믄 공부나 갈칠 일이지 남의 자식을 갈쳐라 말어라 참견여 참견이."라며 보내든지 말든지 마음대로 하란다. 아버지가 명쾌한 대답을 하고 싶지 않을 때 이런 어법을 쓴다는 걸 알고 있던 나는 신바람이 났다. 잠깐이긴 하지만 세상이 다 내 것 같았다.

사랑방이 시끄럽다. 할아버지 때문이다. 할아버지는 노망이 심해져서인지 아니면 반신불수가 된 할머니가 미워서인지 밤낮가리지 않고

화를 낸다.

"그러구 멍청허니 앉아있지 마. 차라리 내 눈 앞에서 사라져 버려. 선일이눔 데리구 나가등가. 죽등가. 끄응."

할아버지의 독설에 할머니도 가만있지 않았다.

"내 책임은 영감님 돌아가시는 날 까지유. 영감님이 죽으믄 내 책임두 끝나. 나는 유, 이 집에 들어올 때 이미 그 빚을 지구 왔던 사람이유. 그란디 어뜨케 빚을 갚지두 않구 이 집을 떠나겄슈. 그러니 영감님두 어서 죽어유. 죽으믄 읎어져 줄팅게. 그게 순서 아니유? 내 몸뚱이가 이르케 되니께 똥친 막대기 취급을 허구 싶은 모양인디, 아무리 밀어내 봐유 내가 꿈쩍이나하나. 내 이래뵈두 고집 있는 여편네유. 어디 두고 보시구랴."

할머니는 어눌하면서도 한서린 목소리로 할아버지와 맞섰다. 그것은 내가 들어도 듣기 거북한 말이었다. 그러나 부모님은 별 신경을 쓰지 않는 것 같았다. "아이구, 노망기가 있으신 분이 허시는 말을 곧이곧대루 들으니 큰일여유."라고 어머니가 할머니걱정을 하면 아버지는 "당신 몸이 반신불수가 되얐으니 화두 나겄지. 그냥 흘려듣구 말어야지 어쩌겄어."로 답하면 끝이었다. 하지만 선일이는 달랐다.

"제발 좀 그만들 하세유. 시끄러워서 살 수가 없다구유."

선일이가 소리를 지르자 할아버지와 할머니는 싸움을 멈췄다. 나는 깜짝 놀랐다. 선일이는 어느덧 제 감정을 드러낼 만큼 자라 있었던 것이다. 그 뿐만이 아니었다. 이제는 아예 중풍으로 반신불수가 된 할머니의 말을 귓등으로 흘려들으며 무시하는 게 아닌가. 하긴 보는 사람이 답답할 지경인데 한 방에 있는 선일인들 오죽했겠는가. 그날 이후로 나는 반야산에 걸쳐있는 붉은 해를 바라보는 선일이의 뒷모습을 자주 보게 되었다.

　할머니는 잗다란 일에도 선일이를 찾았다. 선일이는 남자애라서 그런지 할머니에게 고분고분하지 않았다. 여느 때는 소리를 질렀으며 밥도 먹지 않아 할머니의 애간장을 태우기도 했다. 어머니는 가끔 그런 선일이를 불렀다.

　"할머니는 오직 니 하나만을 위해 사신 분이란다. 그걸 잊어서는 안 돼. 인자부터는 니가 할머니를 지켜드려야 되능 겨. 내 말 알아듣겄냐?"

　어머니의 말에 선일이는 고개를 끄덕였다. 하지만 나는 선일이가 마음을 잡지 못하고 갈팡질팡 하고 있다는 걸 알고 있었다. 우리 집에 무슨 희망이 있는 것도 아니니 할머니 때문에 묶여있지 말고 하루 빨리 넓은 세상으로 나가라고 말해주고 싶었지만 막상 선일이 앞에선 그 말을 하지 못했을 뿐이었다. 다행인지 불행인지 선일이는 할머니의 곁을 떠나지 않았다.

　부모님의 한숨은 시간이 지날수록 깊어만 갔다. 특히 새차비로 할아버지를 씻겨드려야 하는 어머니의 한숨소리는 밤낮이 따로 없었다. 어머니의 얼굴은 그 일을 할 때마다 땀으로 범벅이 되다시피 하였는데 곁에서 보고 있는 할머니 역시 거북살스러워하기는 마찬가지였다. 그러나 더 큰 문제는 따로 있었다. 바로 할아버지의 심통이었다.

　할아버지는 어머니가 세수를 시키려 손을 얼굴로 가져가자 더럽지도 않은데 왜 귀찮게 구냐며 어머니의 손을 뿌리치기까지 했다. 가끔은 그러다 툇가에 둥둥 떠다니는 물을 엎는 일도 생겼다. 그걸 본 할머니는 당신의 몸에서 가장 정상으로 남아있는 왼손을 휘저으며 할아버지를 나무랐다.

"아니, 사지 멀쩡허겄다. 허구헌 날 놀구 먹겄다. 왜 세수를 혼자 못 허는디? 나같으믄 메누리가 씻겨준다 혀두 싫다구 허겄네. 목이다 수건 두르구 메누리헌티 얼굴 들이대구 앉아있는 모냥 허구는…. 메누리가 을메나 바쁜디 세수꺼정 혀달라능 겨 참말루. 옆이서 보고 있자니께 구역질나서 원…. 아, 똘팡이루 나가서 훌훌 씻구 들으와유. 따신 물꺼정 떠다 바치는디 세 살 먹은 애기두 허는 세수를 왜 못혀."

그 말을 들으신 할아버지도 노발대발이다.

"아니, 누가 씻겨 달랴? 왜 귀찮게 난리여 난리가. 내 몸뚱이 내 맘대루 허게 내버려 둬. 이대루 살다 죽을 티니께."

묵묵히 구정물을 닦아내던 어머니도 속상한지 한마디를 내 뱉는다.

"아이구, 그만들 허세유. 애들 보기 민망혀서 죽겄구먼유."

나는 어머니의 마음이 이해가 된다. 내가 보아도 할아버지는 너무한 것 같다. 날이면 날마다 죄 없는 내 어머니를 왜 볶아대는가.

사랑방이 이상하리만치 조용하다. 화해라도 하신 것일까. 얼마 전까지만 해도 할아버지와 할머니는 서로를 향해 '어서 죽으라.'며 악다구니를 퍼부었는데 어찌된 일일까. 무섭다. 어떻게 사람이 사람을 보고 죽으라고 하는가. 특히 할머니는 저래서는 안 된다. 어찌 감히 우리 할아버지한테 죽으라는 말을 함부로 하는가. 나는 어머니께 할머니의 악행(?)을 빠짐없이 일러바쳤다. 그 안에는 선일이가 할아버지를 '노인네'라 칭한 것도 들어있었다. 나는 선일이를 가만두지 않겠다고 별렀다. 제깟 게 뭔데 노인네라니.

"아이구, 내 팔자야 흑, 흑… 내가 이 꼴이 될 줄 어찌 알았누. 선일이가 장성할 때까정 멀쩡한 몸이루다 지켜줄 줄 알었는디 이 꼴이 뭐랴~~, 이 꼴이… 서방 복 읎구 자식 복 읎는 년이 되는 대루 살다 죽을 일이지 무신 영화를 보겠다구 여기꺼정 흘러들었냐 그말여. 이러구 사느니 차라리 죽는 기 나어 죽는 기~~. 그란디두 살어야허니 이 일을 어쩐댜~~. 이 일을~~, 아이구 내 팔자야~~, 흑, 흑…"

할머니의 신세타령은 늘 이런 식이다. 조금 짧고 긴 것의 차이만 있을 뿐.

"아니 아버님이 무슨 말을 허셨기에 또 저러신댜."

할아버지 할머니의 싸움에 민감해질 대로 민감해진 어머니가 혀를 찬다.

"엄니, 순서가 바뀐 것으로 보아 이번에는 할머니가 선수를 친 것 같은데요. 지금까지 경험에 의하면 잠깐은 조용할 거예요."

"아이구, 이눔아. 선수구 후수구가 어딨어. 어미는 속 터져 죽겄는디 니는 그것만 셈허구 있었냐? 우리 딸 공부 잘 허는 이유가 있었구먼. 어미는 니가 그런 셈 안혀줘두 좋으닝게 지발 그만들 좀 허셨으믄 좋겄다. 시상이 누가 옳구 그르다구 저 난리를 치신댜. 누구라 헐 것 읎이 다 죽는디 큰소리 내믄서꺼정 싸움질 헐 게 무에 있어. 시상이 살

날이 을메나 남었다구. 가만히 듣구 있자니께 속상허구 마음이 아퍼서 살 수가 읎네 그려."

어머니가 하던 바느질을 내려놓고 일어서신다. 나는 어머니가 사랑방으로 가실 거라는 걸 안다. 할머니가 어머니를 기다리고 있다는 것도. 선일이는 분명 사랑방에 없을 것이다. 그 애는 할아버지와 할머니가 싸울 때마다 습관처럼 방문을 박차고 나가버린다. 살이 에이는 추위마저 아랑곳없이.

저녁때다. 선일이가 걱정된다. 대문간에 나가 들판을 둘러보았다. 추수가 끝난 허허로운 들판에 듬성듬성 짚가리가 보인다. 짚가리에서 울고 있는 선일이의 모습이 자꾸만 어른거린다. 할머니를 대신해 찾아 나서려다 그만 두기로 했다. 울 수 있는 자유를 빼앗고 싶지 않았다.

반야산의 그림자가 우줄우줄 우리 동네로 기어 내려오고 있다. 나는 인기척이 날 때마다 작은 유리문에 눈을 대고 대문간을 바라보았다. 몇 번의 허탕을 쳤을까 선일이가 어깨를 축 늘어뜨린 채 대문으로 들어서는 게 보였다. 그 애의 얼굴을 뚫어져라 바라보았다. 눈물자국이 가득하다. 불쌍하다.

어둠과 함께 무거운 침묵이 온 집안을 감싼다. 왜 이렇게 마음이 불안한 걸까. 제발 아무 일도 일어나지 않아야 무사히 중학생이 될 텐데. 아, 차라리 할아버지와 할머니의 싸우는 소리를 듣는 게 나을 듯 싶다. 지루한 겨울방학이 빨리 끝났으면….

아침부터 집안이 어수선하다. 부모님은 할아버지가 위독하다며 안방으로 모셨다. 나는 반듯하게 누워계신 할아버지가 무서웠다. 건넌방으로 피했다. 얼마나 지났을까 아버지가 식구들을 모두 불러들인다. 하는 수 없이 다시 안방으로 건너갔다. 할머니와 선일이의 모습은 보이지 않았다. 나는 철이 든 후에야 아버지가 할머니와 선일이를 일부러 부르지 않은 걸 알게 되었다.

  맨 뒤쪽에 쪼그리고 앉아 할아버지를 바라보았다. 할아버지의 숨소리가 고르지 않다. 어머니가 할아버지의 바짝 마른입을 적셔드린다. 수염도 가지런히 만져드린다. 상투가 흐트러지지 않았는지 확인도 한다. 할아버지는 며느리의 관심이 싫지 않은 듯 편안한 모습이다. 어머니가 조심스레 할아버지를 부른다.

  "아버님, 지 말 들리세유?"

  할아버지는 알아들었는지 못 알아들었는지 표정이 없다.

  "아버님, 인자는 먼저가신 어머님만 생각허셔야 혀유. 저승이서 혼자 기다리구 계시니라 을메나 힘드셨겄어유. 그러니께 잘해드리셔유. 아버님, 지 말 알아들으셨지유?"

  할아버지는 어머니의 말을 알아들었다는 듯 눈을 조금 뜨는가 싶더니 이내 눈을 감으셨다. 난생처음 삶과 죽음의 경계를 목격하는 순간이었다. 아버지가 운다. 어머니도 눈물을 흘린다. 죽음이라는 단어만 들어도 무서웠던 나는 부모님과 언니 오빠 틈바구니에 앉아 슬프게 울어댔다. 다른 친구의 할아버지처럼 정답게 내 이름 한 번 불러주지 않은 할아버지를 생각하니 그렇게 슬플 수가 없었다. 심지어는 할아버지를 따라 장마당 한 번 가보지 못한 게 억울하기까지 했다. 할아버지는 정녕 그런 내 마음을 모르셨을까. 설마 알고도 모른 체 했던 건 아니겠지.

순식간에 동네 사람들이 모여들었다. 금세 마당엔 차일이 쳐지고 고기 삶는 냄새와 부침개 냄새가 온 동네를 에워쌌다. 호상이라 웃고 떠드는 소리에 우리 집은 마치 잔칫집 같았다. 할머니는 메마른 눈으로 구석에 박혀 바느질하는 동네 아줌마들만 바라보고 있다. 내가 태어나기 전에 오셨다니 적어도 12년을 할아버지와 살아낸 셈이다. 그런데도 왜 할머니는 울지 않는 것일까.

"어서 죽어."

할아버지와 할머니가 서로를 향해 했던 말이 들리는 것 같다. 이렇게 쉽게 가시는데 왜 그런 말을 하면서 싸우셨을까. 헤어지기 싫어도 영원히 헤어지게 되는 걸.

나는 계집애지만 목석같은 아이였다. 그런 내가 무엇 때문에 방학을 하거나 친구가 전학 갈 때 눈물이 났는지 모른다. 계절이 바뀌면 귀한 걸 빼앗긴 것 같아 서글펐는지 모른다. 상여(喪輿)를 본 날엔 망자생각에 잠을 설쳤는지 모른다. 언니가 시집갈 땐 쓸데없는 배신감에 눈물이 나왔는지 모를 일이다.

좋든 싫든 며칠 뒤면 할머니와 헤어져야한다. 그런데 별일이다. 할머니와의 이별은 당연하다 못해 기다려지니. 무표정하게 앉아있는 할머니를 감정 없이 바라본다. 아주 천천히 뒤틀린 몸으로 비척대며 걸어가는 할머니의 뒷모습이 나타난다. 저 몸으로 노망드신 할아버지를 수발하느라 얼마나 힘드셨을까. 불쌍하다. 불쌍해서 울고 싶다. 할머니는 뒤도 돌아보지 않고 가고 있다. 점점 멀어진다. 거의 보이지 않는다. 나는 어느새 울고 있었다.

본가로 돌아가면 선일이랑 선일이 누이랑 선일이 엄마가 잘 해드리겠지? 그럼, 아무려면 피한 방을 섞이지 않은 나보다 못하겠어, 백번 낫지. …, 헤어질 날이 이렇게 빨리 올 줄 알았으면 좀 더 잘해드릴 걸 그랬어. 아니야, 그랬으면 할머니가 나를 그리워할지도 몰라. 그런 소문이 들리면 나는 또 울 수밖에 없어. 울보잖아, 쓸데없이 울어대는 울보.

할아버지께서 돌아가신 지 사흘째 되는 날이다. 마당에서 고샅길까지 붉은 명정과 만사를 든 동네 사람들이 죽 늘어서 있다. 할아버지의 상여 앞에 제사상이 차려졌다. 부모님을 비롯한 일가친척들이 모두 모였다. 아버지를 필두로 상주들과 친척들이 절을 한다. 고모들의 울음소리가 간헐적으로 들린다. 두리번거리며 할머니를 찾았다. 할머니는 상여를 보고 있다. 슬픈 것도 같고 아닌 것도 같다.

무명으로 발감개를 한 상두꾼들이 만반의 채비가 끝났는지 상여로 다가간다. 상여는 금세 상두꾼들의 어깨에 올랐다. '간다 간다 떠나간다. 만당 같은 집을 두고. 이제가면 언제 오나 원통해서 못 살겠네…' 구슬픈 상엿소리와 함께 상여가 움직이기 시작한다. 고모들의 울음소리는 하늘에 닿을 만큼 커졌다. 눈물을 펑펑 쏟으며 할머니를 찾았다. 이때만큼은 할머니가 통곡을 할 거라 믿으면서. 그러나 할머니는 여전히 생각 없는 사람처럼 멀뚱멀뚱 서 있다. 할아버지와의 마지막 이별인데 어떻게 저토록 맨송맨송한 얼굴로 이별을 할 수 있단 말인지.

할아버지의 꽃상여가 대문을 나선다. 나는 또 선일이를 찾았다. 왜 선일이를 찾았는지 모를 일이다. 선일이는 아예 보이지 않았다.

"저 냥반은 인자 어뜨케 되능 겨?"

나처럼 울지 않는 할머니가 미웠는지 누군가가 누군가를 향해 말을 걸었다.

"뭘 어뜨켜. 인저 이 집에서 나가야 되겄지. 끈 떨어진 두리박 신센디…."

누군가가 맞장구를 쳤다. 그러자 기다렸다는 듯 여기저기서 말들이 한꺼번에 쏟아져 나왔다.

"귀밑머리가 허연 옥시시 수염인디다 몸까지 뒤틀렸는디 누가 쳐다나 보겄어?"

"이 집에 있어봤자 거리적거리기나 하겠지 뭐. 손자도 다 컸드만."

"그러게, 무신 영화를 보겄다구 손자꺼정 데리구…."

"말 못 할 사정이 있었겄지. 서로 말을 섞어본 적이 읎응게 알 수는 읎지만서두."

"아, 순자엄니 인복(人福)잉 겨. 저 냥반 아니었음 어쩔 뻔혔어. 얻어들인 여인네가 열 명도 더 되얐을 거구먼. 안 그려?"

"명 재촉헌지두 몰러. 나이두 많으신 분이 젊은 마누라 건사허느라 을메나 힘들었겄어. 자손들 보기 부끄럽기두 혔을 티구."

할머니는 사람들의 수런거림을 들었는지 못 들었는지 상여만 바라본다. 상두꾼들의 상여소리는 더욱 크고 구슬퍼진다. '이승 길을 하

직하고, 저승으로 나는 가네. 어느 친구 날 찾는가. 다시 오기 어려워라…'

고모들의 애끓는 곡소리에 동네가 떠나갈 듯하다. 할머니는 끝내 당신과는 상관이 없다는 듯 사랑방으로 들어간다. 할아버지와 눈곱만큼의 정조차 없었다는 증거가 아닌가. 영원한 이별인데 저렇게까지. 나는 며칠 안으로 할머니가 우리 집을 떠날 거라 확신했다. 아니 그걸 간절히 바랐다.

할머니는 한 달이 지나고 두 달이 지나도 떠날 생각이 없는 것 같았다. 그런 할머니가 미웠다. 가만있지 못하고 어머니를 볶아댔다.

"엄마, 할머니는 왜 갈 생각을 안 한대요? 우리 집에서 죽을 때까지 살려고? 염치없는 사람 아냐? 할아버지랑 정도 없었으면서. 할아버지 돌아가셨을 때 눈물 한 방울 흘리지 않은 사람이야 할머니는. 할머니랑 살기 싫어요, 선일이도 싫고."

"아니 이눔이, 보자보자허니께. 니가 뭘 안다구 설치구 난리여? 어른들의 일에 나서믄 안 되능 기라구 그르케 일렀건만 그새 잊응겨? 이눔아, 할아버지가 돌아가셨어두 삼년상꺼지는 살아계신 것처럼 혀드려야 허능 겨. 그래서 아침저녁으루 상식을 올리구 초하루 보름으루는 삭망을 지내능 기구. 말 허자믄 아직 헐 일이 남아있으니 마치구 가능게 도리라구 여기시능 기지. 알아 들었쟈?"

어머니는 삼년상까지 기다리려는 할머니의 고집을 높이 평가하는 것 같았다.

선일이의 가출

선일이의 얼굴은 나이를 먹을수록 어두워지고 있었다. 할머니가 중풍을 맞고부터는 확연히 더했다. 유일한 버팀목이 되어주었던 할머니까지 반신불수가 되었으니 어쩌면 그건 당연한 현상일지 모른다.

선일이가 집을 나간 건 할아버지의 삼년상이 끝난 다음해(나는 고등학교에 갈 수 있다는 희망이 사라지자 절망에 빠져 허우적대고 있었다.) 여름이었다. 모내기를 끝낸 논에서 뜸부기 소리가 유달리 크게 들리던 때였으니까 아마 7월 하순쯤이 아니었을까 싶다. 선일이의 모습이 보이지 않았지만 부모님은 아무렇지 않은 듯 별말이 없다. 할머니께 물으려다 입을 닫고 말았다. 표정이 없는 할머니가 울음보를 터뜨리면 사랑채가 무너질 것 같아서.

아침저녁으로 선들바람이 불던 초가을의 어느 날이었다. 투명하고 따가운 햇살이 쏟아지던 그날도 나는 할머니와 단 둘이 집에 있었다. 마당에 멍석을 깔고 마루에 있던 고추를 널기 시작했다. 할머니가 이때다 싶은지 절룩거리며 나온다. 쪼그리고 앉더니 지팡이로 고추를 펴며 "볕이 좋아서 고추가 잘 마를 것 같쟈?" 묻는다. 아무런 대꾸도 하지 않았다. 그때 고추잠자리가 떼를 지어 나타났다. 나는 화들짝 소리쳤다.

"야, 고추잠자리다."

녀석들은 마당에 널어놓은 고추에 앉는가 하면 마당을 빙빙 돌기도 하고 바지랑대 위에 앉아 마당을 내려다보며 쉬기도 했다. 할머니는 중얼거린다.

"벌써 가을이 왔구나, 가을이 왔어."

마루에 걸터앉아 가을 햇살의 따스함에 몸을 맡겼다. 맑디맑은 하늘이 나를 유혹한다. 유혹에 빠지지 않고는 배겨날 수가 없다. 하늘은 이내 에메랄드빛 바다로 변한다. 빨간 꽃잎들이 그 위에 수를 놓는다. 눈을 뗄 수가 없다. 빨간 리본이 나타났다. 무슨 선물을 주려는 걸까. 가슴이 두근거린다. 나를 황홀경에 빠뜨릴 멋진 선물이었으면… 상상의 나래를 펴며 꽃잎들의 향연장으로 들어갔다. 교정이다. 그토록 가고 싶었던 여고의 교정. 설레는 마음으로 교실로 향했다. 정숙아, 빨리 와. 3년동안 어디 갔었어, 얼마나 기다렸는데. 명순이, 애숙이, 경애, 연숙이, 경자…, 많은 친구들이 손을 흔든다. 성숙한 여고생들이다. 나는 머뭇댔다. 정숙아, 여기가 네 자리야. 연숙이가 비어있는 자리를 가리킨다. 내 자리? 정말? 이게 꿈이야 생시야 응? 나는 박수를 치며 친구들을 향해 소리쳤다.

"니들은 좋겠다, 하늘을 훨훨 날 수 있응게."

할머니의 혼잣말이 들린 건 바로 그때였다. 눈치 없는 할머니가 야속하고 미웠다. 조금 있으면 수업이 시작되는데 왜 방해를 하는가. 배우지 않은 공부를 따라갈 리 만무하다. 나는 몹시 자존심이 상할 것이다. 그러면 포기하기 쉬웠을 텐데. 다시는 여고생 타령을 하지 않았을 텐데. 그 좋은 기회를 빼앗다니. 할머니는 내가 그리도 미운가. 입을 삐죽대며 주위를 둘러보았다. 그 많던 고추잠자리는 날아가고 없었다.

내 손엔 교과서대신 소설책이 들려 있었다. 서운하다. 서운해서 눈물이 나오려한다. 일어나 방문을 열었다. 따스했던 햇살을 찾았다. 사라지고 없다. 고여 있던 눈물이 똑 하고 떨어진다. 모두가 다 할머니가 만들어 놓은 고추더미 때문이다. 코를 훌쩍이며 고추를 담았다. 멍하니 보고 있던 할머니가 바지랑대를 비낀다.

"고추가 맵쟈?"

"어련히 알아서 할까봐, 제발 놔두고 들어가세요."

나는 보란 듯이 빨래를 걷어안고 방으로 들어왔다.

마당에서 인기척이 났다. 개키던 빨래를 든 채 방문을 열었다. 선일이가 서 있는 게 아닌가. 선일이…. 도대체 이게 얼마만인가. 내려가려다 멈춰서고 말았다. 낯설고 어색하다. 눈을 어디에 두어야 할지 모르겠다.

"잘 있었어?" 선일이가 말을 건다.

선일이는 삼년 전의 선일이가 아니었다. 개기름이 흐르는 얼굴엔 여드름이 빼곡했다. 목소리도 이상해졌다. 장발에, 새빨간 티셔츠에, 꼭 끼는 청바지에, 넓은 혁대로 바짝 졸라맨 허리춤까지. 도대체 어디서 무슨 일을 하다 왔기에 저 모양인가. 몸이 오그라드는 것 같다. 얼른 눈길을 피했다.

"다들 어디 가셨나? 할머니도 안 보이네?"

선일이가 또 묻는다. 마음을 가다듬고 선일이를 자세히 훑어보았다. 청바지에 손을 찌른 채 비스듬히 서서 나를 뚫어져라 응시하는 선일이. 딱 벌어진 어깨에 힘이 잔뜩 들어있다. 오빠에게 들은 이야기가 생각났다. '도시에는 아이들을 붙잡아 강제로 나쁜 짓을 가르치는 깡패가 있단다. 그래서 함부로 집을 나가면 안 되는 거야. 깡패가 얼마나 무서운지 모르지?' 오빠는 깡패에 대해 많은 이야기를 해주었다. 나는 오빠의 이야기를 들으며 선일이가 그리되었으면 어쩌나 걱정을 했었다. 그랬는데 마당에 서 있는 선일이가 오빠가 말해준 그 깡패 같다. 나는 기어들어가는 소리로 조금 전까지 계셨는데… 답하고는 방문을 훅 닫아버렸다. 잠시 뒤, 지팡이 소리와 함께 할머니의 울음소리가 들렸다.

"아이구, 이눔아. 할미는 어쩌라구 어디갔다 인자 왔어. 흑, 흑…"

나는 끝내 문을 열지 않았다.

빨래를 개키며 선일이의 나이를 헤아려보았다. 스물. 나보다 두 살을 더 먹었으니 스무 살이 분명했다. 내가 함부로 대해도 반항은커녕 화도 낼 줄 모르는 만만하고 착한 아이였는데… 놀란 가슴을 진정시키며 선일이가 왜 왔을까를 곰곰이 생각해 보았다. 할머니를 데리러 온 게 분명한 것 같았다. 그러지 않고서야 감히 내 앞에서 저토록 당당할 수는 없다.

헛기침 소리가 들렸다. 들에 나가셨던 부모님이다. 나는 화살처럼 뛰어나가 호미와 삽을 받아 걸며 선일이가 왔음을 알려드렸다. 아버지는 암시랑 않다는 듯 힐끗 사랑방을 바라보더니 담배연기를 뿜으며 외양간으로 향한다. 사랑방문이 열린다. 나는 선일이의 행동에 신경을 곤두세웠다.

"안녕하세요? 저 왔습니다."

선일이가 아버지께 다가가 꾸벅 인사를 한다.

"어…, 왔냐?"

아버지는 인사를 받는 둥 마는 둥 선일이의 위아래를 훑는다. 나는 선일이에게 불호령이 떨어질까 겁난다. 그러나 아버지는 반응이 없다.

"선일이 아니냐? 워디서 만나두 몰라보겄다. 그래, 잘 지냈구?"

어머니가 선일이보다 먼저 반가움을 표한다.

"예, 그냥 뭐…."

선일이는 대충 얼버무리더니 머리를 긁적이며 사랑방으로 들어가 버린다. 빈손으로 나타난 선일이가 괘씸했지만 정성을 다해 저녁상을 차렸다. 우리 집에 머무는 마지막 밤이 될 터이니 오늘만큼은 손님 대접을 해주고 싶었다.

선일이가 집을 나가기 전까지 사랑방 밥상은 언제나 선일이 책임이었다. 그것은 내가 은연중에 선일이에게 내린 엄숙한 명령이요 철칙이었다. 밥과 반찬은 해줄 수 있지만 그 이상은 못 해주니 가져다 먹든 말든 알아서 하라는 뜻이다. 밥 때가 되면 밥상을 안방에 먼저 올려드리고는 "선일아, 밥 갖다먹어." 소리치면 된다. 선일이는 내 말을 기다리고 있었다는 듯 곧장 부엌으로 달려와 내 눈치를 잠깐 살핀 후 밥상을 들고 사랑방으로 향한다. 나는 맛있는 반찬을 기분 내키는 대로 더 주거나 덜 주거나 했다.

선일이는 반찬 하나 남기지 않을 정도로 식성이 좋았다. 나는 내다 놓은 상을 치우며 걸신, 식충이라 중얼댔다. 야릇한 쾌감이 느껴졌다. 눈칫밥을 받아먹으면서도 오빠나 동생들보다 훨씬 다부지고 건강했던 선일이. 도대체 그 비결은 무엇이었을까.

이튿날, 일어나기 무섭게 사랑방의 기척을 살폈다. 사랑방은 여느 때와 마찬가지로 조용하기만 했다. 선일이의 신발을 찾아보았다. 없다. 배신감에 사로잡혀 한참을 서 있었다. 엊저녁만 해도 밥상에 정성을 다했던 나였다. 그런데 이게 뭔가. 나에겐 그렇다 치더라도 부모님을 뵙고 인사는 하고 떠나야 도리가 아닌가.

아침밥을 지으며 곰곰이 생각해보았다. 선일이와 할머니 사이에 무슨 일이 생긴 것 같았다. 같이 집을 나가자는 선일이의 말을 할머니가 듣지 않았거나 들어오라는 할머니의 말을 선일이가 듣지 않았거나 둘 중 하나일 거라는 결론을 얻었다. 아침상을 올리며 할머니의 표정을 살폈다. 그런데 별일이다. 할머니의 표정이 평상시와 다름이 없다. 내가 잘못 짚었나.

중풍으로 반신불수가 된 할머니가 할 수 있는 일은 한정돼 있었다. 할머니는 겨우 당신의 속옷을 빨고 사랑방을 걸레질하고 요강을 비웠다. 그러나 부피 있는 겉옷만큼은 내 몫이 될 수밖에 없었다. 내가 빨래를 하고 있으면 할머니는 어느 틈에 나와 펌프질을 했다. 굳어진 오른손을 가슴에 얹고 왼손으로 펌프질을 하는 할머니의 얼굴엔 언제나 진땀이 흘렀다. 보기 싫었다.

"제발 그만하고 들어가시라고요. 내가 다 알아서 한다는데."

볼먹은 소리로 쏘아붙였다.

"왜 그래싸. 이 정두는 헐 수 있어서, 허는디…."

할머니는 내 눈치를 보며 그대로 서 있다.

"그럼 할머니가 다 하시던가. 할머니가 나를 바라보고 있는 게 더 힘들다고요. 내가 원숭인감? 약장수의 원숭이?"

나는 빨래방망이로 빨래를 두드리며 불뚝거렸다. 예상 밖의 말이었는지 할머니가 멈칫한다. 죄송한 마음이 없는 건 아니다. 다만 학교도 가지 못한 주제에 중풍 맞은 할머니의 빨래나 하고 있는 내가 한심한 거지. 그 한심한 작태를 할머니는 왜 보고 있는가. 보여주기 싫다는데 눈치코치도 없이.

우리 동네는 '새마을 운동' 덕에 널따란 공동 빨래터를 가지게 됐다. 시멘트로 널찍하게 만들어진 빨래터는 아이들의 놀이터요 어른들의 소통공간이 되기에 충분했다.

나는 가능한 한 공동빨래터를 찾지 않는다. 부엌데기가 된 내 모습을 누구에게도 보여주고 싶지 않을뿐더러 쓸데없는 질문을 해대는 아주머니들이 부담스러워서.

그날은 유달리 빨래가 많았다. 추석이 가까워지고 있었다. 나는 고민 끝에 주섬주섬 빨랫감을 챙겼다. 할머니는 못내 아쉬운 표정이다. 못 본 체 빨래 다라이를 머리에 얹었다. 할머니 이마의 비지땀을 보느니, 펌프질을 하는 뒤틀린 몸을 보느니, 차라리 이편이 나은 것이다. 할머니의 그런 모습은 보는 것만으로 힘이 빠진다. 내 몸이 뒤틀리는 고통이 느껴진다.

빨래터엔 이미 여러 명의 아주머니들이 모여 있었다. 꾸벅 인사를 올린 후 맨 가장자리에 자리를 잡았다. 아주머니 한 분이 말을 건다. 예상대로다.

"그래, 선일이는 가끔 다녀가냐?"

나는 모른다고 답했다. 질문을 던졌던 아주머니가 고개를 갸웃하며 다시 묻는다.

"그려? 몰래 다녀갔나 보구나. 며칠 전에 봤는디… 아침을 지으려 방문을 열다 선일이가 다리 쪽으루 걸어가는 걸 봤어. 할아버지가 계시지 않으니께 할머니랑 살믄 될 틴디 왜 나갔을꼬?"

그러자 다른 아주머니도 한 마디 거든다.

"아, 지두 머리가 컸는디 나가구 싶었지. 말이야 바루 말이지 을메나 구박을 받었어. 열 살이 넘두룩 얼굴에 눈물자국 마를 날이 읎었잖여. 하두 안쓰러워서 내가 물었더니 할아버지가 만날 곰방대루다 때렸다드면 그려."

"아이구, 어느 사내가 좋다 허겄어. 혹두 아주 큰 혹인디? 아, 우리 집 냥반보구 그 말을 혔더니 자기는 더혔을 거랴. 젊구 이쁜 여인네가 곁이 있는디 잠이 제대루 오겄냐능 겨. 을메나 화가 났든가 마누라 빨리 죽기 바라능규 시방? 냅다 소리를 질렀당게."

"그랴서? 그 말을 듣구 가만히 있등감?"

"아이구, 가만히? 니 상판때기나 보구 주둥이를 놀리랴. 그저 사내들이란…."

"허긴 손자만 딸리지 않었으믄 이런 촌구석꺼정 올 사람이 아녔지. 반반허구 나긋나긋헸는디 할아버지꺼정 차례가 왔겄어?"

"아이구, 인자 그만들 허두라구. 얌전헌 처녀 앞이서 못허는 말이 읎구먼. 그런 말꺼정 허믄 어떡혀. 말 조심들 허드라구…."

"허구 싶은 말 다 혀놓구선 시치미는…. 아, 시집가믄 다 알틴다…."

아주머니들은 할머니를 마냥 찧고 까불렀다. 여자는 입이 무거워야 된다던데 그 말을 아예 모른다는 말인가.

나는 할머니와 선일이를 우리가족으로 여긴 적이 없다. 물론 선일이가 할아버지의 눈엣가시였다는 것도 안다. 그러나 빨래터에서 할아버지를 화제로 삼을 만큼 철부지는 아니다.

"그나저나 이상허지 않어?"

특별한 재미가 있다거나 먹고사는 문제도 아닌데 빨래가 떠내려가는 줄도 모르고 아주머니 한 분이 또 질문을 던진다.

"뭐가?"

"아, 선일이 할머니 말여. 아니 영감님두 돌아가시구 선일이두 나갔는디 무신 낙을 보겄다구 저러구 있댜."

"아, 친어머니두 아닌 중풍 맞은 노인네를 보고 있는 사람들은 을매나 답답허겄어. 안 그려? 그 속이 어떠컸냐구."

"여북허믄 그러구 있겄어. 아무두 데리러 오질 않는디 어쩔 겨. 울며 겨자 먹기루다 보고 있을 밖이. 말이야 바루 말이지 그쪽이서는 뭘 쬐끔 바랄 티구먼. 당연지사 이쪽은 데려가라 말하기가 거시기허겄지 뭐."

"아, 사람의 욕심이란 기 다 그렁 거 아녀? 할아버지 살았을 때야 할아버지 놔두고 가버리믄 어쩌나 혔을 티지. 그란디 지금은 아닐껴. 오믄 좋구 안와두 헐 수 없구 그러컸지 뭐."

"그건 아니지. 먼저 데려가라구 헐 수 읎어서 그러능 기지. 이 집이서는 다 대책을 세워놓구 기다리구 있을 거구먼. 어찌되얐건 어머니 자리를 스무 해가 다 되두룩 지키구 있는 사람 아닝감"

"맞어. 그런 도리쯤은 알 만헌 사람들여."

"그러니께 서로 눈치를 보구 있다 그거 아녀?"

"당연허지. 이런 일은 먼저 속내를 내보이는 쪽이 손행(損害)겨."

"그르케 생각 안 혀 나는. 우리 아버님 봐. 돈을 들여서라도 후처를 사서 홀아비를 면허능 기 낫지 못 살겄어. 만날 생트집 잡는 것두 모잘라서 대놓구 돈 내 놓으라 볶아대니 아주 죽겄당게. 홀시아버지 모시기가 을메나 힘들믄 버선발로 담벼락을 기어오르능 기 낫다구 혔겄어. 겪어 봉게 그 말이 맞더라 그 말여."

"틀린 말이 아니구먼. 그저, 둘이 살다 한 날 한시에 가믄 좋을 틴디. 그게 맘대루 되야 말이지."

"맞어, 그 말이. 그란디 말여, 왜 여자는 혼자 사는디 사내는 혼자 못 살까? 평상시 마누라헌티 잘 못헌 인간들이 더 그러더라니께."

"사내는 거지반 다 그려. 그러니께 눈을 까뒤집구라두 오래 살자구. 그려야 자식들두 편쿠. 재산두 지키지."

점잖기로 유명한 아주머니가 한 마디 하면 눈두덩에 멍 가실 날 없는 아주머니와 시어머니 시집살이로 힘든 아주머니가 푸념을 늘어놓고. 난봉쟁이 남편을 둔 아주머니가 한숨을 쉬면 남편과 사별하고 혼자 사는 과부 아주머니가 맞받아친다. 여자 셋이 모이면 접시가 깨진다는 말이 이래서 나왔나보다.

"그나저나 때 지나겄어. 장헌 아버님 점심상 올려야지. 먼저가께유."
홀시아버지 모신다는 아주머니다.
"나두 그만 가야겄네. 백여시 같은 시어머니헌티 건수 잡힐라."
"나두 갈텨, 지랄배기 서방이 내쫓을라. 그놈으 자식새끼 때미 그만 둘 수두 없구…."
홀시어머니 시집살이로 힘들다는 아주머니랑 눈두덩에 멍 가실 날 없는 아주머니도 일어선다. 아주머니 몇 분이 빨래터를 떠나자 빨래터는 아까보다 듬성듬성해졌다. 이제 이불호청 하나만 남았다. 나는 위쪽으로 자리를 옮겨 앉았다.

"내 생전이 선일이 할머니처름 기구하게 사는 사람은 본 적이 읎었구먼. 개똥밭이 굴러두 이 시상이 좋다구들 허드먼서두 저 지경이믄 차라리…."
여태껏 얌전하게 듣고만 있던 아주머니가 때를 만났다는 듯 할머니를 또 들먹거린다. 귀먹은 벙어리처럼 가만히 있던 나는 호청에 구멍이 날 정도로 방망이질을 해댔다. 할머니를 들먹거리던 아주머니가 벌떡 일어선다.
"아이구, 허리야. 이놈으 빨래는 혀두혀두 끝이 읎어. 안 헐수두 읎구 죽겄네."

"뭔 소리여. 빨래헐 때가 젤 좋던디. 방맹이 뚜드려가믄서 야기 듣구 허다보믄 속이 시원혀지지 않어? 빨래터 읎었으믄 내는 진즉에 돌아버렸을 겨. 어제는 대처에 사는 막내동서가 왔는디 시어머니가 버선발루 맞어들이더랑게. 모시구 사는 내는 몸종 부리디끼 허믄서 가뭄에 콩나디끼 와서 아양 떨구가는 메누리는 상전 모시디끼 허더라구. 내 속이 어땠겄어?"

"열불이 터졌겄지 뭐. 아, 그 메누리가 그르케 좋으믄 그 메누리랑 살으야지 뭣헐라구 일구럭에 빠져사는 맏며느리를 들볶아? 아니 그 노인네는 그 나이 먹두룩 똥인지 된장인지 구별두 못한댜?"

두 아주머니는 사정없이 방망이를 두드려댄다. 문득 할머니 생각이 났다. 빨래터에 나오는 건 고사하고 어머니 이외엔 누구와도 말을 섞지 않았던 할머니. 아주머니의 말대로라면 할머니가 돌아버리지 않은 건 기적이 아닐 수 없다. 우리 집을 위해서나 나를 위해서나 천만다행이 아닌가. 내 방망이는 금세 얌전해졌다.

제4장 할머니의 고백

모내기하던 날

　내일은 모내기를 한단다. 아버지는 일꾼이 스무 명이라는 일방적 통고로 끝이었다. 나는 걱정이 앞서 잠을 이룰 수가 없다. 겨우 식구들 밥만 했었던 나에게 알아서 밥을 해내라니.
　두 언니는 차례로 부엌데기 노릇을 하다 시집을 갔다. 어머니는 그런 두 딸 덕에 아내, 맏며느리, 육남매의 어머니라고는 믿기지 않을 정도로 바깥일을 할 수 있었다.
　동네 아줌마들은 부엌데기가 된 나를 보고 '큰 말이 나가면 작은 말이 큰 말 노릇 한다'는 말을 끌어다 붙이곤 했다. 어머니는 당신이 복이 많아 그렇다며 맞장구를 치는 거였다. 이럴 때는 어이가 없다 못해 분하기까지 하다. 날보고 언니들처럼 살림이나 하다가 시집을 가라는 말 아닌가. 정말이지 이건 아니다. 멋진 교복을 입고 등하교하는 친구들이 부러워 죽겠는데 이해는 못 해줄망정 염장까지 지르다니.
　아버지는 담임선생님의 편지까지 묵살하며 기어이 나를 고등학교에 보내주지 않았다. 선생님은 편지에다 분에 넘치는 칭찬을 했었다. 꼭 가르쳐야 할 아이이니 시험이라도 보게 해달라고. 하지만 아버지는 고집을 꺾지 않았다. 계집애를 중학교까지 보내주었으니 그만하면

됐단다.

 어머니가 중풍으로 쓰러지지 않았다면 나는 어떠한 일이 있어도 시험을 치렀을 것이다. 아니 어머니가 일어설 수만 있었어도 라고 하는 게 맞는 말이다. 하필이면 그때, 어머니는 몸을 당신의 뜻대로 움직이지 못했다. 일으켜주어야 겨우 일어나 앉을 수 있었던 어머니는 방안 귀신이 되느니 차라리 죽는 게 낫다며 수저를 들려 하지 않았다. 나는 어머니의 나약해진 모습을 보며 마음을 다잡았다. 어머니를 위해 어머니 곁을 지키자고. 그래야 내가 살고 우리 집이 산다고.

 아침과 참이야 그럭저럭 넘어갈 수 있으나 점심이 문제였다. 나는 멍하니 식재료를 내려다보았다. 소고기, 고등어, 먹갈치, 호박오가리, 오이, 무, 배추, 고사리, 도라지….

 "중핵교꺼정 나온 긋이 그걸 못혀? 핵교여서 뭣 가르칭 겨. 그랴서 지지바 갈쳐봤자 쓸디 읎다능 겨. 헛돈만 내비리구 배웅기 뭐 있어?"

 아버지의 호통이 들리는 것 같다. 머리가 깨질 것처럼 아프다. 밥이야 그렇다 치지만 날보고 저 많은 반찬을 어떻게 만들란 말인지.

 "야야, 왜 그러구 있어. 시계가 저르케 도망치구 있는디…. 할미가 도울 팅게 어서 일어나. 니 아부지 명은 떨어지면 끝이여. 거두어지지 않는다 그 말여. 어느 누가 어길 수가 있간디?"

 지팡이를 짚고 찔뚝거리며 다가온 할머니가 애원하다시피 말을 건다.

 "맞아 죽으면 죽었지 못 해요. 쫓아내면 나갈 테니 내버려 두라고요. 아니, 할머니도 생각해봐요. 내가 이걸 무슨 수로 하냐고요?"

 "그러니께 내가 도와준다구 허잖여. 자, 팥 먼저 삶자. 우리 집은 모내기할 때 마둑 팥밥을 혔어. 쇠고기두 얼릉 물에 담가둬라. 시상이 어린것이 뭘 안다구. 맡길 일이 따로 있지. 쯧, 쯧…."

할머니는 한 손으로 팥을 일기 시작했다. 하는 수 없이 할머니가 시키는 대로 따를 수밖에.

"오늘 같은 날은 아주 화(和)헌 마음으루다 밥을 지어야 헌다. 잔치 음식 허드끼 말이다. 그려야 풍년이 들어서 추운 겨울이 와도 걱정이 읎능 겨. 너희야 부모 잘 만나서 배곯아본 기억이 읎을 티지만…."

할머니는 쉬지 않고 나를 훈계하려 들었다. 듣기 싫었으나 일단 점심을 해내지 않으면 불벼락이 떨어질 걸 알기에 참고 따르기로 했다. 할머니는 마치 선생님 같았다.

할머니의 지시대로 하다 보니 어느덧 밥과 반찬이 만들어져 있었다. 다라이에 밥과 반찬을 담았다. 다라이는 금세 빈틈이 없다.

"아니, 엎드리면 코앞이 집인데 와서 먹으면 안 되남? 구태여 큰길까지 밥을 내오라 난리야 난리가. 하여튼 우리 아버지 고집은 알아줘야 한다니까."

나는 구시렁거리며 국을 들통에 퍼 담았다.

"니가 몰라서 그려. 모팝(모내기 밥)은 여러 명이 나눠 먹어야 허능 기다. 삼사동리 사람들 모두. 그려야 농사가 잘 되능 거여. 그저 남겨 오드라두 다 가지구 가거라. 미리 질려 엄두두 못 내더니만 잘만 허네 그려. 착허기두 허지."

할머니는 또아리를 머리 위에 얹어주며 칭찬을 해댔다.

"점심은 이따 나랑 같이 먹어요. 알았쥬?"

나는 투정 부린 게 미안해 선심이라도 쓰듯 한 마디 던지고는 이고 들고 큰길로 향했다. 아니나 다를까 큰길 옆에는 막걸리 통이 자리를 잡고 기다리고 있었다.

아버지는 눈에 띄는 사람마다 손짓을 해댄다. 우체부, 장에 가시던 어르신, 할머니 손잡고 구경나온 손자, 지팡이를 짚으신 꼬부랑 할아버지, 남루한 옷차림의 걸인, 그야말로 동네잔치다. 슬금슬금 반찬 타박이 유별난 아버지의 눈치를 살폈다. 아버지는 다행히 만족한 표정이다.

할머니는 안방마루에 앉아 나를 기다리고 있었다.

"할무니,(나는 일부러 그렇게 불렀다. 친구들처럼) 우리도 얼른 점심 먹어요. 반찬이 맛있다고 난리였어요. 할무니도 배고프시죠?"

부뚜막에 다라이를 내려놓기 무섭게 소반을 폈다.

"아유, 소반은 무슨 소반이여. 그냥 부엌바닥이 앉아 먹으믄 되는디…."

할머니는 볏짚을 깔고 앉으며 손사래를 쳤다. 나는 겸상을 할 작정으로 소반에 몇 가지의 반찬을 올린 후 할머니 앞에 다가 앉았다. 할머니가 밥 한 숟가락을 떴다. 재빠르게 할머니가 좋아하는 고등어의 살코기를 떼어 밥 위에 얹었다.

"할무니, 여기 고등어. 가시 발랐으니까 그냥 드시면 돼요."

"아니다, 아니여. 그냥 내비두구 니나 얼릉 먹어. 금방 또 새참 내가야 허잖여. 양념 밴 감자나 두어 토막 다구. 고등어는 생목이 올러…."

할머니는 어쭙잖은 손놀림으로 감자 한 첨을 잘라 입에 넣었다. 그러나 삐뚤어진 입이 문제였다.

"니는 저만치 가서 먹어. 나는 이것만 있으면 되니께."

나는 괜찮다는 말을 하긴 했으나 속으로는 괜찮지 않았다. 일단 비위가 상했다. 슬그머니 숟가락을 내려놓고 말았다. 단 한 번 할머니와의 겸상은 그렇게 끝났다. 할머니나 나나 서로가 서로를 불편하게 여겼을 터이니 먹을 때만큼은 싸운 사람처럼 등을 돌릴 밖에.

할머니는 설거지까지 돕겠다고 나섰다. 한 손으로 펌프질을 하면서. '백짓장도 맞들면 낫다'는 말처럼 설거지 시간은 반으로 줄었다. 여유가 생기자 할머니에 관한 궁금증이 머리를 들기 시작했다.

"할무니, 선일이 안 보고 싶어요?"

"?"

뜬금없는 질문에 당황했는지 할머니는 한참 동안 대답이 없다. 나는 어제저녁에 선일이가 다녀갔다는 걸 알고 있다. 양상군자 도망치듯 나갔으니까.

"…, 잠깐 왔다 갔어. 바람처름…."

할머니는 짧게 대답했다. 더 이상 묻지 않았다. 물을 수가 없었다. 할머니의 입이 심하게 씰룩댔던 것이다. 저러다가는 뒷감당 못 할 일이 일어날 수 있을 터, 말꼬리를 돌리고 말았다.

"할무니, 할머니가 보기에도 엄니는 정말 너무하지요? 책가방 놓은 지 며칠이나 됐다고 이런 일을 맡기냐고요. 그래 놓고선 일이 손에 잡히나보죠? 할머니가 계셔도 그렇지, 어떻게 이런 일을 맡길 수가 있냐고요. 저런 엄마는 세상 어디에도 없을 거예요. 어쩔 수 없어 하는 일이지만 정말이지 해도 해도 너무하는 것 아녜요? 하긴 부엌데기 만들려고 학교도 보내지 않았는데 뭘 바래. 원대로 되었으니 얼마나 행복할까. 아, 나는 왜 계집애로 태어났을까. 하필이면 이런 집에."

 나는 화를 참아내지 못하고 손에 들고 있던 행주를 내동댕이치고 말았다. 행주는 한 바퀴 뒹굴더니 흙을 뒤집어쓰고 멈췄다. 조금 죄송했다. 멈칫 할머니를 바라보았다.

 할머니가 지팡이로 행주를 집어 올려 물에 빤다. 그걸 본 나는 또 억지를 부렸다.

 "할무니는 왜 내 마음을 몰라주는데? 나 지금 울고 싶다고요. 할무니, 이것저것 다 팽개치고 도망치고 싶어…. 이러고 사는 거 정말 싫어. 죽기보다 싫다고요. 죽기보다."

 나는 발까지 동동 구르며 울고 말았다. 할머니는 화들짝 놀란 표정을 짓더니 다시 입을 씰룩댄다. 빨리 말이 나오지 않아 그러는 것이다. 그걸 알면서도 멈출 수가 없다. 더 심한 말로 어머니를 원망했다.

 "엄니는 나를 '강경 미나다리' 밑에서 주워왔다고 했어요. 그 말을 들으며 얼마나 울었게요. 엄니는 날보고 놀리는 말도 못 알아듣는 바보라 했지만 이럴 땐 그 말이 진짜 같아요. 자꾸만 친엄니가 아닐 거란 생각이…"

 "야야, 그라믄 못써. 나는 니 어머니처럼 속 깊고 착한 사람을 본 적이 읎어. 니 태어날 때를 생각하믄…."

 할머니는 잠시 하늘을 올려다보더니 마른침을 꿀꺽 삼킨다.

 "저 태어났을 때요? 울었겠지요, 뭐. 내 말이 맞죠?"

그렇게 기다렸던 건수가 이제야 나오다니. 할머니를 재촉하고 나섰다.

"니는 왜 하나만 알구 둘을 몰러. 그러니께 내 말은 니가 니 어머니한테 잘 혀야 헌다 그거여. 오죽허믄 죄 많은 사람이 여자로 태어난다 혔겄어. 나두 속상혀서 을메나 울었등가…."

할머니는 그날을 기억하기 시작했다.

1955년 봄

　내가 니 할아버지와 인연을 맺응 건 55년 봄, 아주 따신 날이었어. 원체 힘든 때였지. 외아들을 잃구 창사구가 끊어지는디…. 워쩌겄어 손자(선일이)를 데리구 집을 나왔지. 혼자된 며느리를 나처럼 청상으로 만들구 싶지 않아서 그랬덩 거여. '내처름 되지말구 하루라도 빨리 새 길을 찾아 떠나그라.' 그런 뜻이었덩 기지. 시상엔 내처름 박복헌 여자가 읎어야 혀. 시집이라구 갔는디 몇 해두 지나지 않아 주인이 죽었구나. 거기서 끝이 났으믄 그나마 다행으루 여기믄서 살았을 것 아녀? 그란디 기어이 아들마저 빼앗구 말더라니께.
　가난허긴 혔지만 남부럽잖든 우리 집은 지옥으루 변혀갔어. 메누리는 환장한 사람처름 새끼두 몰라보더라구. 이르케 살다가는 죽두 밥두 안 될 것 같었어야. 남의 집 허드렛일을 시작혔지. 돈벌이가 되겄어? 그저 집이란 디는 주인이 있으야 허능 거. 남편이 있으야 헌다 그 말여.
　겨우 입이다 풀칠허매 목심을 부지혔구나. 지치더라구. 지푸라기라두 잡구 싶을 정두루다. 도움을 청허지 그랬냐구? 나를 도와줄 사람은 아무두 읎었지. 그땐 내남적읎이 지긋지긋허게 가난혔거등. 먹을 것두 징그럽게 귀혔구.

"보리 고개 땐 부황 걸린 사람들도 많았다면서요?"

말 허믄 뭣혀. 오죽허믄 똥구멍이 찢어지게 가난허다 혔겄어. 날마둑 나물이나 삶아먹구 나무껍질이나 씹어먹었으니 똥이라구 부드러웠겄어? 거기가 찢어지지 않으믄 그게 더 이상허지.

"우리 집에 오실 때 선일이를 놔두고 오시지 그랬어요. 제 생각엔 그게 더 선일이와 할무니한테 좋았을 것 같은데…."

넘치두룩 정을 쏟아준 주인에 대한 고마움 때문였등겨. 선일이는 내 목심이믄서 주인과 아들의 대를 이을 핏줄이잖여.

"선일이엄마가 어련히 알아서 키웠겠어요. 할머니 말씀대로 자기남편의 핏줄인데. 아무려면 엄마가 되어가지고 자식 둘을 못 키워요? 우리 엄니는 갖은 일을 겪으며 여섯 남매를 길러냈는데?"

나는 처마 밑의 제비를 보라는 말이 튀어나오려는 걸 간신히 참았다.

니 말두 맞어. 그란디 사람은 다 닮어. 생김새두, 생각두, 맴씨두. …, 그나저나 새참 준비허야겄다. 어서 일어나자, 어서.

할머니는 해를 올려다보더니 지팡이에 몸을 의지한 채 부엌으로 향했다. 나는 묻고 싶은 이야기가 많았으나 일단 접어두기로 했다.

고고(呱呱)의 소리가 들렸으나

드디어 모내기가 끝났다. 이제 일꾼을 얻어도 대여섯이면 된다. 성숙한 부엌데기가 된 나는 일꾼이 많아도 걱정이 없다. 반찬 만드는 것도 자신이 생겼고.

오랜만에 맛보는 상쾌한 아침이다. 콧노래를 부르며 아침청소를 끝냈다. 사랑마루에 앉아 햇볕바라기를 하는 할머니도 아주 편안해 보인다. 이럴 땐 서로를 모른 체 하는 게 극진한 배려가 될 듯하다. 대문 밖으로 보이는 들녘은 며칠 전에 비해 초록이 선명하다. 이런 평화를 느끼고 싶어 농부들은 농사를 짓는 것일까. 문득 농부의 아내로 사는 것도 괜찮다는 생각을 해본다. 여유로움 때문일까, 오랜만에 책 생각이 났다. 오빠의 책꽂이를 뒤적였다.

"정숙아, 이것 얼릉 손쳐야 헌다. 내비두문 싹나."

방문을 열었다. 강낭콩이다. 반가웠다.

"아부지, 이 콩 다 까유?"

"아, 파란 긋은 밥 밑허구 익은 긋은 따루 바짝 말려야 허는 겨."

성미 급한 아버지는 지게에 얹혀있던 강낭콩을 안채와 사랑채 중간쯤에 쏟는다. 어디에 내려주련? 물어주면 오죽 좋아. 나는 답답한 마음에 큰소리로 아버지를 불렀다. 아버지가 지게를 진채 나를 쏘아본다. 가만히 있을 걸, 후회가 밀려온다. 할머니한테로 눈을 돌렸다. 사랑마루에 앉아있던 할머니가 가만히 있으라는 신호를 보낸다. 나는 얼른 "아버지 동동주 내올까요?" 했다. 아버지의 얼굴에 화색이 돈다. 나보다 술을 더 좋아한다는 걸 알고 있었으니 망정이지 큰일 날 뻔 했다. 감나무 아래 멍석을 깔려던 나는 하는 수없이 계획을 바꾸기로 했다. 몸이 불편한 할머니를 위해 강낭콩을 댓돌 아래로 끌고 가기로. 파란꼬투리를 따서 마루에 올려드리면 할머니가 편하게 깔 수 있겠지.

"할무니, 저는 아버지와 눈을 마주칠 수가 없어요. 무서워서. 어떤 친구는 세상에서 아버지가 제일 좋다던데…."

"할미두 니랑 마창가지여. 목소리만 들어두 오금이 저리당게. …, 내는 그려두 괜찮은디 니는 그라지 말어. 니 아부지, 남은 자식 살려내니라 을메나 욕봤간디. 할미는 다 안다. 다 알어. 할미 말 알아들었쟈?"

할머니가 아버지를 싫어한다고만 생각했었는데 그게 아니었나보다. 할머니가 다시 보인다. 고맙기도 하고.

강낭콩은 물기가 조금만 있어도 싹을 틔운다며 강낭콩을 까고 있는 할머니. 보는 내가 힘들 정도로 어줍은 손놀림이다.

"할무니, 그냥 가만히 계셔. 혼자해도 되겠네. 익은 것 빼고 나면 별루 깔 것도 없으니 심심하지 않게 이야기나 해주셔."

내두 헐 수 있어. 병신 된 내 몸뚱이랑 친혀졌응게. 그나저나 무슨 이야기를 헐까?

"저번에 하려다 만 그거…."

니 태어나던 날? 그 야기가 듣구 싶어? 듣지 않아두 되는디…. 허긴 궁금헐 나이두 되얐지. 내두 어렸을 땐 그렁 기 궁금허긴 허더라만….

할머니는 내 눈치를 살피며 망설였다.

"제가 어느 날 어느 시에 어디에서 태어났는지 듣고 싶어요. 태어날 때 누가 제일 좋아했어요? 아버지는 아닐 테고…."

니가 그르케 말허믄 할미가 심들어. 그냥 옛날, 아주 먼 옛 야기 듣디끼 들으야 혀. 할미 말 알겠지?

"알아요. 지난 일인데요 뭐, 어린애도 아니고."

어김읎이 농사철이 돌아왔구나. 니가 태어날 때두 모내기가 한창였었지. 보리 베기와 모내기는 늘 겹치잖드냐. 눈 코 뜰 새가 읎었어. 자수성가헌 니 아버지 덕에 니네는 지법 농토가 있었어. 온 들판은 '모노래'로 흥청댔지.

"할무니, 모노래를 아셔요? 할머니도 한 곡조 뽑아보셔. 힘들 때 들으면 힘을 얻는다던데…."

그런가 보더라만 내는 아무 흥두 읎어야. 그냥 사능 기지. 그란디 어디꺼정 왔더라 야기가.

"눈코 뜰 새 없이 바빴다면서요."

정신머리가…. 어, 그려. 니 어머니는 반야산 만 한 배를 안구 뒤뚱거리며 밥을 혀내야 혔어. 밥 광주리는 거지반 다 할미가 이구 날렀단다. 그르케 허구 싶었어. 그나마 내가 읎었다믄 니 어머니는 정말 힘들었을 거여. 농사라능 기 다 때가 있거등. 너두 보구자랐으니 알 티지만 지때에 곡식을 심지 않으믄 농사를 망치기가 쉬워. 어디 농사뿐이드냐 모든 건 때가 있는 벱이란다. 자연히 온 식구가 나서야했지. 그란디두 내는 선일이 때미 도와 줄 수가 읎었어야. 아직 혼자 놔두긴 어렸으니께. 그란디 말이지 사람의 손만큼 대단헌 건 읎더라. 언제 난리를 쳤냐는 디끼 퍼렇게 물들여지는 들판을 보구 있으믄 왜 그르게 기분이 좋아지등가 몰러. 읎든 힘이 솟더랑게. 니두 그러냐?

"그럼요. 농부의 딸인데…"

모내기가 끝나믄 으레껏 허는 일이 있단다. 바로 모 때우는 일이지. 곡식이 귀했던 터라 놀리는 땅을 보믄 내 땅이 아니라두 죄를 지은 것 같었어야. 농사짓는 농부가 아니어두 그땐 그렸구나. 손바닥만헌 자투리땅두 씨를 부쳐 가꿨당게.

그날은 니 어머니의 몸이 유달리 무거워 보이드라.

"할무니가 그걸 어떻게 알아요?"

알지, 할밍게. 니는 아직 몰라두 되여. 어른이 되믄 자연적 알게 되니께.

"비밀?"

별걸 다 알려구 허는구나. 어련히 시집가믄 알까. 그렇다구 부끄러워 허기는…. 허긴 할미두 니 나이 땐 그렸어. 시집이란 말만 들어두 얼굴이 뻘개졌지.

니 어머니의 배를 보니께 오늘 내일 새루 아기가 나올 것 같더라구. 마음 같어서는 집에 있었으믄 좋겠다 싶은디 어디 그게 쉽냐? 하필이믄 부지깽이두 일어나서 거들것다구 설쳐대는 땐디 어쩌겄냐구. 수건을 눌러 쓰구 논으루 나가는 니 어머니를 따라갈라구 할미두 준비를 혔지.

"선일이는 어떡하고요? 할아버지께 맡기고요?"

그럴 참이었지. 그란디 니 어머니가 극구 말리더라. 아기 보능 기 더 힘들다능 겨. 아마 니 어머니처럼 '괜찮다'는 말을 잘 허는 사람은 읎을 거다. 그 말을 아예 입에 달구 살았다니께. 어뜨케 생긴 사람이 뭐든 다 괜찮댜. 내가 보기엔 괜찮지두 않으면서 말이지. …, 집에 있으믄 서두 마음이 편칠 않었어야. 마음대루 헐 것 같으믄 몸을 빨리 풀었으믄 좋었더라구.

"왜유?"

왜는 왜겄어. 날씨가 점점 더워지니께 그렇지. 삼복이 코앞이었거든.

"날씨와 아기 낳는 것과 무슨 상관이 있는데요?"

산모는 아무리 더워두 바람을 쐬믄 안 되능 겨. 양말도 신구 내복두 입으야 몸에 바람이 안 드능 겨.

"바람? 무슨 바람?"

그렁 게 있어. 산모가 아기를 낳으믄 그려서 잘 돌봐주어야 허능 거여. 몸조리를 허지 못허믄 늙어서 몸을 못 쓰게 되지. 잔병치레두 많어지구…. 그랴서 산모헌티 잘못허믄 죄 받는다 허능 겨. 사람으 몸이서 사람이 나오는디 을메나 대단혀. 그란디두 사내들은 여자를 읎신 여기지 않덩감? 달린 값은 그르케 허믄 안 되능 긴디…

"?"

할아버지 점심준비를 허는디 니 어머니가 들어오능 겨. 흙투성이를 허구 말이지. 윗방으루 들어가 자리를 걷어내구 서둘러 짚을 깔었단다.

"짚? 아니 소가 새끼 낳는 것두 아닌디 웬 짚?"

아휴 잔망시리 굴지말구 기다려봐. 시상이서 가장 중헌 때가 지금잉게. "아이구 어머니이…." 니 어머니가 신음소리를 내믄서 눕더구나. 니 어머니의 몰골이 말이 아닝 거여. 대충 흙을 닦어냈지. 시상이, 종아리에 거머리 몇 마리가 그냥 붙어있더랑게. 피를 을메나 빨아먹었등가 배가 불룩혀. 그것들을 사정읎이 띠내설랑 밟어 죽였지.

"아유 징그러워."

징그럽기는, 니 어머니의 피를 빨었는디…. 니 어머니의 신음소리가 점점 잦아지기 시작혔어. 정신을 차릴 수가 읎더라. 명색이 시어미라구는 허나 뭘 먼저 혀야 헐지 앞이 캄캄허더라구. 손자손녀를 받아보긴 혔으나 기억두 안 나구 벌벌 떨리능 겨. 일단 순자에게 미역을 담그구 쌀을 씻으라구 시켰지. 순자가 열세 살이었지 아마. 나이는 어렸지만서두 지법 암팡진 아이였어. 나중 나가 봉게 밥 짓구 국 끓이구 다 혀놨더라구. 안심허구설랑 아기가 나오기를 기다렸지. 그란디 아이를 낳을 산모가 코를 골고 잠을 자능 겨. 을메나 피곤혔으믄 그렸겄어. 니 어머니를 바라보매 두 손을 모으구 기도를 혔지. 꼭 아들을 낳두룩 혀달라구.

"아니, 기도한다고 딸이 아들로 바뀌남? 도깨비방망이는 있고?"

오죽허믄 그렸겄냐. 니 어머니, 산달이 다가올수록 걱정이 태산이었단다. 꼭 아들을 낳어야 헌다능 겨. 아들 잡아먹은 어미라믄서 말이지.

"네? 엄니가 아들을 어쨌는데요?"

내가 듣기루는 아들을 낳기만 허믄 잃었다드구나. 그기 다 자기 책임이라구 생각혔덩 기지.

"그렇다면 오히려 아들이 나올까 걱정해야 되는 거 아닌가요?"

아휴, 무슨 말을 못혀. 듣고 보니께 니 말이 맞긴 허다. 그란디 그게 아닝 겨. 다 자신이 원허던 대루 되길 바라능 기 사람이라 그 말여. 한참 후 잠에서 깨어난 니 어머니가 다시 산통을 시작혔어. 마치 첫애를 낳는 산모처럼 말이지. 그때가 일곱 번째라나 그랬으니께 아기 낳기가 수월헐 만두 헌디 이상허더라구. 힘 내라구 소리치매 엉덩이를 여러 번 때렸을 겨 아마. 그라믄서두 할미는 아들을 자신혔지.

"무슨 근거로요? 할무니가 족집게 점쟁이라도 되남?"

아들 딸 마음대루 낳을 수 있는 사람이 어디 있어. 뱃속의 아기가 사내라 그럴 거라 생각혔덩 기지. 사내는 아무래두 뼈대가 있응게 심들겨. 시상이, 미련헌 여편네는 산모가 점심을 못 먹은 생각을 그때까지 못헸다니께. 산모가 기운이 있으야 아기를 쑤욱 낳을 것 아니드냐.

"배가 고프면 아기를 못나요?"

죽을힘을 다혀야 허능 겨. 오죽허믄 애기 낳으러 들어가믄서 벗어놓은 신발을 돌아보겄냐. 저 신을 신구 다시 땅을 밟을 수 있을까 생각허능 기지. 그란디 내 추측이 맞았더라구. 갓난이가 백일은 넘은 것 같더라니께. 거기다 목소리가 을메나 우렁찼게. 마침 오포소리가 울려퍼지구 있었어야. 그 오포소리꺼정 누를 정두루 목소리가 컸으니께 상상혀 봐라. 무슨 놈으 지지배가 장군깜이더라구, 아주 잘 생긴 장군. 오죽허믄 사타구니를 다시 살폈겄어. 잘 못 본 줄 알구 말이지. 지금처럼 건강헌 아기 뽑는 대횡가 뭔가가 있었더라믄 일등은 맡아놨을 거다 아마.

에구, 뱃속에서 뭐혔냐? 게으름 피믄서 잠만 잤더냐? 머시매처름 공만 찼더냐? 그두 아니믄 니 할아버지처름 책만 읽었더냐? 그 흔하디흔

한 고추나 찾어서 달구 나오지. 쯧, 쯧. 속으루 웅얼거리매 내두 모르게 혀를 찼어. 니 어머니두 아마 내허구 다르지 않었을 거다. 눈치를 챘을 티지만 그려두 확인을 허구 싶었능가 기어들어가는 목소리루 뭐냐구 묻더랑게. 아, 뭐긴 뭐여, 사람새끼지. 사람 뱃속에서 나왔는디. 소리쳤지. 시상이, 펑펑 운다, 니 어머니가. 산모가 울믄 안 되여. 기가 쇠혀서.

"왜요?"

아기는 즈 어미의 사대삭신 육천마디를 죄다 무너뜨리믄서 시상 밖이루 나오능 겨.

"아기 힘이 그렇게 센감?"

그만큼 어미나 아기나 온몸의 기라는 기를 다 사용혀야 된다는 뜻이여. 니두 잘 울지? 울음 밑이 길어서 혼나는 일두 많었구. 우는 일 그거 기운 빠지는 일여. 가뜩이나 니 어머니 점심까지 굶었잖어. 환장허겄더라구.

아니, 그깟 아들 또 낳으믄 되지 뭐가 걱정이여. 나이가 많어? 서방이 읎어? 울긴 왜 울어. 아들이건 딸이건 둘이 만들었지 혼자 맹글었냐구. 딸은 자식이 아니랴? 어미가 사내인 사람 봤남? 그러는 사람은 아버지가 낳았덩감? 말 겉은 소리를 혀야. 말이야 바루 말이지 사내라는 인간들 여자 읎이 살 수나 있댜? 어찌 하나만 알구 둘은 몰러.

을메나 떠들었능가. 나중인 무슨 말을 혔는지조차 모르겄더랑게.

"엄니가 뭐래요?"

뭘 뭐랴. 유별스런 니 아버지가 걱정된다지.

"아니, 아들이면 어떻고 딸이면 어때요. 다 아버지 자식이잖아요. 아버지 핏줄. 아니 엄니가 신이라도 되남? 아들딸을 마음대로 낳게?"

누가 아니라냐. 그러니께 답답허다는 거지. 시상은 여자두 있구 남자두 있으야 돌아가능 긴디 온통 사내만 우글거린다구 생각혀봐. 을메나 숨 맥히구 속 터지겄나. 재미따구두 읎구. 그란디 소견머리 읎는 사내들은 그걸 모르더랑게.

"나는 절대 시집 안 갈래. 아버지 같은 신랑 만나면 무서워. 아기 낳는 건 더 무섭고."

에이, 아무리 속상혀두 말을 그르케 허는 것 아니여. 할미가 쓰잘데기 읎는 말을 했나보다. 인자 그만 혀두자.

"그건 아니죠. 이야기를 시작했으면 끝을 맺어야죠. 제가 아버지 성깔을 닮아서 그래요. 지금부턴 입 다물고 듣고만 있을게요."

만약시 내 입에서 어떤 말이 나와두 부모 탓하믄 안 된다. 부모가 읎었으믄 니가 어뜨케 시상 구경을 혔겄어. 다, 니가 태어날 땐 집안 형편이 좋지 않았던 탓잉 겨. 할미가 아무리 떠들어두 시방은 모른다. 부모가 되어봐야 부모의 마음을 아능 기지. 알아봤자 병아리 눈물만큼 일 티지만 말여.

산모라는 사람이 첫국밥을 잘 먹으야 젖이 돌 틴디 울고만 있능 거여. 내버려 두었다간 큰일 날 것 같더라니께.

얼른 인나, 죽을 죄 지은 것두 아닌디 왜 밥을 굶어. 나중이 몸뚱이 아퍼봐 아픈 사람만 서럽지. 아, 만나구 떠나는 걸 누가 감히 막아낼 수 있간디? 사람의 힘으루는 어쩔 수 읎는 일잉 겨. 자 봐봐. 고추만 읎지 을메나 잘 생겼나. 이왕 태어난 자식잉게 어미의 도리루다 먹여살려야 허능 것 아녀? 어서 첫국밥 먹구 정신 차려. 두구 봐, 이 눔이 효도 헐 팅게. 아, 양(羊)이 오포소리 들으매 시상이 나왔는디 풍족하지 않응게 하나나 있겄어? 밥 구덩이서 뒹굴 팔자여. 정신 차리구 잘 키울 생각이 나 혀. 지발 좋은 일 허는 심 치구 내 말 좀 들어. 내 말 좀.

  듣구 있던 니 어머니가 수저를 들더라. 갓난이를 물끄러미 바라보믄서 말이지. 대문에 금줄 칠 준비를 혔지. 니 어머니? 말하믄 뭐하냐? 큰일 난다구 말리구 난리지. 할미가 물러설 것 같냐? 이럴 때나 심을 쓰야지 은제 쓰냐 그 말여. 을마 전 일을 일부러 떠올렸어. 그라지 않구는 심이 드닝게.

  외양간 누렁이가 암송아지를 낳았구나. 니 아버지는 암송아지를 낳으믄 그르케나 좋아혔지. 대문에 금줄 치는 건 물어보나 마나지. 누렁이가 산통을 시작허믄 미역이랑 늙은 호박을 넣어 국을 끓이라 명령을 헌다니께. 누구 영이라구 어기겄어. 그것 뿐이믄 내, 말두 안 혀. 메칠 동안을 콩에 싸라기랑 고구마까지 넣어 삶어 먹이는 거여. 냄새가 을매나 구수헌티 먹구 싶은 생각꺼정 들었어야. 짐승헌티두 그런 사람인디 자기 자식헌티야 어쩌겄어 싶더라구.

  논에 나갔던 니 아버지의 헛기침소리가 들렸어. 니 어머니가 몸에 밴 대루 마루로 나가더라. 순자를 데리구 부엌으로 들어가 니 아버지의 동정을 살폈지. 집안을 휘익 둘러보드라. 니 아버지, 눈치가 백단 아니드냐. 보란 디끼 낫으로 금줄을 끊더니 사랑채 아궁이에 쳐 넣능 거여. 아들 잡아먹구 태어난 지지바라나 뭐라나 중얼대믄서 말이지. 니 어머닌 쓰러질 듯 휘청거렸어야. 얼릉 방으루 데리구 들어왔지. 한 마디 해주구 싶은디 정말이지 니 아버지헌티는 못 허겄더라구. 할미는 왜 그르케 니 아버지가 무서웠능가 몰러. 여태껏 말 한 마디 주고받은 적이 없으믄서두 말이지. 하긴 나 같은 여편네가 사람으루 보였겄냐. 니 할아버지는 며느리나 손녀를 종 부리디끼 허는 니 아버지를 나무랄 때가 있었어. 잠깐은 멈칫 허지. 그러나 그때 뿐이여. 아니, 그란디 웬 일루 듣구만 있어?

"할머니께 죄송해서요. 할머니가 아니었음 지금의 내가 없을 수도 있었겄다 싶어서…"

아니다. 니는 무슨 일이 있어두 살아났을 애여. 이 할미는 믿어. 그날 오포소리는 아주 길었어야.

"저는 아버지도 아버지의 생각이 잘 못 된 거란 걸 알 때가 올 거라 믿어요. 어쩌면 지금쯤 알아가고 있을지도 모르죠. 큰언니는 이미 딸을 낳았고, 작년에 결혼한 작은언니 역시 딸을 낳지 않는다는 보장이 없을뿐더러 나는 하늘이 무너져도 딸을 낳을 테니까요."

또 가시 돋친 말을 허네. 자식은 그러는 기 아니라구 혔는디. 그날 니 아버지는 수저조차 들지 않었어. 술을 물마시듯 허구는 큰 대자로 누워 잠을 자더라. 그 모습을 보니 측은한 생각이 들더라구. 을메나 아들을 기다렸으믄 그랬겄어. 그놈의 아들이 뭐라구.

종일, 태를 태우는 연기만이 애를 태우고 있었어야. 간간히 니 울음소리가 들리지 않았다믄 식구들은 모다 숨이 막혔을 거여. 이 할미는 니 울음소리가 새어나올 때마둑 을메나 반가웠게. 꼭 이 할미를 부르는 것 같었어야.

니 아부지는 불쌍헌 사람이여

니 아부지는 아홉 살 때 친어머니가 돌아가셨댜. 아래로 동생이 셋 있었다드면. 할아버지를 보아허니 안팎살림을 도맡아 헌 분이 할머니 였을 틴디 큰일 아니냐. 그랴두 복은 있었덩가 물려받은 농토가 제법 있었다내벼. 여기저기서 새장가를 가야헌다구 부추겼던 모양이여. 가뜩이나 게으른 분이니 오죽 혔겄어. 오줌 똥 못 가리구 있던 차에 못 이기는 체 새 마누라를 맞아들였겄지.

새할머니들은 이상허게 오래 버티질 못혔댜. 금세 가버리거나 죽은 이 까지 있었다지 아마. 허긴, 엔간헌 마음으룬 남의 새끼 못 키우능 거여. 한 두 명두 아닌디. 이 꼴 저 꼴 보기 싫었던지 니 아부지는 끝내 고향을 떠나기루 작정을 혔다. 고향보다는 넓은 평야가 낫겄다 싶었덩 가벼. 그곳이 여기랴. 논산. 보이는 기 산 뿐인디서 살던 사람인디 을메나 가심이 뛰었겄어. 허긴 논산이 사람 살기는 좋은 디랴. 나야 다른 곳에서 살아본 적이 없응게 모르겄지만서두.

니 아부지는 원체 부지런혔던 사람이랴. 무서웅것두 읎었구. 노상 어머니를 닮았다구 혔으니께 니 친할머니두 부지런혔겄지. 니 아부지는 말이여, 별시런 사람이여.

나는 할머니의 말에 신경이 곤두섰다. 할머니의 입에서 딱따구리이
야기 튀어나올까 겁이 났던 것이다.
　"할무니, 그 이야기라면 하지 않으셔도 돼요. 아버지한테 귀가 따갑
게 들었거든요. 세상엔 본받을 만한 사람들이 얼마나 많은데 하필이
면 딱따구리냐고요. 둥지를 새로 만드느라 쉬지 않고 나무를 파는 딱
따구리의 참을성을 배워야 한대요 글쎄. 저는 아버지가 그 말을 할 때
마다 창피해요. 아버지의 무식이 탄로되는 거잖아요. 딱따구리가 사
람도 아니고…"
　할미는 그 야기를 헐라구 했덩게 아닌디? 니 말을 듣고 보닝게 할미
가 듣기 거북혔던 말이 생각나능 구먼. 여자는 한 남자를 섬기야 허구
신하는 한 임금을 섬기야 헌다는 말 말이여. 그 말이 맞는 말이기는 허
지. 허지만 나는 니 아부지가 일꾼들 앞에서 그런 말을 헐 때마둑 쥐구
멍이라두 찾아들구 싶었어야. 그런 날은 대개가 할아버지가 나를 감
싸려 들었다거나 선일이가 말을 듣지 않았을 때였지. 니 어머니가 곁
에 있었다믄 참다 참다 한 마디 혔을지두 몰러.
　"할무니, 무슨 말을 하시는 거예요?"
　놀란 나는 숨을 쉴 수가 없다. 아수라장으로 변한 우리 집이 보인다.
통곡하는 할머니, 할머니를 끌어안고 있는 어머니, 고래고래 소리 지
르는 할아버지, 울어대는 선일이…
　할머니가 웃는다.
　그깟 일에 놀라기는. 나나 내나 니 아버지 무서워하능 건 똑같다, 똑
같어. 할미는 절대 그런 말 헐 줄 모르닝게 걱정허들 말구 야기나 들

어.

　아들이라는 사람이 아부지 닮은 디가 한 군디두 읎다는 말을 자랑 허드끼 허능 기 영 그르터랑게. 아무리 당신의 아부지가 게으르다 혀두 그르케꺼정 헐 건 읎잖여? 한 일을 보믄 열 일을 안다구 니 아부지는 할아버지를 좋아허지 않응 기 틀림읎어. 허긴, 나두 한심헐 때가 많더라만… 한 번은 할아버지랑 선일이랑 나하구 셋이서 집에 있었구나. 멍석에 보리를 널어 말리는디 갑자기 하늘이 시끄러워지데. 천둥번개가 치는가 싶더니 소나기가 쏟아지더라구. 보채던 선일이를 떼어 놓구 정신읎이 보리를 걷었지. 뭘, 금세 보리는 퍼붓는 물을 따라 둥둥 쓸려나가능 겨. 울겄더라구. 허다 못해 가마니라두 잡아주믄 오죽이나 좋아. 니 할아버지, 곰방대만 빨구 누워있능 거여. 그날 니 아부지 정말 대단했어야. 눈에서 불이 나더라구. 배를 쫄쫄 굶어봐야 곡식 귀한 줄 안다드라. 등 따시구 배불러서 그렇다능 겨. 억울한 생각이 어찌 들지 않았겄냐. 다 나 들으란 말이잖어. 니 어머니가 그만 좀 허라구 말리드라. 니 어머니가 아니었다믄 그날 난 집을 나갔을 지두 몰러. 너두 알지? 베인 살에 소금 뿌리듯 허는. 여하간 니 어머니 대단한 사람이여. 누가 그런 비위를 맞추매 살겄어.

　니 숙부는 다리를 절어. 어렸을 때 뱀에 물려서 그르케 됐댜. 그래서겄지, 니 아부지는 숙부를 일 대신 서당에 보냈다대. 잘은 모르지만 먼저 집을 마련해 주믄서 장개를 들인 이유두 그랴서일 거여. 니 사촌 큰언니가 니 큰언니보다 서너 살 위인 이유를 인자는 알겄지?

"그럼, 숙부가 아이를 낳을 때까지 아버지는 총각이었단 말씀이네요? 어떻게 결혼하지 않은 총각이 그토록 속이 깊었대요?"

그랴서 예부터 지차(之次)보다는 맏이를 대접해줬덩 거여. 동생들 보살피기를 부모망큼 혀야된다는 말이지. 그러니께 니 아부지는 천상 맏이였덩 겨. 쎄빠지게 욕만 봤지만 말여.

"장가는요?"

중매루다 니 어머니를 만났다드라. 니 아부지는 니 어머니를 만나자마자 미리 장만혀두었든 지금의 이 터에다 집을 짓기 시작혔댜. 낮이는 죽어라 농사일을 허구 밤이루만 말이지.

앞이 보이는 숙부집두 집만 새로 지은 거지 그때 마련해준 바루 그 터랴. 논이 가로막구 있어 돌아댕겨야 허지만 말여.

아무리 초가삼간 이지만 집 짓는 일인디 쉽기만 혔겄냐? 어깨 너머루 배운 기술인디 말허믄 뭐허겄어. 밤이나 돼야 혔으니께 더 그랬을 티구. 그럭저럭 부엌문만 달믄 집이 완성 되게 되얐어. 니 어머니는 좋아서 잠이 오질 않더랴. 그란디 이를 어쩐다냐. 니 아부지가 강제 징용으로 끌려가게 되얐어. 니두 핵교에서 배웠을 거다. 그 왜 무신 원자폭탄잉가 무엇잉가를 일본이다 떨어뜨려서 8.15 해방을 맞이하게 되얐다는 대동아라나 허는 전쟁 있잖여. 그 전쟁이 한참일 때였댜.

하필이믄 끌려간 곳이 북해두(홋카이도) 탄광이었댜. 겨울이 긴 도시라대. 을메나 추운지 털옷과 털모자를 덮어쓰믄 고드름이 얼었다지 아마. 할미가 왜 이 야기를 허는지 알어? 탄광이서 니 아부지가 살아오지 못혔다믄 너는 어뜨케 되얐을까를 생각혀봐. 그랴서 부모헌티 잘허라능 겨. 알었냐?

"예…."

할머니의 이야기엔 화로 위의 뚝배기에서 풍겨 나오던 구수한 된장찌개 냄새가 숨어있었다. 나는 할머니가 선일이 할머니라는 사실을 까맣게 잊어갔다.

방물장수를 만나다

할머니가 앞치마를 털며 일어나더니 대문간으로 나가신다. 나는 뒷정리를 하기 시작했다. 할머니는 분명 반야산을 바라보고 있을 것이다. 나는 할머니의 그런 모습을 볼 때마다 할머니에 대한 궁금증이 더해진다. 할머니의 비밀은 도대체 뭘까.

"할무니, 강낭콩 냄새가 좋죠? 강낭콩 넣어 찰밥 해드릴까?"

나는 할머니가 마루에 걸터앉기를 기다려 말을 걸었다.

엄니헌티 물어봐서 혀. 할미야 아무래두 좋으니께.

"할무니, 할무니는 왜 선일이를 데리고 오셨나요? 선일이 엄니가 버젓이 있는데?"

할머니의 눈치를 살피며 조심스레 물었다. 할머니는 생각에 잠기더니 그게 그렇게도 궁금하냐? 되물었다. 나는 고개를 끄덕였다.

그게…, 그러닝게 그게….

할머니는 말을 더듬었다. 여기서 물러서면 안 돼. 할머니 곁으로 바짝 다가앉았다.

그 날…, 나는 메누리랑 마지막 담판을 짓구 싶었어야. 하루아침에 결정을 내린 것이 아니었구먼. 아들을 보내놓구 살얼음판위를 걷능 것처름 살았어. 앞날이 캄캄혔지. 내라두 결단을 내야 헐 것 같었어.

할머니와 선일이엄마가 마루에 앉아있다. 할머니가 선일이 엄마에게로 천천히 다가앉더니 선일이엄마의 손을 잡는다.

"애미야, 나랑 이야기 좀 허자. 내는 니 헌티 큰 죄를 지었어야. 무슨 일이 있드래두 애비를 말렸어야 혔는디…. '자식 이기는 부모 읎다'는 말이 맞더랑게. 자식앞장을 막구 싶지 않어서 그만…. 애미야, 일은 운명처름 일어났구 또 지나가버렸어. 니나 내나 어쩔 수가 읎는 일 아니냐. 내가 이르케 빈다. 지발 좋은 일 허느라구 정신 좀 차리거라. 배고프다 빽빽대는 새끼들을 봐야지. 새끼들이 뭔 죄여. 다 이 복살머리 읎는 시에미 탓이다. 그러니 어여 정신 차리구 인나. 내두 인자부텀 처자식 버리구 어미마저 버리구 간 눔 잊어버릴란다. 잊어버릴 겨. 나쁜 눔, 천하의 불효막심헌…."

할머니는 며느리의 흐트러진 머리를 매만지며 눈물을 뚝뚝 떨어뜨린다.

"저도 그러고 싶은데…. 엄니, 이제 저는 어찌 산대요? 자꾸만 그이 모습이 떠올라요. 이 상황이 꿈만 같다고요. 저 지금 꿈을 꾸고 있는 거지요, 그렇죠? 어머니, 왜 대답을 못하세요, 네? 부자가 그렇게 좋아요? 돈이 그렇게 좋아요? 그래요, 부자도 돈도 다 좋다 칩시다. 돈 벌어오겠다던 아들 어디 갔어요. 부자 되겠다고 큰소리치던 아들 언제 오냐고요? 막았어야죠. 가난해도 좋으니 모여 살자 잡았어야죠. 어머니 고집 세잖아요. 그래서 수절도 하셨고요. 이제 어쩌실래요? 무엇으로 아이들 먹여 살리죠? 무엇으로 입히고 가르치죠? 가만히 계시지만 마시고 대답 좀 해주세요. 네?"

며느리의 다그침에 할머니는 묵묵부답 말이 없다.

"저는 앞이 캄캄해요. 아무것도 보이지 않는다고요. 흑, 흑… 남편을 일찍 보냈으면 하늘이 무너져도 아들을 지켜냈어야죠. 아들 하나만 바라보며 사신 분이 왜…."

며느리의 흐느낌은 통곡으로 변했다.

"그려, 내가 내 아들을 죽였어. 하나 밖이 읎는 아들을…."

할머니는 읊조리며 가슴을 쥐어뜯었다. 그 모습을 보고 있던 선일이가 칭얼대며 기어온다. 며느리가 초점 없는 눈으로 선일이를 보고 있다. 선일이는 잠시 주춤거리더니 이내 할머니 쪽으로 방향을 튼다. 할머니가 두 팔을 벌려 선일이를 안아 올린다. 토닥토닥 등을 두드리자 칭얼댐이 그친다.

"애미야, 니 마음 다 안다. 다 알어. 그란디 어쩔거나. 이 노릇을 어쩔거냐구. 그러구 있지 말구 어여 죽이라두 끓이거라. 먹어야 정신을 차리지. 젖두 나오구. 그저, 애어미는 강혀야 혀. 독혀야 허구. 언능 일어나자 언능…."

할머니는 아예 비손을 한다. 넋을 놓고 앉아있던 며느리가 천천히 일어선다. 비치적대며 부엌으로 향한다. 할머니는 양식이 바닥을 드러냈을 거라는 걸 깨닫는다. 미안하다. 남편이 그리워 베갯잇을 적시던 옛날이 떠오른다. 부모형제를 위해 나이 많은 노총각에게 시집을 가겠다고 나섰던 기억도 뒤를 따른다.

이년으 목숨을 물건처름 팔 수 있다믄 을메나 좋아. 혼자된 메누리를 위해 헐 수 있는 일이 이리두 읎단 말인가, 이리두…….

할머니의 실낱같은 독백이 새어나온다. 부엌에선 아무런 기척도 없다. 선일이를 등에 업은 할머니가 일어선다. 몸이 휘우듬 흔들린다. 햇볕이 그녀를 사정없이 내리쬔다. 그녀의 얼굴은 누렇게 떠있다.

내가 방물장수를 만낭 건 우연이 아닐 겨. 반야산 앞 '새뜰'이란 동네에 부잣집이 있다대. 가을에 타작을 허믄 짚가리가 '반야산'만 허구 벼를 넣어둘 창고가 부족해서 벼퉁가리를 새로 만드느라 만장 같은 집이 좁아터질 정도라대? 그란디 홀시아버지 때미 그 집 메누리가 엄청 고생을 헌다능 거여. 그런디다 딸 둘에 아들 하나가 있는디 그 아들이 몸이 약하다. 아들이 여럿 죽은 뒤라 땅이 꺼지게 걱정을 헌다더라구.

"아니, 보약을 해먹이면 될 텐데 걱정은 무슨 걱정?"

니는 꼭 남의 말허듯 허능구나. 보약을 어찌 먹이지 않았겄어. 말 들어보닝께 비싼 산삼꺼정 먹였다던디.

"사람의 목숨은 하늘에 있다던데?"

세상 사람들은 다들 그르케 말허지. 자식 잃어본 부모 맴은 모르구. 니 아버지가 아들 타령을 하는 것이나 니 어머니가 아들 걱정허능 것은 같은 거라 생각허믄 되능 겨.

"그게 어떻게 같아요? 아들만이잖아요. 딸은 아니고 아들만."

아이구, 또 그런다. 할미가 그르케 일렀는디.

아, 그 말을 듣구나니께 마음이 더 끌리더랑게. 할미가 미칭 기지.

"선일이가 사내아이라서?"

맞어. 방물장수가 이틀이 멀다허구 드나들기 시작혔어. 내 눈치를 알아챘었나벼.

"부끄럽지 않았어요?"

어찌 안 그렸겄냐. 남편 잡아먹구 아들까지 잡아먹은 년이 손자까지 데리구 개가허는 마당인디. 좁아터진 소견머리로는 죽은 주인과 아들, 메누리와 선일이를 위해 헐 수 있는 일이 그 것 밖이 읎었어야. 휴우, 내가 그동안 걸어온 길은 누구두 가서는 안 되는 길이여. 아녀자가 걸어가기엔 정말루 힘들구 괴론 길이닝게. 그 끝이 우연찮게두 니네 집였덩 기지.

"마음의 결정이 쉬웠단 말예요?"

어찌…, 딴엔 생각허구 생각혔덩 겨. 뜬구름 잡은 꼴이 되얏지만서두. 방물장수아줌니는 니 어머니를 굉장히 칭찬혔었어. 솜씨두 좋은디다 맵씨꺼정 좋댜. 곱게 몸 단장헌 부잣집 안방마님이 생각나대. 그 시절엔 '동동구루무' 바르는 사람이 흔치 않았거등. 명색이 시어머닝게 어찌되얏건 구루무 냄새는 맡을 수 있었지 싶었덩 겨. 내같은 무지렁이두 여자는 여자니께.

"그 아줌마 정말 말수완이 좋은 사람이네요. 촌구석에서 일만 하고 사는 우리 엄마를 그렇게까지…."

맞어. 중매쟁이란 다 그렇다구 봐야 혀. 그르케 허지 않구는 일이 성사되질 않어. 그래서 수완 좋은 사람이 중매쟁이루 나서능 겨.

"그걸 아시면서 중매쟁이 말을 믿었다고요?"

아유, 다야 믿었겄어. 걸러 들어야 헌다는 걸 알믄서두 전혀 걸러지지 않더란 말이지. 어찌되얐건 날짜가 잡혔어야. 정확허게 기억은 나지 않지만 아마 '사월 초파일' 보름 전쯤이었을 거여.

"석탄일이 할아버지의 생신과 같은 날이잖아요. 해마다 생신잔치를 얼마나 거하게 차려드리는지 어렸을 때는 할아버지가 정말 훌륭한 분인 줄 알았다니까요. 온 나라가 축하를 해준다고 생각했거든요. 동동주 담그고, 두부 만들고, 묵 끓이고, 홍어회, 전, 식혜, 무지개떡, 고깃국에 각종 나물까지…. 엄니는 잔치 준비하느라 정신이 없었어요."

맞어. 엔간헌 잔치는 입두 뻥긋 못 헸을 겨. 친척들은 또 을메나 많이 오드냐. 메칠씩 묵어가는 사람두 있었구. 잘 살기두 헸지만 니 어머니는 워낙이 베풀기를 좋아혔나 보드라. 후덕허게 생긴디다 성품꺼정 모난디 읎이 숭굴숭굴헌디 손님이 끊어질 턱이 있었겄어.

할아버지랑 만날 날이 다가왔구나. 막상 들어가려니 여간 쑥스러웅기 아니더라구. 허는 수 읎이 햇살이 엷어지는 해질 무렵을 택허기로 혔어. 그란디 가져갈 짐이 걱정이 되는 거여. 아무리 조건을 걸지 않었다 혀두 여자는 여자잖여. 고민을 혔어. 궤짝을 가져가야 허나 말어야 허나.

"할무니 방 윗목에 있는 거?"

응. 그건 내 평상을 통틀어 처음 받어 본, 그러닝게 말허자믄, 하나밖이 읎는 선물이지. 나는 그때꺼정 선물이란 걸 받아본 기억이 읎었단다. 그란디 그르케 큰 선물을 받았으니…

　가난헌 부모님께 효도허는 심정으루 노총각헌티 시집을 갔구나. 열여섯에 말이지. 목구멍 하나의 무게가 엄청나던 보릿고개였거등. 부황 든 사람에, 굶어 죽는 사람에, 세상이 흉흉했어야. 그런 와중에 시집을 갔으니 혼수는 꿈두 꾸지 못 혔지. 그란디 신랑이 저 궤짝을 사옹 거여. 저녁 설거지를 끝내구 행주치마에 젖은 손을 닦으매 방문을 열었는디 신랑이 기다렸다는디끼 두 손으루 내 눈을 가리드만. 깜짝 놀랬지. 무섭더라구. 신랑은 평소에 말이 읎던 사람이였거등. 많은 생각이 들대. 도대체 왜 이러지. 뭔 속셈이랴.
　신랑이 내 손을 잡구 발자국을 떼대. 벌벌 떨믄서 따라갈 밖이. 신랑이 멈췄어. 나두 멈췄지. 신랑이 눈을 풀어주더라. 어리둥절혔어. 신랑의 눈을 피혔지. 그란디 눈 앞에 낯성 기 보였어. 바로 저 궤짝이 있었덩 거여. 지금이야 무니두 읎어지구 색두 바랴서 대충 꿰맞춘 나무 궤짝처름 보이지만 새것 적인 을메나 이뻤게. 신랑을 끌어안았어. 부끄러운 줄두 모르구 말이지. 니 눈엔 하찮은 궤짝으루 보일티지만 나한틴 보물단지여. 신랑이 있으나 읎으나, 시두때두 읎이 어루만졌어. 신랑이 그르케나 좋으냐구 묻더라. 웃음을 참으매 고개만 끄덕였지. 맨 몸으루 시집온 주제에 옷장이 왜 그르케 갖고 싶었능가 몰러. 염치 읎는 여편네지 내가.
　"와우, 상상이 돼요 할무니. 행복해하는 할무니 모습이 보이는 것 같다고요."

그날 이후로 신랑이 꽃으루 보이더라. 시상에서 제일 이쁜 꽃으루.

"아담하셨나요? 할무니의 말씀을 들으니 체구가 크진 않았을 것 같은데?"

하여간, 니는 눈치 하나는 빠르다. 그걸 어뜨케 알았어?

"꽃으로 보였다면서요. 거기에 답이 있잖아요. 제 기억으론 예쁜 꽃은 다 아담했다니까요. 저는 나처럼 키 큰 사람을 싫어해요. 저도 할무니처럼 가냘팠으면 좋겠어요. 학교 다닐 땐 맨 뒤에만 앉았다고요. 키 작은 애들이 얼마나 부러웠게요."

누가 모를 줄 알아? 선일이가 작다는 말을 하려다 참는 거지? 괜찮다, 괜찮어. 니가 생각하는 만큼 허우대가 작었어. 살집꺼정 읎응게 더 작어보였지. 그렇다구 난장이루 생각허진 말어라. 나를 업어줄 만헌 힘은 가지구 있었응게.

"어머, 할무니를 업어주기까지? 정말 정이 많은 사람인가 보네. 나도 그런 신랑 만났으면 좋겠다. 나보담 작으면 내가 업어주지 뭐."

내 어쩌다 그런 말까지 혔능가 모르겄다. 나잇값두 못허구. 어린애 앞이서….

할머니는 얼굴색이 홍당무처럼 변해있었다. 빨개진 눈을 보니 죄송했다. 가만히 있을 수가 없었다.

"그날 할무니의 웃는 모습이 보이는 것 같아요. 활짝 핀 나팔꽃."

그려, 신랑이 좋아라 한 걸 보믄 그랬덩개벼. 그날 밤, 나는 잠을 이룰 수가 읎었어. 마음이 붕 뜨는디 어뜨케 잠이 와. 꿈잉가 생싱가 볼따구를 이르케 꼬집어봤당게.

할머니의 이야기가 여기서 끝났으면 바랄 정도로 행복해 보이는 얼굴이다. 나는 망설였다. 할머니를 더 이상 괴롭히지 않기로. 그러나 할머니는 이야기를 끊지 않았다. 막을 수가 없었다. 어느 누가 그걸 막아낼 수 있었으리.

'남편의 건강을 지키는 일을 소홀히 하믄 안 된다. 그게 바로 너의 임무니라.' 시어머님의 당부가 떠올랐어. 내는 신랑을 만나구 한참이 되어서야 그 말을 이해허게 됐어야. 처녀 때 빨래터에서 들었던 이야기가 있구나. 그때 그 말을 듣지 못했다믄 지금의 할미는 지금보다 훨씬 더 슬펐을 거여.

"무슨 이야기요?"

아마 먹구살 만헌 집이었덩가벼. 그 집엔 몸이 약헌 아들이 있었댜. 몸이 워낙 약허니께 부모는 갖은 보약을 멕였다내벼. 그란디두 별 차도가 읎더랴. 맨날 식은 땀만 흘리구 바짝 말라가니 부모가 을메나 애가 탔겠냐. 그란디 누군가가 용헌 점쟁이를 찾아가 보라구 허더랴. 썩 내키지는 않았으나 그렇다구 못 들은 체 헐 수두 읎더랴. 복채를 두둑이 들구는 점쟁이를 찾았더랴. 지푸라기라두 잡는 심정이었겠지.

"아니, 점쟁이가 뭘 안다고? 의사를 찾아 병원으로 가야지."

아휴, 급허기두 허다. 니는 아무리 생각혀두 니 아부지를 많이 닮었어. 성질이 아주 급혀. 그저 여자는 참을성이 있으야 되능 겨. 그랴야 복이 들으와. 알았쟈? …, 이 사람아, 그 시절이 어느 시절잉가 생각혀봐. 시방이랑 달러두 한참 달러. 그랴, 니 말대루 병원이 있다치자, 병원 찾는 사람이 많었겄어, 옛부텀 전해내려오던 방식대루 사는 사람이 많았걨어?

"…."

점쟁이가 장가를 들이능 기 약(藥)이라구 혔댜. 부모는 며느리 얻는 방법을 고민허기 시작혔어.

"무슨 고민? 그게 고민한다고 해결될 문젠감?"

아, 여기저기 발을 놨더랴. 조건을 내걸구선. 그란디 그 조건을 듣구는 시집오겠다는 처녀가 있었댜. 아주 가난헌 집 맏이라대. 그 이야기를 듣는디 많은 생각이 들더라구. 내헌티는 왜 저런 자리두 들어오지 않나 싶었지.

"네에?! 할무니, 어떻게 그런 생각을 할 수 있어요? 그런 조건부 시집을, 할무니가 물건이에요? 사람이잖아요, 사람."

아이구, 야가 왜 이르케 화를 내구 그랴. 화 가라앉히구설랑 이야기나 마저 들어봐. 막상 그 처녀처름 시집을 가겄다구 말은 혔지만 잠이 오질 않는 거여. 서른 살 먹었다는 신랑이 어찌 생겼을까 상상이 안 되얐덩 기지. 후회되지 않았냐구? 후회허진 않았어야. 부모님께 조금이라두 도움을 드리구 싶어 선택헌 길이었으닝게.

"아휴 답답해. 할무니 도저히 못 듣겠어요. 그만하세요."

혼례식이 끝나구 첫밤을 맞었어. 신랑이 손을 잡대. 힐끗 쳐다봤지. 못난 자신헌티 와주어 고맙다능 겨. 말소리는 어른인디 몸집은 아주 작었어야. 컴컴한 밤이라 그런지 꼭 어린애 같었당게. 그란디 이상한 일은 그런 신랑이 무섭긴 고사허구 안쓰러웅 겨.

"할무니, 그런 걸 모·성·애 라고 하는 거예요. 어머니의 본·능·적 사랑."

아무튼 그렸어. 내심 이 남자를 건강허게 혀야겄다 결심을 혔지. 된장찌개 하나두 온갖 정성을 다혔지. 하루, 이틀, 사흘…. 달이가구 해가 가닝께 몸이 좋아지능 게 보이더라구.

"시부모님과 같이 사셨어요?"

그람, 옛날인 다 그랬잖여. 심들지 않았냐구? 심들지 않았다믄 거짓말이지. 허나 시집살이 기억은 하나두 읎어야. 일이라능 기 신랑 건강 챙기는 건디 뭐가 힘들어 힘들기는. 시집간 다음해에 손자까지 안겨드렸더니 죽어두 원이 읎다구 허시능 겨. 내 생전이 그르케 마음 편허구 좋았던 때는 읎었을 거구먼. 신랑은 농사일을 거들만큼 건강혀졌어. 나는 마음이 느긋혀졌지. 그깟 감기는 병으루 치지두 않었어야. 그러지 말었어야 혔는디 그러다 그만 사람을 놓칭 기지. 땅을 치구 통곡헌들 무슨 소용이 있었느냐. 다 내 팔장걸….

"아유, 또 그놈의 팔자타령."

저 옷장은 신랑처름 느껴져. 지금이야 다 낡구, 닳구, 색꺼정 바려서 볼품이 읎지만 나는 처음의 모습을 또렸허게 기억혀. 그려서 버리지 못 허구 고이 간직허구 있었구나. 죽을 때꺼정 보구 있을 겨. 아무리 멍청허다혀두 할아버지와 니 어머니 눈치가 보이더라. 허나, 내헌티는 새색시 적 신랑만큼이나 좋은 걸 어쪄겄냐구. .

"어떻게 가져왔어요? 선일이를 업고 오셨다면서요?"

으응, 방물장수에게 지게꾼을 하나 불러 달랬지. 많이 걸어야 허니께 덕대 같은 사람으루다.

"우리 집은 할무니 마음에 들었어요?"

마음에 들구 말구가 어디 있어. 약속을 혔으면 살으야지…. 생각보다 집은 작았어야. 고래 등 같은 기와집을 상상허며 왔었거등.

"아니 마음에 들지 않으면 가 버리면 되지 무엇 때문에 살아요? 처녀총각이 정혼한 것도 아닌데?"

니 말두 맞어. 그란디 약속헌 걸 어떡혀. 니는 이해가 안 될 티지만 그때는 그런 게 통허질 않었어. 대부분의 아낙들은 어미 뱃속이서부터 운명이랑 팔자가 같이 태여났다구 생각혔덩 겨. 시절이 그란디 내 같은 무지렁이가 무슨 힘이 있겄어. 기다리구 있을 니네 엄니랑 방물장수의 입장두 생각혀야 되구.

"할무니 땜에 답답해 죽겠네. 왜 나보다 남이 우선, 이냐고요. 내 인생인데?"

"아이구, 할미는 그런 유식헌 말 못 알아들어. 그냥 다른 사람이 할미 때미 불편허지 않으믄 그걸루 되능 기지."

"왜 그렇게 사세요? 할무니, 그건 사람이 사는 게 아니에요."

"할미가 무신 사람여. 사람구실두 못허구 밥이나 축내구 있는디…"

이젠 할머니의 말에 대꾸할 기력조차 없다.

"그래, 선일이는 어떻게 데리고 왔어요? 선일이나 선일이 엄니나 난리가 났을 것 같은데?"

"아가, 제발 그건 묻지 말아주렴. 그 날의 일을 생각허믄…. 죽구 싶으닝게."

할머니는 죄인처럼 고개를 숙인 채 말을 잇지 못했다.

'반야산'을 넘다

"할무니, 할무니의 마음을 헤아려드리지 못해 죄송해요. 저는 어렸을 때부터 할무니가 무척 궁금했었어요. 할무니의 이야기가 듣고 싶어 기회만 노렸지요. 그런데 드디어 기회가 왔네요. 저는 이참에 할무니의 한이 모두 풀렸으면 좋겠어요. 다 풀어놓으세요. 후련해지도록 말예요."

고맙다, 고마워. 하찮은 내 야기를 들어주어서. 할미라구 어찌 허구 싶은 말이 읎었겄어. 그저 입 닫구, 귀 닫구, 눈뜬 장님처름 사능 기 편혔덩 기지. 할미가 헐 말 안 헐 말 정신읎이 씨부렁 댔쟈? 그나저나 워디꺼정 혔더라.

할머니는 생각을 더듬는 듯 대문 밖으로 들녘을 한참동안 바라보았다. 포기를 이뤄가려 애쓰는 벼를 보며 할머니는 어떤 이야기를 하고 싶은 것일까.

내는 내 메누리가 나만큼 독허지 않다는 걸 알구 말었구나. 선일이의 앞날이 걱정되기 시작혔어. 그것은 가문의 대가 이어지느냐 끊어지느냐의 문제이기두 허지. 이르케 헐까 저르케 헐까 망설이구 있다가는 무슨 일을 당허게 될지 어뜨케 알어. 그랴서…

"그래서 우리 집으로 오셨군요? 할머니 혼자 결정을 하셨겠죠?"

그람, 그 엄청난 일을 누구랑 상의 허겄어. 방물장수가 사흘이 멀다 허구 찾아오기 시작혔어. 게딱지만헌 집인디 비밀이 지켜졌겄어? 눈치 챈 메누리가 펄펄뛰네. 헐 수 없이 선일이를 데리구 나올 방도를 궁리 허기 시작혔어. 그 마당에 선일이까지 데리구 나오는 걸 안다믄 무슨 일이 일어날지 뻔허잖어. 그랴서 할아버지헌티 오기 이틀 전쯤 선일이를 훔쳐 업구 집을 나오구 말었덩 거여.

"할무니가 금쪽 같이 여기는 궤짝은 어떡하고요?"

방물장수에게 말했더니 덕대 같은 사내가 있다며 걱정말라대. 그날부텀 방물장수와 내는 한 패거리가 되었덩 겨. 방물장수네서 쥐두새두 모르게 숨어있었지. 약속헌 날이 다가왔어. 일부러 해질녘을 택혔지. 반야산을 넘을라닝게 눈물이 자꾸 나오능 겨. 도살장이루 끌려가는 소처름 말이지. 긴 그림자가 앞장을 서더라. 염라대왕헌티 붙들려가는 심정으루다 그림자를 따랐지.

"선일이 엄니가 궤짝을 순순히 내어주었나요?"

나는 눈물이 나오려는 걸 간신히 참으며 다시 물었다.

메누리도 어쩔수 없었겄지. 무섭게 생긴 사내가 갑자기 쳐들어갔는디.

"할머니가 궤짝을 가지고 오라는디 어디 있어유?"

덕대같은 사내가 사립문을 밀고 들어와 묻는다.

"궤짝이라니요? 우리 선일이 어디 있나요? 어머니랑 같이 있던가요? 대답 좀 해주세요. 네?"
 "나는 심부름만 하면 돼유. 다른 건 아무것도 몰라유."
 남자는 지게를 내려놓으며 두리번거린다. 목소리만으로도 집이 무너질 것 같다.
 "우리 선일이 보셨나요? 거기가 어디죠?"
 선일이엄마는 정신을 차리지 못하고 허둥대더니 남자가 궤짝을 지게에 얹자 허리끈을 바짝 매고 뒤따를 준비를 한다.
 "지금 뭐하시는 거여유? 내가 따라오게 내버려 둘 것 같수?"
 남자가 왕방울만한 눈을 부릅뜬다.
 "제발, 같이 가게 해주세요. 선일이를 찾아야해요. 선일이를."
 선일이 엄마가 두 손을 비비며 애원한다. 남자는 지팡이를 곧게 세우더니 마당을 내리친다. 쿵! 마당이 울린다. 선일이 엄마가 털썩 주저앉는다. 남자는 유유히 사립문을 나선다.
 선일이엄마가 달려 나온다. 선일이누이도 엄마를 부르며 뒤를 따른다. 그러나 남자는 그림자도 없다.
 "아이고, 선일아. 우리 선일이 어디 갔니. 어미 놔두고 어디 갔어. 흑, 흑… . 세상에 어떤 시어머니가 손자를 훔쳐간대. 내 아들, 누가 내 아들 좀 찾아줘요. 흑, 흑…. 선일아. 엄마 여기 있어. 엄마 놔두고 어디 갔는데? 엄마 어찌 살라고…. 흑, 흑…."
 미친 듯이 내달린다.
 "엄니이, 어엄니이…"
 뒤따라 나오던 선일이 누이가 울며 넘어진다. 사람들이 하나 둘 모인다.

"정말 무서웠겠어요. 그런데 할무니 왜 그렇게까지 해야만 했어요?"
 아까두 말했잖어. 그게…, 가문의 대를 잇구 손자손녀와 메누리를 위허는 길이라 생각했다구.
 할머니의 말에는 약간의 신경질이 들어 있었다. 그러나 몰인정한 나는 이런 기회는 다시 오지 않을 것 같은 생각이 들었다. 할머니의 심리를 십분 이용해보기로 했다.
 "할무니, 선일이 엄니는 왜 자신이 오지 않고 선일이 누이를 보냈나요?"
 …, 그랴서 내 속이 더 아픙 겨. 지가 나섰더라믄 지금의 이 꼴은 아니였을 틴디, 순혀 터징게 왜 그걸 몰랐나 몰러. 휴우, 이 마당에 누굴 원망허겄어. 다 내 때미 일어난 일인디. 못된 시어메여 내는. 무식혀가꾸 메누리 눈에서 피눈물 나게 헌 나쁜 시어메.
 "할무니까지 나와 버리면 나머지 식구들은 어떻게 살라고 그러셨어요?"
 그만허믄 두 식구가 먹구 살 것이라 여겼…. 아이구 시상이, 지금 내가 무신 이야기를 혔냐? 아가, 더 이상은 묻지 말어라. 이 할미가 너무 힘들어. 그 걸 어찌 내 입으루다 발설헌다냐. 내 눈에 흙이 들어갈 때꺼정 말 허지 않을 겨. 절대루 말 허지 않을 거구먼.
 할머니는 힘에 겨운 듯 마른침을 삼켰다. 나는 부엌으로 향했다.
 "할무니, 목마르지요? 숭늉 좀 드세요."

할머니가 숭늉으로 목을 축이더니 괴로운 신음을 토해낸다. 꽁꽁 숨겨놓았던 뭔가가 쉼 없이 치밀어 오르며 할머니를 괴롭히는 것 같았다. 하는 수없이 할머니가 진정되기를 기다렸다. 얼마가 지났을까 할머니가 지팡이를 짚고 일어서신다. 할머니를 부축했다. '너 지금 뭐 허는 짓이여? 죽는 꼴 볼터?' 할머니의 울부짖음이 들리는 것 같다. 못 할 짓이다. 더는.

할머니가 앉았다. 비뚤어진 입이 풀로 붙인 듯 붙어있다. 할머니처럼 가만히 있기로 했다. 한참을 그렇게 있었을 것이다.

아가, 왜 가만있어?

"할무니가 힘드신 것 같아서…, 할무니 괜찮으세요?"

안다, 알어. 니 속을 어찌 몰러.

"그럼, 할머니 대답해 주실 거죠? 제가 묻는 거…."

할머니는 체념한 듯 슬프게 웃는다. 마지막 기회로 느껴지는 순간이었다.

"할무니, 할아버지를 처음 본 순간 어땠어요?"

용기를 내어 조용히 물었다.

무신 대답을 혀야 니가 좋아헐지 모르겄구나. 정확헐지 모르겄으나 니 생각이나 내 생각이나 거기서 거기겄지. 잘 생기긴 혔더라. 키두 훤칠허구, 구먹새가 큼직큼직헝기.

할머니는 마음의 안정을 찾은 듯 차분해 보였다.

"사람들마다 잘 생겼다고 했으니 저도 그건 인정하고 싶어요. 하지만…."

허지만 뭐? 니가 들으면 오해헐지 모르지만 솔직히 당신밖에 모르는 분이서. 독한 분은 아닌디 아주 게으르구.

"맞아요. 엄니가 씻길 때 짜증 부리시던 모습은 꼭 세 살 먹은 어린애 같았다니까요. 엄니는 그걸 가장 힘들어했죠."

할미두 힘들었어야. 하루 이틀두 아니구….

"할아버지의 표정은 어땠어요? 할무니는 아껴주고 싶을 정도로 가냘픈 몸과 고운모습을 가진 분이니 물어보나 마나지만…."

그런 말 허지 마. 쑥스러우닝께. 아가, 이 할미 말 허투루 듣지 말그라. 그저 사람이란 겉으루 보이능 기 다가 아닝 겨. 그저 사람은 속 깊구 정 많구 착혀야 혀. 너는 꼭 그런 신랑을 만날 껴. 부자믄 더 좋구 똑똑하믄 더 좋을 티지만 욕심은 버려야 혀. 여자는 그저 좋은 신랑감 만나능 기 최고의 복이닝께. 이 할미는 안다. 양띠 해에 오포소리를 듣구 태어났는디 뭐가 걱정여. 지천에 먹이 깔려 있겄다 배불리 먹구 뒹굴뒹굴 놀 팔짠디.

"또 그러신다. 저는 그런 말 들을 때마다 화가 나요. 고등학교에 가지 못 한 것도 다 팔자다, 그런 말이잖아요. 많은 사람들이 자신이 원하는 게 이루어지지 않으면 운명 탓, 팔자 탓을 하더군요. 할무니, 내 삶은 내가 책임지는 거예요. 누가 대신 살아주지 않잖아요."

그게 아닝 겨. 지나고 보닁게 운명이나 팔자는 있더랑게.

"그래요? 그럼 저한테 알려주세요. 뭐가 운명이고 팔자죠? 빨리 알려주세요."

나는 할머니를 재촉하고 나섰다. 그러나 할머니는 아까보다 훨씬 느굿해져 있었다.

아, 만날 나랑 둘이 있다시피 하는디 뭘 그랴싸. 금방 시집갈 것두 아닌디.

"할무니, 여자는 꼭 시집을 가야되나요?"

그람, 여자루 태어날 적이 찰거머리마냥 붙어 나온 운명이구 팔잔디 워쩔 거여.

더 이상의 대답은 기대하지 않는 게 나을 듯싶다. 그깟 것 내 마음대로 고치고 바꾸면 될 것 아닌가. 자신감에 충만해진 나는 할머니께 뜬금없는 질문을 했다.

"저어, 할무니. 내가 미울 때가 많이 있으셨죠?"

읎었다고 헐 수는 읎지. 그란디 그때 뿐였어. 금세 잊었으닝게. 할미가 되어가꾸 어린애를 미워허믄 되간디. 잘해준것두 읎는디 나잇값이라두 혀야지.

할머니의 대답은 간단하고 명료했다. 나는 지나간 잘못을 고백하고 싶은 욕망이 꿈틀댐을 느꼈다.

제5장 그게 아닌데

입학하던 날

"할무니, 내가 입학하던 날, 왜 그렇게 나를 뚫어져라보셨어요? 그날 할무니의 눈에선 불이 뿜어져 나왔어요. 지금도 눈에 선하다니까요."

시상이, 어린 니가 그걸 느꼈다구? 그렸었구나. 미안혀서 어쩌냐. 할미는 니 아버지가 너를 데리구 핵교에 가능 기 그르케나 좋았어야. 니를 미워하는 줄만 알었는디 뜻밖이었거등. 솔직히 말허자믄 선일이가 나이를 먹어갈수룩 니 아버지의 눈치를 살피구 있었구나. 그란디 니가 입학하던 날까지 고대혔던 말은 들리지 않었어야. 그날, 선일이두 핵교에 가고 싶었능가 니를 말뚝처럼 서서 바라보드라. 주저앉아 엉엉 울고 싶었지. 선일이두 데리구 가 달라구 소리치구 싶었단 말이여.

"할무니. 소리치지 그랬어요. '선일이 공부 좀 허게 해줘유. 사내자식이 까막눈은 면혀야 시상을 살어 갈 것 아녀유. 제발유.' 라고요."

"언젠가 그랬지? 내는 니 아버지가 그르케나 무섭다구. 그날두 입이 달막거리기는 혔지. 앙다물구 참었구나. 지금 맘만 같었어두 죽기 살기루 소리쳤을 틴디…."

할머니는 어머니한테 신신당부를 했더라면 선일이가 학교에 다닐 수 있었을 거라며 길게 한숨을 쉬었다. 죄송하다는 말을 하고 싶었으나 나불대던 입은 말을 듣지 않았다. 그대로 지나치려니 양심이 요동친다. 애꿎은 아버지를 들먹거리고 나섰다.

"사실 엄니 손을 잡고 학교에 가고 싶었어요. 그런데 아버지가 앞장을 서더군요. 얼마나 싫었게요. 눈물이 나오려는 걸 간신히 참았다니까요. 아버지가 아시면 불벼락이 떨어질 테니까요. 아버지는 그 뒤로도 가끔 학교에 모습을 나타내곤 했지요. 제가 2학년을 건너뛰고 3학년이 된 이유이기도 해요. 그래서 키만 컸지 나이는 제일 어렸다니까요. 아버지는 한 해라도 빨리 나를 졸업시키려 했던 거예요. 부엌데기를 만들려고요. 아버지가 싫어하는 '지지바'니까요."

그르케만 생각허믄 안 되느니라. 설령 그럴 맴이 있었다믄 아예 핵교에 보내지두 않었을 티지…. 우리 동네에 중등과 간 여자애가 있드냐? 읎잖어. 다들 국민핵교를 졸업허자마자 서울루 올라가더라구. 니 아버지는 딸 둘을 중등과꺼정 가르친 걸 은근히 자랑 삼었지. 지금이랑 그 시절을 비교허믄 안 돼야. 니 아버지는 대단헌 일을 헝 거여.

"저도 모르지는 않아요. 다만 선일이를 학교에 보내지 않은 이유를 모르겠다는 거죠. 학교 가는 나를 바라보는 선일이가 불쌍했어요. 학교를 같이 다니고 싶었거든요. 언니들도 다 그렇게 말했어요. 오빠는 제가 말을 하지 않아도 아시지요?"

그걸 잊으믄 사람이 아니지. 괜찮다. 새끼 낳어 기르는 부모는 다 그렁 겨. 아, 아무려믄 자기새끼가 먼저지 남의 새끼가 먼저겄어? 자그마치 자식이 여섯이나 되는디…. 미운자식 떡하나 더 준다는 말이 있긴 허드라만 내는 아니라구 생각혀. 어느 부모든 자기 자식 앞이다 큰 감 놓아주구 싶응 겨. 니 아버지헌티는 금쪽같은 삼형제가 우선이라 그 말여. 삼형제 키워낼라믄 니 아버지 등에서 콩 튈 일이지.

"그래도 서운한 건 서운한 거잖아요. 할무니 입장에서는…."

아, 쬐끔두 서운허지 않혔다믄 거짓말이지. 허나 니 오라비가 까막눈을 면해 주었는디 뭐가 서운혀. 할미는 니 오빠가 을메나 고마운지 몰러. 친동생처럼 끼고 앉아서 갈쳐주던 모습을 평생 잊지 못할 거로구먼. 너희들 남매는 다 착혀. 니 동생들은 선일이를 형이라 부르매 따랐지. 니는 좀 까칠혔지만 말이여.

"맞아요. 저는 아무것도 아닌 일에 샘을 내곤 했어요. 선일이는 주전부리를 자주 먹었어요. 할무니가 감춰뒀던 거잖아요. 부러워 엄니를 달달 볶곤 했지요. 나는 왜 할무니가 없냐고요. 엄니라도 할무니처럼 해주길 바랐던 거예요. 할무니 있는 친구들을 내가 얼마나 부러워했는지 모르시죠?"

아이구, 내 그 말이 왜 안 나오나 혔다. 말라비틀어지구 곰팽이까지 핀 인절미를 두엄이다 버렸으믄 될 것을 하필이믄 소가 먹을 줄 알구 구수통여다 넣었지 뭐냐. 너랑 니 어머니가 내 대신 곤욕(困辱)을 치르는 디두 죽은 듯이 있었지. 벌벌 떨믄서 말이지.

"떨기는 왜 떨어요? 제가 그날 부모님을 보면서 속으로 얼마나 웃었게요. 어머니가 사랑방을 가리키며 검지를 입으로 가져가자 아버지는 재빠르게 말을 바꾸었잖아요. 그럴 때 할무니가 콧대를 세웠어야 했는데."

콧대? 콧대를 세워?

 "제 생각으로는 할무니가 가짜로라두 보따리를 쌌어야 했다고요. '아니, 그깟 인절미 몇 개가 그리 중혀유? 주전부리 찾아대는 손자를 생각혀서 먹지 않구 남겨두었덩 거유. 나중이 손자 생겨 봐유. 나보담 더 하믄 더했지 덜하진 않을 거유.' 이렇게 말하면서 말예요."

 아서라, 아서. 내게는 그런 말 할 주변머리두 읎어야. 다행히 금방 가라앉어서 이상허다 했더니만….

 "할무니, 제가 느끼기엔 엄니아버지는 할무니가 할아버지 곁을 떠나실까봐 무서워하는 것 같던데요? 지금 마음만 같으면 할무니를 꼬드겨서라도 보따리를 싸게 해드렸을 텐데 아쉽다."

 할미는 갈 데두 없구 받아줄 데두 없는디?

 할머니의 목소리엔 힘이 들어있지 않았다. 얼른 화제를 바꿔야만 할 것 같았다. 할무니, 내가 가끔 〈우리 할머니〉라는 노래를 불러드렸는데 기억나세요? ♪할머니 머리에 눈이 왔어요. 벌써 벌써 하얗게 눈이 왔어요. 그래도 나는 나는 제일 좋아요. 우리 우리 할머니가 제일 좋아요. 할머니 앞에선 모두 아기죠. 아버지 보고도 길조심해라. 어머니 보고도 불조심해라. 우리 우리 할머니가 제일 좋아요♪"

 들은 것 같는디…. 맞어, 그 노래를 들으믄 쥐구멍을 찾구 싶었어야. 누군가가 내를 비웃기 위해 만든 노래처름 들리더랑게. 내가 조금만 덜 미련허구 너그러웠다믄 그때부터라두 니를 보듬었을 틴디 그러질 못혔지. 니 맴을 왜 알아채지 못혔을까? 그려두 니 안쓰러운 생각을 여러 번 허긴 혔어. 니 아버지가 니를 상급학교에 보내주지 않았다구 혔을 때 젤루 그렸었지. 어린 것이 을메나 울었게. 그 놈으 핵교가 사람 잡겄더라구. 밥두 먹지않구 먼산바라기처름 앉아만 있능 겨. 할미는 맴이 쓰리구 아팠어야. 무슨 말을 혀서라두 니를 다독여주구 싶더라. 차라리 가만히 있었으믄 좋았을 걸 괜히 주책을 부렸지 뭐냐. 여자는 좋은 신랑 만나서 잘 사능 기 최고의 행복이라구 혔었지? 니는 그 말을 듣자마자 난리를 쳤지. "다시는 그런 말 하지 말라고요. 듣기 싫어요." 소리치믄서 말여. 그란디 야야, 이 할미의 말이 맞는 말이란다. 나중이, 아주 나중나중인 말이지.

할머니는 나중이란 단어를 유난히 강조했다. 그렇지만 나는 별 감흥이 없다. 할머니의 말처럼 태어난 시(時)가 기막히게 좋다는데 걱정할 필요가 있겠는가.

"할무니, 제가 사랑방을 수시로 기웃거린 것 아셔요? 할무니랑 선일이가 궁금해서 그랬어요. 할아버지가 곰방대를 들고 선일이를 쥐 잡듯 하는 모습을 보며 얼마나 놀랐는지 아세요? 할아버지는 왜 선일이를 미워했나요? 쭈뼛대며 서 있던 선일이의 얼굴엔 눈물자국이 있었지요. 선명하게 두 줄로."

말하믄 뭐혀. 눈 한 번 바루 뜨지 않었능 걸. 그기 제일 속상혔어야. 내가 무엇 때미 이 집에 머무는지를 물어보구 싶더라니께. 나이 많은 할아버지를 마다허지 않응 기 뭣인지를 말이여.

"따지지 그랬어요. 모르는 사람은 손에 쥐어줘도 모른다면서요."

뭣헐라구. 할미는 하녀여, 할아버지의 하녀.

할머니는 서운했던 일이 주마등처럼 떠오르는 모양이었다. 나는 잠시 질문을 멈추었다. 내가 아버지한테서 느끼는 서운함이나 할머니가 할아버지한테서 느끼는 서운함이 같지는 않을 테지만 통하는 느낌이 들었던 것이다.

"할무니, 할무니가 쓰러졌던 날 기억나세요?"

생생허지. 그날은 그대루 죽었으믄 혔어야. 시상이, 일어날라구 발버둥을 칠수록 몸뚱이가 굳어가는디….

"저도 얼마나 놀랐는지 몰라요. 목이 터져라 소리를 질렀죠. 어른들이 오시대요. 저는 어른들이 할무니를 일으키면 할무니가 벌떡 일어설 줄 알았어요. 그런데…."

욕봤다, 욕봤어. 걱정과 슬픔이 가득한 눈으로 팔다리를 주무르던 니 모습을 어찌 잊을 수 있었어. 할미는 그날처름 니가 고마웠던 적이 읎었구나.

"그날처럼 할아버지가 미운 적도 없을 거예요. 저는 주물러드리라는 어른들의 말을 철썩 같이 믿었거든요. 할아버지도 가만히 계시지 말고 저처럼 할무니를 주물러드리면 할무니가 아무 일도 아니라는 듯 멀쩡해질 줄 알았어요. 그런데 할아버지는 한숨만 들이쉬고 내쉬고만 있는 거예요. 아무리 노망기가 있다고는 하지만 당신의 아내가 쓰러지셨는데 보고만 있다니요. 그런데 더 놀라운 것은 할무니였어요. 암시랑 않다고 하셨잖아요."

할미두 놀랬어야. 금세 몸뚱아리가 이상혀지능 겨. 때가 왔구나 혔지. 기분이 좋더랑게. 그대로 가구 싶었어. 갈 줄 알았구. 그란디 밤이 깊어질수록 몸뚱아리만 추해지구 죽덜 않능 겨.

무신 웬수가 졌다구 살려두능규. 아무 쓰잘데기읎는 여편네를. 지발, 이대루 죽여줘유, 지발…. 이만허믄 됐잖어유. 아직두 죄값이 모잘랐던감유?

　밤새두룩 하늘님을 원망허며 울었어. 오만가지 일들이 하나 둘, 떠오르는디 기가막히드라구. 이 할미는 선일이 누이가 왔다 가믄 잠을 이루지 못혀. 얼마전이 왔다간 뒤루는 더 그랬지. "선일이는 할머니의 손자가 아닌 우리 집 대를 이을 귀한 사람이라고요. 그런 선일이를 왜 빼앗는데요?" 그 말이 머릿속에서 떠나질 않능 겨. 허긴 그 말이 맞더라구. 선일이를 훔쳐서 도망칭거나 다름이 없응게. 그랬으믄 선일이를 잘 지켜냈어야 허잖냐. 그란디 그것두 아니잖어.

　선일이 어미두 그려. 나는 젊은 애가 그르케 독헐 줄 몰렀구나. 차라리 시집이나 같더라믄 내가 덜 미안할 것 아녀? 정절을 지키더랑게 정절을. 할미는 선일이 어미를 믿지 않었지. 믿을 수가 읎었덩 겨. 젊어두 너무 젊었으닝게. 지금 생각혀보믄 기가 막혀. 복살머리 읎는 년이 허는 일일마둑 죄지을 일만 저질렀으니 얼굴을 들구 살 수가 읎능 겨. 부끄러웠구나. 쥐구멍이라두 들어가구 싶었어야. 선일이만 읎었다믄 말이지.

　가만히 생각혀보믄 꿈만 같어야. 며느리를 믿었으믄 아무 일두 일어나지 않았을 거로구먼. 선일이두 핵교에 갔을거구. 선일이 누이두 저 투룩 어린나이에 시집을 안 갔겄지. 다 무식한 내가 저지른 일잉 겨. 뭣허러 겁을 먹구 설쳐댔능가 몰러. 돌아갈 수만 있으믄 돌아가구 싶당게. 허다허다 안 되믄 동냥질이라두 헐 각오를 혔었어야지. 멀쩡헌 몸뚱아리루 뭔들 못혔겄냐구. 그란디 그때는 그럴 자신이 읎었덩 겨. 바보처름 엉뚱헌 길을 탁혔구나. 그놈으 돈이 뭔지 내 발루 걸어서 니 할아버지를 찾아왔덩 겨. 하늘이 무너지구 땅이 꺼지드라두 며느리와 손자손녀를 지켰어야 혔는디 멍청해 터진 년은 지 손목아지루다 구뎅이를 팠으니….

 할머니는 고개를 숙인 채 울고 있었다.

'연 날리기 사건'의 진실

"선일이는 직장에 다니는 거쥬?"

나는 잠깐이나마 할머니의 슬픔을 덜어드리려 슬그머니 화두를 돌렸다. 할머니가 눈물을 닦으며 입을 연다.

그런 것 같은디 말을 허질 않어야. 인자는 내 말을 귓등으루두 안 듣지. 쐐기 쏘듯 쏘아붙이지나 말었으믄 좋겄어. 눔이 그럴 때마둑 눈물이 핑 돌지. 인자, 내버려 둘 텨. 어뜨케 이기겄냐. 한참 땐디. 잘이나 풀리기를 바랄 밖이. 참, 말이 나왔으니 말인디 니는 할미와 같이 사는 기 싫쟈?

"아니, 뭐 딱히…."

친할머니두 아닌디 무슨 정이 있겄어. 그 마음 다 안다.

"그건 아니죠. 할무니의 마음을 몰랐을 때면 모를까."

지금 할미는 갈 디가 읎어. 손녀두 며느리두 남이나 마찬가지쟎어. 솔직히 선일이한티두 짐이여. 넘겨줄 집이 있나, 땅이 있나, 빨래를 혀 줄 수가 있나, 장개들어 손자를 안겨줘두 몸뚱아리가 이모냥이니….

정숙아, 그냥, 할미, 니랑 있으믄 안 될 꺼나? 할미는 선일이보담 니가 더 의지가 되는디. 나가라믄 나갈 수밖이 읎지만서두.

순간 정신이 번쩍 들었다. 되묻고 말았다.

"할무니가 부모님께 의견을 말하시면 안 되나요?"

힘들어. 아주 힘든 일이여. 여러모로…. 헐 말을 다허구 살 수는 읎지만서두 인자는 아무 말두 못허겄당게. 오죽허믄 눈치만 보다가 여지껏 왔어. 답답허지? 할미두 답답혀. 그란디 어쩔 겨. 내 입으론 말을 못허겄능 걸.

할머니의 말을 들으면 들을수록 숨이 막힐 지경이다. 이 판국에 무엇이 두려워 당신의 속마음을 감추려 하는가. 그 이유가 뭘까. 사연 없는 사람이 어디 있다고.

"더 기다릴 것 없이 어머니한테 할무니의 생각을 말해 보세요."

예부터 여자가 끼지 않은 사건은 읎었어. 말전주를 허구, 이간질을 허구, 질투와 시기를 부려서 사달 나는 일이 많었지. 할미는 내 때미 그런 일이 일어나능게 젤루 싫었어야. 너희 집에 몸을 담고 있으믄 너희 식구 잖어. 한솥밥을 먹는 식구. 식구는 똘똘 뭉쳐야 허능 거여. 주인을 중심으로 뭉치지 않으믄 다른 사람들이 깔봐. 내는 오로지 니네 집식구가 되구 싶었덩 겨. 진정한 식구.

할머니는 대답대신 말꼬리를 돌렸다. 그 말이 그렇게 어려운 말일까, 아니면 어머니가 들어주지 않을 것 같아 두려운가?

"그러셨군요. 그런데 저는 할니무의 그 심정을 한 번도 이해하려 하지 않았어요. 그저 이상한 사람이라는 생각만 했죠. 저는 왜 그렇게 차고 인정머리가 없었을까요?"

어려서 그렸덩 겨. 철이 읎을 때닝게.

할머니는 내가 어리고 철이 없어 그랬단다. 나는 안다. 질투요, 욕심이요, 이기심이라는 걸.
"그런데 할무니, 동생 팔 다친 것 기억나시죠? 그날 왜 가만히 있었어요?"
나선다고 내 말을 들어줄 사람이 있기나 혔겄냐? 어쩌믄 그 일은 나를 기다리구 있었을 겨. 그때꺼정 니네들은 선일이와 잘 지내구 있었지. 그렇다구 혀서 안심이 되는 건 아니더라. 잠들기 전까지는 항상 신경이 쓰였거등. 가끔 니 동생들이 울구 들어오믄 제일 먼저 내가 뛰어나간 것두 그려서였어. 선일이가 울구 들어오믄 마음이 편했구나.
"그렇다고 예견까지?"
그걸 바라구 있기야 혔겄느냐. 언젠가는 생길 거라 싶었지. 내가 어뜨케 처신허느냐에 따라 선일이의 앞날이 정해질 거라는 생각을 혔다는 말이지.
"할무니의 입지가 그때까지도 불안했단 말씀이에요? 할아버지랑 사신 지 십년이 훌쩍 넘었는데?"
매일 매일을 가슴 졸이며 살었어야. 내가 이 집 가문에 이름을 올린 것두 아니잖어. 마치 물과 기름처름 살었구나. 니두 그르케 느껴지지 않던? 이왕 말이 나왔으니 그동안 마음에 담아두었던 말을 혀야겠구나. 선일이가 니 동생을 밀었다는 그날 말이다. 집에 돌아온 선일이는 펑펑 울었단다. 억울하다믄서 말이지.
아침밥을 먹구 났는디 니 동생 형제가 사랑방을 기웃거렸어. 어찌 된 일인지 너희들은 사랑방에 절대 들어오지 않았단다. 누가 시킨 것은 아닐 틴디 왜 그렸는지 몰러. 눈치 빠른 선일이가 그걸 모를 리 있 겄어? 재빨리 만들어 놓았던 방패연과 얼레를 챙겨 마을 입구의 언덕 으로 향했더란다. 그날따라 바람까지 솔솔 불어 연날리기엔 아주 최 고였디. 그란디 그놈의 욕심이 문제였덩 거여. 선일이는 니 동생들의 연을 차례차례 띄워주구는 자신의 연을 날렸다. 하늘 높이, 하늘 끝 까지 닿두룩 말이지. 높이 뜬 연을 보믄 마치 하늘 저쪽에 다른 시상 이 있다는 생각이 드나보더라구. 그러닝께 추운 줄두 모르구 연을 띄 우는 거것쟈?

"맞아요. 오빠가 연을 높이 띄우고는 나한테 그 연실을 건네주었던 기억이 나요. 그 연을 바라보면서 나도 연처럼 높이 올라 다른 세상을 구경하고 싶었지요. 그 곳에는 나와 전혀 다른 사람들, '피카소'라는 화가가 그린 그림속의 사람들이 살 것 만 같았어요. 그 화가는 사람들을 이상하게 그렸어요. 코가 삐뚤어지고, 눈과 귀가 비대칭으로 붙어 있는…. 저는 점처럼 작아진 연을 바라보며 많은 상상을 했어요. 그 이상한 사람들이 이상한 옷을 입고 이상한 것을 먹으며 이상한 삶을 살고 있는 모습을 그려 보았죠. 재미있을 것 같았어요. 연줄을 자꾸 풀어준 이유도 그래서였고요."

그란디 야야, 그때 연이 무겁드냐? 가볍드냐?

"아, 많이 무거웠어요. 방패연이라서 그런지 아주 많이요. 내가 두 발을 동시에 든다면 곧바로 나를 데리고 날아갈 것만 같았어요. 순간, 하늘을 날고 싶은 욕심이 사라지는 걸 느꼈어요. 무서움이 몰려오 더라고요. 오빠, 무서워. 소리쳤죠."

그려, 아마 그날 니 동생두 그럤었나벼. 선일이가 적당히 올려준 연을 그대루 잡구 있었으믄 아무 일두 일어나지 않았을 틴디…. 니 동생은 선일이보다 더 높이 연을 띄우고 싶었는지 그만 얼레의 실을 더 풀어주었나 보더라. 연이 니 동생을 가만히 두었겠어? 니 동생은 삼형제중에 가장 체구가 작았잖어. 막내보다 오히려 더. 그런 애가 어찌 연의 힘을 이겨낼 수 있었겠어. 애써 연줄을 잡구 있다 그만 언덕 아래루 곤두박질을 쳤겠지. 선일이를 부르므서 말이지. 옆에 있던 선일이는 그 외마디 소리를 듣구 잽싸게 니 동생헌티 달려갔댜. 니 동생은 고꾸라뎌 울구 있더란다. 그 모습을 본 누군가가 울음소리를 듣구 달려온 니한티 대뜸 '선일이가 밀었어.' 라구 말했다지 뭐냐. 그날 니 동생의 연은 얼레를 매달고 어딘가로 사라졌다지?

"그때 저는 아버지의 심기를 거스르지 않으려 무척 노력하던 때잖아요. 여차하면 중학교 진학을 포기해야 하니까."

할미가 어찌 니 속을 몰랐겠어. 어린 것이 날마둑 애간장을 태우는디. '내 아들 팔 병신 되믄 가만두지 않을 티다.' 병원에 댕겨온 니 아버지의 호통이 들리더라. 집이 쩌렁쩌렁 울렸지. 가심이 벌렁벌렁 허드랑게. 그저 가만히 있으믄 되는 일이었단다. 할미만 입 다물믄 되는 일이었어. 억울해 허는 선일이를 무조건 다독였지. 선일이두 그날 많은 것을 느꼈나보더라. 누명까지 썼으니 안 그렇겄냐? 그 뒤로 말이 없구 얌전해지더라구. 그게 더 무서웠어야. 선일이가 남처럼 느껴지더라니께.

"왜 가만히 계셨나요? 큰소리로 아니라고 말했어야죠. 저는 이때다 싶었지요. 나보다 선일이를 좋아하는 동생들이 서운했었거든요. 선일이에 대한 질투도 작용을 했고요. 그래서 선일이가 밀었다는 말을 믿었던 거예요."

그랬어?

"할무니는 왜 속내를 보이지 않으세요. 말을 해야 알죠, 말을. 왜 보고만 있었냐고요. 할머니는 저를 나쁜 애로 만든 거잖아요. 사실을 알았다면 제가 아버지께 말씀드렸을 텐데, 참아서 되는 일이 있고 되지 않는 일이 있잖아요. 그렇지 않아도 그 생각만 하면 부끄러워요.

마음에 걸린 게로구나. 다 지난 일인디 뭘 그랴 싸. 할미두 어렸을 때 그런 적이 있었어야. 하늘을 우러러봤을 적이 남부끄럽지 않은 사람은 하나두 읎는 겨.

"할무니, 저는 사랑방이 낯설었어요. 우리 집이 아닌 것 같았다니까요."

그랬을 거다. 할미두 그랬으니께.

"할아버지는 저를 본척만척하셨어요. 제 이름을 불러준 기억조차 없으니까요. 어쩌면 돌아가실 때까지 제 이름을 몰랐을 거예요. 그러니까 저는 할머니할아버지의 사랑은커녕 관심조차 받지 못하고 자랐던 거예요. 외할아버지 외할머니까지 일찍 돌아가셨으니까요. 동화책 읽다 보면 손자손녀에게 사랑을 쏟는 할머니할아버지 이야기가 많이 나오던데 이해가 되지 않더라고요.

어느 날, 사랑방에 할무니와 선일이가 보이기 시작했죠. 그 날부터 사랑방은 다른 세상처럼 보였어요. 그렇다고 나쁘게만 보인 건 아니에요. 가끔은 좋아 보이기도 했으니까요. 가족인데 가족 같지 않은, 할머니라 부르라지만 할머니라는 말이 쉽게 나오지 않는…. 마음이 얼마나 복잡하구 불편했게요. 하물며 아버지는 할머니를 아랫사람처럼 대하시더라고요. 엄니한테 하듯이 함부로요."

할미는 그게 싫지만은 않았어야. 적어두 니 엄니랑 같은 취급을 받는다구 생각되얐거든. 나는 니네 집을 나의 마지막 피난처루 삼기루 혔단다. 선일이를 업구 '반야산'을 넘을 때를 생각하며 말이지. 반야산을 넘던 그날 나는 고개를 들지 못혔어. 숨 쉬기조차 부끄러웠거등. 그러믄서두 나를 다독였지. 쇠파리처름 달라붙던 사내들을 생각하며 말이지. 할미는 니네 집이루 숨어등 겨. 도둑처름 말이지. 도둑헌티 그런 대우를 혀주는디 을메나 황송혀. 목심이 붙어있는 한 연무대로 돌아가는 일은 일어나지 않을 겨. 할미는 그런 팔자를 타구 났응게.

"네?"

남편 죽이고 아들 잡아먹은 여편네잖냐.

"할무니, 저 낳고 속상해하던 엄니한테 하셨던 말은 뭐죠? '삶과 죽음을 갈라놓을 자 누구냐' 소리치신 분 맞느냐고요?"

얼떨결에 그런 말을 혔을거다.

"할무니의 마음 깊은 곳에 숨어있던 말 아니고요?"

맞을 수두 있어. 왜 우리의 부모들은 그런 생각으루 세상을 살았을까? 태어나서 누가 먼저 세상을 떠날지 아는 사람이 읎을 틴디 말이지. 그 말 때미 속상혀하며 괴로워혔을 여인네들을 생각허믄 할미두 마음이 아프단다. 그래서 니 어머니와 할미는 통허능 기 많었어.

너두 머지않아 시집을 가게 될 거다. 그란디 세상일은 참 요상헌 구석이 있어. 여자를 하찮게 여기지만서두 여자들루 인혀서 가정의 평화가 깨질 수두 있으니 말이여. 니가 알아듣기 쉽게 말허자믄 고비(姑婦)간에 마음이 맞으믄 반은 해결 된 거라 그 말이지. 나머지 반이야 누워서 떡 먹기지 뭐. 니 어머니 말마따나 역지사지 허믄서 서로의 생각을 맞추믄 되니께.

"쉬운 듯 보이지만 어려운 일 아닌가요? 제가 볼 땐 시어머니와 며느리 사이가 좋은 집이 별로 없던데? 뒷집도 그렇잖아요. 할머니가 아들 바람난 것까지 며느리 잘못이라 욕하던데요?"

뭐가 어려워. 여자는 여자를 이해허믄 되는디. 여자라믄 시기, 질투, 변덕은 다 지니구 있잖남. 다른 사람 탓허기 전이 나를 돌아보믄 되능 겨.

"그럼 남자는요?"

아, 반대루 생각허믄 되지. 단순허다 못혀 속내를 다 드러내는 사람들이잖어. 웃어주기만 혀두 자신을 좋아헌다구 생각허는….

"할무니의 말대로라면 저는 할무니가 더 이해가 안 되는데요? 연 날리기 사건만 해도 이를테면 계집애인 제가 일러바친 거잖아요. 선일이가 밀었다고. 그걸 곧이곧대로 받아들일 수가 있나 그 말이에요. 시기, 질투를 가지고 있을 뿐만 아니라 변덕이 죽 끓듯 하는 계집애의 말인데."

어쩔 수 읎었어. 아무 힘이 읎었거등.

"할아버지가 계셨잖아요?"

할아버지? 할미는 할아버지헌티 필요할 때만 필요한 사람이었어야.

읎는 것 보다는 있는 게 나은.

"말도 안 돼요. 그런 분께 모든 걸 맡기고 사셨다는 게. 할머니, 바보에요? 할아버지 돌아가셨을 때 울지 않은 이유가 그거였군요?"

전혀 슬프질 않었어야. 슬프지 않은디 어뜨케 우누?

"상여가 움직이는 데도?"

홀가분혀 보였어야. 부럽기 그지읎더라. 누군가는 날보구 독허다 허드라만 그런다구 억지루 눈물을 나오게 헐 수는 읎잖여. 오랜 만에 마음껏 쉴 수 있을 것 같더라니께. 언제 죽어두 편허게 죽을 것 같더라구. 신상머리 볶아대던 영감탱이랑 헤어지는 기 슬프긴커녕 시원혔당게. 고맙기두 허구. 선일이두 굶어죽지 않는 방법 정두는 알고 있응게 내 할 일은 죄다 끝났다구 봐. 이대루 죽음을 기다리믄 된다 그말여. 손구락질 혀두 좋구. 욕을 혀두 좋더랑게. 할미는 암시랑투 안혀. 죽는 일만 남었응게.

"할무닌 왜 원망할 줄을 몰라요? 화낼 줄을 모르냐고요? 솔직하게 말을 해야 다른 사람이 알아줄 것 아녜요? 할무닌 바보네. 빈틈없이 뭉쳐진 바보덩어리."

제6장 선일이 할머니인데

요강을 깨뜨리다

1

 중학교를 졸업한 지 벌써 사 년째다. 작년까지만 해도 나는 고등학교에 갈 수 있으리라는 희망을 가지고 있었다. 중풍으로 쓰러지신 어머니만 회복되면 무슨 일이 있어도 고등학교에 보내준다는 오빠의 말을 굳게 믿었던 것이다. 오빠는 약속을 잊은 듯 아무 말이 없다. 서운했다. 오빠가 아버지를 설득했더라도 아버지가 허락할 분이 아니라는 걸 알면서도 말이다. 아버지는 신이 나서 나를 마음껏 부려먹을 것이다. 그러다 어느 날 갑자기 물건 하나 치우듯 시집을 보내버릴 것이고.
 아버지와 어머니는 주종관계나 다름이 없었다. 그럼에도 불구하고 어머니는 아버지를 하늘처럼 받들었다. 그런 어머니를 볼 때마다 거부감이 들었다. 가끔은 집을 나가고 싶은 충동이 일 때도 있었으나 어머니를 놔두고 집을 나갈 수는 없었다. 아프다는 말을 입에 달고 사는 어머니가 딸자식 잘못 가르쳤다는 오명을 뒤집어쓰고 눈물과 한숨으로 세월을 보낼 테니까.
 할아버지가 돌아가시고 선일이까지 집을 나간 탓일까, 사랑방은 낮이나 밤이나 적막강산이다. 할머니는 선일이가 나간 후에도 요강과 속옷만큼은 당신이 해결할 정도로 건강을 유지하고 있었다. 어머니는 그마저 고맙게 생각하는 것 같았다. 하지만 나는 달랐다.

날씨가 추워지자 할머니는 요강까지 내어놓기 시작했다. 어머니는 더럽지도 않은지 할머니의 요강을 비웠다. 나는 그 더러운 일을 맡게 될 때가 가까워지고 있다는 걸 알아챘으나 모르쇠로 일관했다. 하지만 어머니가 집에 없을 때가 문제였다. 할머니는 배설물이 가득 찬 요강을 내어놓고는 조심스레 나를 불러대는 거였다. 하는 수 없이 요강을 비우지 않을 수 없었다. 그 일은 부모님의 요강을 비우고 닦는 일과 느낌이 전혀 달랐다. 아무리 생각해도 가욋일인 것이다.

오매불망 선일이를 기다렸다. 요강 비우는 일을 하지 않으려면 어쩔 수가 없었다. 그러나 작년 가을에 잠깐 얼굴을 내밀었던 선일이는 그림자도 비치지 않았다. 이젠 아예 할머니를 나에게 떠맡길 심산인가, 괘씸했다. 오기만 해봐라, 내 가만두지 않을 테니. 이를 악물고 요강을 닦았다. 자꾸만 눈물이 났다. 아버지 말마따나 나는 '쓰잘데기 없는 지지바'가 틀림없나보다. 나는 친손녀가 아니라며 어머니를 들볶았다. 어머니가 내 양어깨를 잡고 노려본다. 눈빛이 예사롭지 않다.

'이눔아, 어미는 할머니 덕이루 살았다구 혔잖여. 지금 니는 어미의 빚을 대신 갚는 거나 마찬가지라 그말여. 휴우, 아서라, 아서, 할머니 요강단지 비운 게 그르케 서럽냐? 그러믄 안 되능 겨. 죄 받어 이눔아. 어미가 뭐랬냐. 참구 살다보믄 복 받을 날이 온다구 혔잖어. 사람이란 것은 모름지기 참을 줄을 알아야 허능 겨.'

아무리 그리 생각하려 해도 안 되는 걸 어쩌라고. 정말이지 싫다. 싫은 걸 싫다고 말하는 게 잘못은 아니지 않는가. 더러운 일 해서 복 받고 싶지 않다는 말을 어머니는 왜 나쁘다고 하는 걸까. 어머니는 할머니의 요강을 비우는 내 꼴이 보기 싫지 않단 말인지.

사랑마루에 요강이 나와 있으면 안 된다. 요강이 거의 다 찼으니 비워달라는 신호다. 물론 내가 해야 할 일이라는 걸 안다. 그것은 어머니의 부탁인 동시에 명령이기 때문이다. 오죽하면 사랑마루를 바라보는 게 습관이 되었을까.

할머니는 밥 한 톨도 남기지 않고 먹는 분이다. 내 생각으론 추워지는 날씨 때문에 할머니가 꾀병을 부리는 것 같다. 며칠 전까지만 해도 물을 데워 머리도 감고 목욕까지 하지 않았던가. 당신이 추우면 나도 춥다는 걸 왜 몰라주는가. 나는 할머니의 뻔뻔함이 영 불쾌하다. 정말이지 할머니의 요강을 비우고 닦는 일만큼은 하고 싶지 않다. 내 몸에 더러운 냄새가 배어들면 큰일 아닌가.

그날은 유별나게 구름이 끼고 음산했다. 밤새도록 감기를 앓은 때문인지 유달리 바람 끝이 차다. 나는 요강이 나와 있는데도 못 본 척 외면한 채 이불을 뒤집어쓰고 누워버렸다.

"이놈의 지지바, 뭐하구 자빠져 있었길래 오래비꺼정 더러운 걸 만지게 혀. 한 번만 더 그랬다가는 내 가만두지 않을 껴. 사내대장부와 지지바가 헐 일은 엄연히 다릉 기라구 그르케 일렀건만, 끙."

아버지의 벼락 떨어지는 소리가 들렸다. 나는 벌떡 일어나 정신을 가다듬었다. 요강이 필요했던 할머니는 요강이 그대로 있는 걸 보고는 문틈으로 마당을 엿보고 있었고, 때마침 들어오는 오빠를 불렀던가

보았다. 착하디착한 오빠가 그냥 지나칠 리 없었다. 하필이면 그 모습이 아버지의 눈에 띄었으니.

걷잡을 수 없이 엄습해오는 슬픔을 가눌 길이 없다. 왜 하필이면 나야만 하는가. 설령 어머니나 오빠가 그 일을 분담한다 해도 마음이 불편해서 내가 하겠다고 나섰을 것이다. 그런데 이게 뭔가. 딱 한 번 게으름 핀 걸 가지고.

2

기분이 좋다가도 할머니의 요강만 보면 화가 치민다. 그렇다고 외면할 수도 없는 일. 애꿎은 요강에 화풀이를 해댔다. 할머니의 요강은 사기요강이었다. 무겁기도 하거니와 대충 닦을 수도 없는. 그것은 얼마나 유별난지 조금만 허술하게 닦아주면 보란 듯이 둥그렇고 누런 앙금을 만들어 화풀이를 해댔다. 한 달에 두어 번 정도 요강을 비우는 어머니는 짚을 둥글게 말아 쥐고는 요강 닦는 시범까지 보여주었다.

흥, 혼내고 싶은데 억지로 참는 것 내가 모를 줄 아남?

깨끗해진 요강을 보니 질투심이 일었다. 학교 다닐 때 운동화 한 번 빨아주지 않은 어머니가 아닌가. 어머니를 빼앗긴 느낌이 든다. 할머니가 밉다.

다음 날, 어머니처럼 요강을 닦아보기로 했다. 어머니가 할머니의 요강을 닦고 있는 모습을 두 번 다시 보기 싫어서였다. 일도 일 나름인 것이다. 할머니의 요강을 닦는 어머니를 볼 때마다 자존심이 상했다. 내

어머니가 무슨 죄를 지었기에 그 더러운 것을 닦아야 하는가.
 누런 것은 끈질기게 나를 붙들고 늘어졌다. 하는 수 없이 모래를 더 넣었다. 이래도 버틸래? 나는 악을 쓰며 힘을 주었다. 그런데 이번엔 지푸라기가 난리다. 냄새 때문에 환장하겠다는 듯 벌떡 일어서더니 내 얼굴에 오물을 튀는 게 아닌가. 너까지? 요강을 냅다 집어던졌다. 두 동강이로 갈라져 나보란 듯 누워버린 요강. 나는 회심의 미소를 지으며 그것을 바라보았다. 가슴이 뻥 뚫린 듯 시원하다. 어른들의 말처럼 십 년 묵은 체증이 내려가는 것 같다.
 "아니 아직두 설거지를 못혔더냐?"
 어머니가 뒷문을 열고 묻는다. 묵묵부답 그대로 앉아있었다.
 "이놈의 사기요강은 걸핏하믄 금가고 깨진당게. 그랴서 꼭 여벌이 있으야 혀. 아이구, 사람이나 물건이나 오래되믄 다…"
 어머니는 사태를 알고 있으면서도 아무렇지 않다는 듯 깨진 요강을 치우는 거였다. 나는 그런 어머니가 존경스러웠으나 치미는 울화만큼은 막을 수가 없었다.

 들판이 온통 진녹색이다. 한껏 한가해진 우리 집은 더할 수 없이 조용하다. 나는 조금 심심했다. 책을 들고 뒤란으로 나갔다. 장독대에 앉으니 분꽃향기가 맡아진다. 어머니가 심어놓은 분꽃이다. 어머니는 해마다 우물가에 분꽃을 심으셨다. 시간을 알려주는 신기한 꽃이라면서. 나는 분꽃의 은은한 향이 좋다. 그래서 분꽃을 끌어안을 때도 있다. 어머니는 분꽃처럼 향기롭고 싶은 열아홉 내 마음을 아시려나.

"인자는 이게 마지막여. 요강이라구 허니께 요강 겉지 그림만 보믄 값비싼 도자기여 도자기. 그나저나 다음 장날엔 쇠로 맨든 요강을 사와야 될라나벼. 자꾸 깨져싸닝게."

어머니가 보물단지라도 되는 양 새끼줄에 칭칭 동여매진 요강을 들고 나오며 혼잣말을 한다. 요강의 그림을 넌지시 바라보았다. 저번 요강엔 목단이 피어있었는데 이번엔 난초다.

요강이 이조백자라도 되는 줄 아나? 나 같으면 감나무에 열린 홍시 그림이 낫겠네. 그나저나 이렇게 생뚱맞은 생각을 한 사람이 누굴까? 호박에 줄긋는다고 수박될 리 없고, 제비꽃이 난초처럼 청초해질 리 없을 텐데.

어머니의 예비성에 진저리가 났다. 못 본 척 외면하며 책장을 넘겼다. 글이 눈에 들어올 리 없었다. 말이야 바로 말이지 어머니가 혼을 냈다면 실수로 떨어뜨린 거라고 변명을 늘어놓았을 것이다. 변명을 하다 보면 화가 풀릴 것이고. 그런데 어머니는 아무 말도 묻지 않았다. 그것은 곧 용서였을 것이다. 인내하라는 당부가 들어있는 어머니만의 용서.

어머니로부터 참을 인자를 세 번 쓰면 해결되지 않는 게 없다, 라는 말을 수없이 들었다. 그런데도 나는 쉬이 그 말을 실천할 수가 없다. 머리로는 이해되는데 몸이 문제인 것이다.

할머니만큼이나 할머니의 요강이 보기 싫다. 그렇다고 매양 함부로 대할 수 없으니 이 일을 어쩌면 좋은가. 잿간에 요강을 비우려면 조심에 조심을 하지 않으면 안 된다.

나는 가보(家寶)를 안고 천천히 걷고 있다. 신경이 곤두선다. 간신히 잿간에 도착했다. 숨을 고른다. 위치를 잡았다. 온몸이 경직된다. 무사히 비워냈다. 두 손으로 요강을 감싸 최대한 밀어낸다. 내 몸은 흡사 새우처럼 휘어진다. 한 방울이라도 마당에 떨어뜨리면 안 된다. 백 미터 달리기 선수인 척 우물로 내달린다. 무사히 당도했다. 긴장이 풀린다. 안 돼. 긴장을 풀어서는. 절묘하게 맞아떨어지는 순발력. 대단하다. 다시 정신일도(精神一到). 요강을 아시 헹군다. 하수구에 정확하게 버릴 일만 남았다. 한 손에 요강을 잡고 쭉 뻗는다. 멀리, 최대한 멀리. 자, 쏟는다. 어서 가버려, 가버리라고. 더 이상의 정신적 고통과 재앙은 절대 용납하지 않을 테다!

그렇게 짜증을 내더니 또 실수를 했군. 그깟 바닥청소 아무리 해봐라, 냄새가 사라지나. 비위 상하는 건 물론이고 기분까지 잡쳤을 텐데 어쩔래? 씻고 옷 갈아입으면 된다고? 으음, 그런다고 상한비위가 쉽게 돌아설까?

우물가에 덩그렇게 놓여있는 요강이 나를 비웃는다.

그래, 좋다. 내일부터는 아는 체 안 할께. 너도 한 번 견뎌봐. 나나 하니까 세수시키고 목욕시키고 때밀어주는 거다. 솔직히 너 비워주는 일 진짜 힘들거든? 더러운 것 받아내는 주제에 으스대기는. 네 몸에 매화그림 있다고 문화재급 도자기인줄 아니? 보름달처럼 생긴 네 모습에 반한 서양 사람이 있었다더니 그 말을 주워들은 거니? 꿈 깨라, 꿈.

하긴 나도 가끔은 네가 예뻐 보일 때가 있어. 나처럼 모나지 않았잖아 너는. 성격도 좋고.

그날은 북풍한설이 몰아치는 추운 날씨였다. 나는 몸을 잔뜩 웅크린 채 요강 앞에 쭈그려 앉았다. 모래를 넣어 닦은 지 며칠이나 되었다고 그놈의 누런 앙금이 퍼질러 앉아있다. 습관처럼 지푸라기를 돌돌 말았다. 그런데 이번엔 모래가 문제다. 모래는 꽁꽁 얼어있었다. 지푸라기로만 닦았으면 아무 일도 일어나지 않았을 것을 요강 닦기 선수인 양 악착을 떨었다. 우선 뜨거운 물을 떠다 모래에 부었다. 모래는 쉽게 녹아주었다. 모래를 묻혀 닦기 시작했다. 왼쪽으로 돌리고 오른쪽으로 돌리고를 반복했다. 순간 비빔국수를 버무리고 있다는 착각이 들었다. 그래서인지 격한 냄새도 맡아지지 않았다. 그럭저럭 누런 것이 사라지니 재미도 있었다. 문제는 날씨였다. 손과 발이 얼어터질 것처럼 아파지더니 콧물까지 질질 흐른다. 나는 다시 신경질적으로 변해갔다.
앗, 눈을 뜰 수가 없다. 화살이 박힌 듯 눈이 아프다. 나도 모르게 닦고 있던 요강을 내던졌다. 요강은 요란한 소리와 함께 산산조각이 났다. 하필이면 우물 가장자리에 박혀있던 숫돌에 떨어질게 뭐람. 요강을 두 동강 낸 지 두 달도 지나지 않았는데.
"아니 또 요강을 깨먹었냐? 다 큰 처녀가 조신혀야지."
어머니였다. 소리에만 민감한 어머니가 야속하고 서운했다.
"눈에 똥물이 들어갔다고요, 똥물이."
차마 할머니의 요강을 내던졌다는 말을 하지 못한 채 소리를 질러댔다. 어머니는 어느 결에 내 앞에 서 있었다. 어머니가 내 눈을 씻어주길 바랐다. 어머니는 깨진 요강을 치우는 데에만 정신이 없다.
"엄니, 엄니 눈엔 그깟 요강단지만 보이고 나는 안 보여? 그 똥물이 내 눈에 들어갔다고요. 더럽고 더러운 똥물이. 엄니는 내 눈이 멀어도 괜찮지? 엄니는 딸보다도 더러운 요강단지가 귀하지?"
나는 게거품을 품어내며 어머니께 대들었다. 어머니는 그제야 손을 닦고는 어디 보잔다. 어머니의 손을 뿌리쳤다.
"성질머리 허구는."
어머니는 뒤처리를 하며 연달아 혀를 찼다. 어머니를 멍하니 바라보았다. 양심이 부끄러운 쪽으로 조금씩 기울고 있었다.

어머니가 장에 가실 준비를 하는 걸 보니 장날인가 보다. 나는 월남치마가 입고 싶다는 말이 나오려는 걸 간신히 참았다. 친구들이 입은 월남치마를 보고 어머니는 이렇게 말했었다.
"시상이, 치마를 저르케 만드는 사람두 있나보네. 폭이 저토록 좁아서 어쩌누?"
어머니의 말이 끝나기 무섭게 나는 호들갑을 떨었다.
"월남치마예요, 월남치마. 저 옷을 입으면 얼마나 날씬해 보이는데요. 순덕이랑 명자랑 주희랑 다 입었잖아요."
어머니가 그 말을 잊지 않았다면 분명 사다줄 것 같았다. 월남치마를 입고 새색시처럼 조신해진 내 모습을 상상하며 어머니를 기다렸다.
"옛다, 어미가 선물 사왔다."

어머니가 종이상자를 건네준다. 받아 안아 조심스레 상자를 풀었다. 세상에, 이럴 수가. 나는 기가 막히다 못해 숨이 멎는 것 같았다. 그것은 할머니의 요강이었다. 반짝반짝 빛나는 스테인리스요강. 울컥 뜨거운 것이 치민다. 이를 악물었다. 아무렇지 않은 듯 상자를 덮었다. 코가 시큰해진다. 천장을 올려다보았다. 흐르는 눈물을 막을 수는 없었다.

"어미두 꽃다운 처녀인 내 딸이 더러운 것 치우는 것 보믄 속상혀. 그란디 어쩔 겨. 헐 사람이 읎는 걸. 니는 할머니 때미…"

어머니는 또 내가 태어나던 날을 들먹거린다. 나는 안다. 할머니로부터 내가 태어나던 날에 있었던 일들을. 그 말을 들으며 얼마나 큰 감동을 받았던가. 나는 할머니께 고맙다는 말과 죄송하다는 말을 번갈아했을 것이다. 그 말을 들은 할머니는 '니가 살 팔자였으께 살아낭겨.'라며 당위성과 필연성을 강조했었다.

어머니는 도대체 왜 이러는가. 더 이상은 요강단지한테 화풀이를 하지 말라는 것인가. 아니면 원 없이 화풀이를 하란 말인가. 허전하다. 뭔지 모르지만 귀한 것을 **빼앗긴** 것처럼. 문득 선일이가 떠오른다. 나가기를 잘했다는 생각이 든다. 만나면 꼭 이 말을 해주고 싶다. 다시는 돌아오지 마. 보란 듯이 앞만 보고 뚜벅뚜벅 걸어.

당당하게 빛을 발하고 있는 요강을 뚫어져라 바라본다. 나를 어쩔 건데? 때릴 거야, 할퀼 거야, 던질 거야?

고개를 돌렸다. 보고 싶지 않았다. 어머니가 다가앉으며 손을 잡는다.

"할머니는 한 손으루만 몇 년을 사신 분여. 날씨가 추워지니 그 손목에 힘이 빠질 밖이. 요강 들 힘이 남아 있었어? 아니, 있다구 치자. 할머니가 요강을 들구나오다 넘어지기라두 허믄 어쩔래? 니나 어미 꼴이 뭐가 되겄어. 니가 보건드래 할머니는 오갈 디가 읎는 사람여. 니가 태어나던 해에 오셨으닁게 생각혀봐. 스무 해가 다 되어가는디 선일이 누이던 선일이 엄니던 무신 정이 있겄냐 그 말여. 어미 생각엔 돌아가실 무렵이나 되야 모셔가던지 헐 것 같다. 그때꺼정 모셔가지 않으믄 그것 또한 어쩔 수 읎능 기구. 어미 말 알아들었쟈?"

어머니는 내 등을 쓰다듬는다. 눈물이 쏟아진다. 슬프다. 왜 이리 슬픈 걸까. 어머니는 작심한 듯 나를 어르고 달랬다.

"사람헌티는 내일을 측량헐만헌 능력이 읎능 겨. 그건 하늘이나 알구 땅이나 아능 기지. 니나 어미나 할머니나 다 같은 여자여. 여자가 여자를 이해혀야지 어떡허겄어. 더군다나 할머니는 기막힌 삶을 산 사람여. 남편 복이 있나, 자식 복이 있나."

가만히 듣고 있을 수밖에 없다. 감히 누가 어머니의 말에 토를 달 수 있겠는가.

끝이 보이지 않는 길을 가는 건 보이는 길을 가는 것보다 더 힘이 든다. 나는 어머니의 당부대로 할머니를 연민에 찬 시선으로 바라보려 노력했다. 그러나 반짝거리던 스테인리스요강은 날이 갈수록 곰보요강으로 변해가고 있었다.

선일이 할머니인데

할머니가 우리 집을 떠나실 때만 해도 할머니가 불쌍해 눈시울을 붉혔었다. 그러나 웬걸 이내 홀가분해져 할머니에 대한 기억조차 가물가물해졌다. 스무 해를 같이한 시간이 그렇게 쉽게 사라진 걸 보면 나는 할머니를 선일이 할머니로만 기억했던 게 분명하다.

추수가 거의 끝나가던 어느 날이었다. 낯선 남자가 대문간에 나타났다. 연무대에서 왔다는 남자의 손엔 누런 봉투가 들려있었다. 나는 단번에 할머니의 부고라는 걸 알 수 있었다. 할머니가 우리 집을 떠나실 때 모습이 떠올랐다. 벌써 반년이 되어가고 있었다.

"오래 고생허시지 말구 편히 가셔야 헐 턴디…. 가시믄 찬밥신세일 턴디 행여 오래 사시믄 어쩐다냐."

그날, 어머니는 당신에게 하는 말인지 할머니께 하는 말인지 모를 말을 혼자 중얼대고 있었다. 나는 그런 어머니의 말을 들으며 선일이가 할머니를 찾지 않을지도 모른다는 생각을 했었다. 선일이의 마음속에 할머니의 자리가 있기나 할까. 설령 자리를 차지하고 있다면 어떤 사람으로 인식되어 있을까. 당신의 핏줄을 보며 낯설어하는 할머니가 보였다.

수발하느라 고생하는 할머니의 자손들도. 나는 그 사람들보다는 내가 할머니를 모신 기간이 길었다는 걸로 위안을 삼을 수밖에 없었다.

아버지는 서둘러 연무대로 향했다.
"인자는, 정말 남이네, 남…"
어머니는 따라가지 못함을 아쉬워하며 혼잣말을 하셨다.
"엄니도 참, 원래 할머니는 남이었잖유? 우연히 들어와 사신 거지."
나는 어머니의 중얼거림에 짐짓 어깃장을 놓았다.
"그게 아닝 겨, 사람과 사람의 연이란 우연일 수 읎능 겨…"
"연이라고요? 연?"
"사람과 사람의 만남을 베짜디끼 여기믄 안 되능 겨. 베야 씨실과 날실이 만나믄 짜지는 거지만 사람은 아니여. 어떤 것과 어떤 것이 이어질 수밖이 읎는 기막힌 연이 있능 겨. 이를 테믄 할아버지와 할머니, 할머니와 어미와 너와의 만남잉 겨. 어디 그 뿐 이겄어? 내가 그 사람들의 며느리로 만난 것이나 니가 그런 사람들의 손녀가 된 것 또한 기막힌 연잉 겨. 니가 아직 시상 물정을 몰러 그렇지 사람이란 옷깃만 스쳐두 인연이라 그 말여. 항차 이십여 년을 같이 살믄서 볼 것 못 볼 것 봐가매 갖은 설움 같이 겪으매 살았는디 어찌 그게 보통 인연였겄어? 안 그려?"
나는 어머니의 설명이 언뜻 이해되지 않았다. 내가 느끼기에 어머니가 말하는 인연(因緣)은 자발적인 선택에 대한 책임을 회피할 때 쓰는 한낱 단어일 뿐인 것이다.

며칠 후, 아버지는 할머니의 삼우제(三虞祭)를 보고 돌아오셨다. 피로

한 기색이 역력한 아버지는 마루에 걸터앉으며 독백하듯 말했다.

"이제야 우리 아부지 돌아가신 게 실감이 나네 그려. 비로소 아부지가 내 곁을 떠나셨당게. 한편으론 후련하고 한편으론 섭섭하이."

나는 아버지의 그 말이 놀라웠다. 이튿날 어머니께 따지고 들었다.

"엄니, 어제 아버지가 하셨던 말이 무슨 뜻이죠? 할아버지 돌아가신 지 8년이 지났어요. 할머니는 우리랑 20년을 살다 가셨고요. 그런 할머니가 돌아가셨는데 왜 실감이 나지 않는다는 건가요? 후련하고 섭섭하다는 말도 그래요. 자식으로써 그런 표현을 한다는 건 좀…."

"아이구, 이눔이 또 어미를 물구 늘어지네. 다 그럴 만헌 이유가 있어서 그러시능 겨. 할아버지는 니 아버지를 무척 힘들게 허신 분여. 4남매의 아버지잖여. 어뜨켜서라두 자식들을 멕여 살리야 헐 틴디 조상님이 물려주신 재산조차 지켜내지 못 허셨어. 오죽허믄 아홉 살 먹은 니 아버지가 가장 노릇을 헸겄어."

나는 할머니로부터 들었던 할아버지에 관한 이야기를 곰곰이 생각해보았다.

"이야기를 허자믄 아주 길지. 니 아버지와 친척들의 말을 종합해보믄 할아버지가 철이 읎었던 건 사실인 것 같어. 할아버지는 살림이 제법 넉넉한 집 막내아들루 태어나셨댜. 부모형제의 사랑을 듬뿍 받으며 자랐다지. 그란디 사람의 일이랑 게 어디 평탄허기만 허드냐? 어른의 길이 무엇인지 알 때꺼정 증조할머니가 살아계셨으믄 좋았으련만 안타깝게두 증조할머니는 할아버지가 열댓 살쯤 되얐을 때 돌아가셨댜. 그랴서 할아버지의 형수들이 시어머니를 대신해 시동생인 할아버지를 보살펴 드렸다드라. 시동생을 당신의 아들만큼이나 알뜰살뜰 챙겼다지 아마. 막낸디두 재산꺼정 먹구 살만큼 물려준 걸 보믄 그 분들두 대단허서. 다 할아버지의 성품이 온순허구 인정이 많으셔서 그런 대접을 받응 기지."

"에이, 그럴 리가요. 인정 많은 사람이 어떻게 처자식을 내박쳐요?"

나는 친할머니가 돌아가신 게 게으른 할아버지 탓이라는 생각에 변함이 없었다.

"어른헌티 그르케 말허능 거 아녀. 할아버지가 그르케 된 건 귀염만 받고 자란 막내아들이어서 그려. 말허자믄 윗사람들이 귀애헐 줄만 알었지 시상을 살어가는디 필요헌 것들을 갈쳐주지 않은 거라 그말여."

"엄니, 아무리 그래도 장가들어 처자식이 생겼음 풀 한 포기 뽑는 시늉이라도 해야 되는 것 아녀요? 기껏 베짱이처럼 살다가 마나님 돌아가시니까 보란 듯이 새 장가를 들어요? 한두 번도 아니고?"

"어뜨켜 그람. 할아버지가 헐 수 있는 일이 하나두 읎능 걸. 시상이 바뀐 지 을메여. 그란디두 장가들 때꺼정 서당에서 공부만 혔다는디 오죽혔겄어."

"공부? 그토록 공부만 했으면 지혜로워야 되는 것 아녜요?"

"공부두 공부 나름이지. 그 놈으 서당은 시상이 바뀌는 걸 보믄서두 고집스레 구닥다리 공부만 갈쳤나 보더라. 그렜으니 오죽혔겄어? 처자식을 어뜨케 먹여살려야 허는지, 언제 씨가시를 뿌리구 거둬야 허는지 감이나 잡었겄냐구. 지금이나 그때나 철들지 않은 채 시집장가를 가믄 지대루 부모노릇을 헐 수 읎능 겨. 처자식 건사헐 줄 모르믄 철부지나 매한가지지. 시상물정 모르구 애들마냥 살던 분이 갑작스레 마나님과 헤어지게 되얐으니, 하늘이 무너진 것만큼이나 앞이 캄캄했겄지. 니 할아버지두 어찌 보믄 불쌍헌 분여."

"할아버지가 불쌍하다고요? 말도 안 돼. 평생을 놀기만 하셨는데."

"이 어미는 니 할아버지 때미 살었어. 옛날 남정네들은 무조건 여자를 내리누르려 혔어야. 장가가자마자 아내를 휘어잡지 않으믄 평생을 아내 헌티 잡혀산댜. 그랴서 여자랑 북어는 사흘에 한 번씩 두들겨 패야 부드러워 진다나 뭐라나. 니 아버지라구 달렸겄어? 시집이라구 와서 서너 달이나 됐을까 몰러. 내, 이 말만큼은 창피혀서 허구 싶질 않은디 하두 니가 갑갑허게 구니께."

어머니는 긴 한숨과 함께 한참을 망설이더니 작정한 듯 입을 여셨다.

"그날은 날씨꺼정 덥구 끄무룩했구나. 막 삼복이 지나구 아침저녁으루 선들바람이 불 때라 바쁜 중이라두 잠깐의 틈을 누려볼만 허건만 니 아버지는 뭐가 그리 마뜩찮은지 그날 내내 으등거린 얼굴을 펴지 않었어야. 그런 날 저녁은 돼지고기랑 두부를 큼직큼직허니 썰어 넣은 김치찌개에 밥보다 좋아하는 술을 곁들여 주믄 제격일 턴디 촌구석에서 그게 가당키나 혀? 평상시 대루 된장찌개를 끓였지. 그란디 그게 화근이 되얐구나. 저녁상을 올리구 숭늉을 가지러 막 부엌으루 들어가려는디 '이런 소태를 먹으랴? 여편네가 서방을 우습게 여겨두 유분수지. 에라이. 와장창. 쨍강. 우두두둑.' 갖은 소리가 뒤섞여 귀청을 울리능 겨. 집안은 온통 난장판이 되얐지. 어미는 창자가 오그라드는 것 같어서 배를 움켜쥐었어야. 니 아버지의 악다구니가 천둥벼락보다 더 무서웠당게. 부엌문을 붙잡구 서 있으려니 몸이 사시나무 떨 듯 떨리대. 이대루 죽었다 싶었지. 그때 할아버지의 호령소리가 들리드라니께. '예끼. 이눔아. 어디서 이런 못된 짓을 배웠느냐. 천하의 불한당 같은 눔.' 어미가 소리 나는 쪽으루 고개를 돌렸드니 시상이, 어느 결에 안방으루 들어가셨는지 니 할아버지가 지게작대기를 들구는 니 아버지의 허벅지를 그냥 사정읎이 내리치구 있능 겨. 큰일났다 싶어 냅다 달려가 할아버지의 옷자락을 붙잡구 매달렸지. '아버님, 지 잘못이구먼유. 지가 잘못혔어유. 지가유.' 혔지. 아, 그러니께 니 아버지두 '다시는 안 그럴 께유, 노염을 푸세유' 라며 무릎을 꿇더라니께."

"아버지는 그 말을 지켰던 감?"

"정말 지켰어야. 니 아부지가 늘 입에 달구 사는 문자 있잖여."

"남아일언중천금."

"그려, 잘 아네. 어찌되얐든 우리는 니 할아버지 살아계신 동안은 말로만 싸웠당게. 말루만."

어머니는 뭔가가 떠오르는지 한참을 생각에 잠기더니 고개를 두어 번 젓고는 다시 말을 이어갔다.

"어디 그뿐이더냐. 그저 날씨만 조금 더워지믄 '내일 허구 쉬거라 쉬어. 뭣하러 새털같이 많은 날 더위 속에서 일을 허려 들어, 더위 먹을라구.' 라는 말을 입버릇처럼 허셨구나. 여름에 하루 놀믄 겨울에 열흘 굶는다는 말처름 농사라능 기 때가 있는디 그걸 모르셨덩 겨. 아, 말하믄 뭘혀. 니 아부지랑 늦게꺼정 일허다 들어오믄 니 아부지를 을메나 나무랐게. '니 눈엔 마누라가 무쇠루 보이냐? 이눔아.'라구 말이지. 어미는 그저 그런 말이라두 듣구 나믄 피로가 싹 풀리는 것 같았구나. 할아버지는 나에게 시아버님 이상의 분이었지. 뭔 짓을 혀두 그저 잘해드리구 싶었다니께.

"그래서 할아버지를 아기 돌보듯 하셨군요? 매일 세수시키고 발 닦아드리고…."

"맞어. 어미가 이리 말허믄 어찌 들릴런지 모르겄다만 정말 니 아부지는 인정머리가 읎었느니라. 힘든 일을 혀본 적 읎는 나를 황소처럼 부려먹었어야. 일머리를 알 때꺼정 을메나 힘들었게. 서러워 울구 있으믄 할아버지께서 다독여주셨구나. '내 오늘은 그놈을 가만두지 않을 테다. 몽둥이뜸질이라두 헐팅게 속 썩지 말그라.' 마음 같어서는 제발 그리되기를 빌 때두 있었어야. 허나 할아버지는 그 말 한 마디루 끝이었어. 어미는 그러시는 할아버지가 더 고마웠지. 아내란 다 그렁 겨. 아무리 속 썩이는 서방이라두 맞구 있는 서방을 어뜨케 보고만 있었어. 속 썩이는 서방두 서방잉 게. 야야, 앞으루는 아부지 미워허지 마. 어쨌거나 극성시런 니 아부지 덕으루다 이만큼 사는 겅게. 어미 말 알아들었쟈?"

나는 어머니의 말에 수긍할 수 없었다. 할아버지야말로 당신만 아는 매정한 사람이 아니던가. 대신 할머니가 떠올랐다. 구박받고 괄시받고 착취당하면서도 아무도 원망하지 않았던 바보 같은 할머니가.

제7장 할머니 죄송해요

작은 행복이란 환상

첫 수필집 『당신을 환대하기 위하여』를 읽었다는 분이 반갑다는 말과 함께 그 많은 시련을 어떻게 이겨낼 수 있었냐 물었다. 나는 망설임 없이 할머니 덕분입니다, 라고 답했다.

"할머니요? 그 책에 할머니가 나오던가요?" 재차 묻는다.

"네, 나와요. 맨 첫 이야기 <오포소리>에 살짝 스쳐 지나가듯…."

"그런데 왜 기억에 없지?"

"숨겨놓았어요."

"숨겨놓았다고요?"

그분은 고개를 갸웃했다.

내 삶에 가장 큰 영향을 끼친 사람이 누구냐고 묻는다면 주저 없이 할머니라 답하리라. 할머니, 내가 태어나기 전부터 우리 집 식구였다는 할머니. 내 할아버지의 여섯 번째인가 일곱 번째인가 배우자였던, 이십 년을 우리와 같이 살았으면서도 제대로 된 대접조차 받지 못했던 할머니. 고맙고 죄송하다는 말을 한 번도 해드리지 못해 자꾸만 생각나는 '선일이' 친할머니. 며느리인 내 어머니와만 대화를 했고, 농사일을 제외하고는 집 밖을 나가지 않았던 할머니. 그런 할머니가 세상에 왔다 갔다. 옷깃을 스쳐 간 바람처럼.

그녀는 우리 동네 앞의 '반야산' 너머 '연무대'란 곳에 살았단다. 그런 여인이 아내를 거듭 들여도 홀아비 신세를 면치 못하던 내 할아버지의 소문을 모를 리 없다. 그럼에도 불구하고 걸음발을 떼던 손자를 데리고 할아버지의 후처를 자처했단다. 나는 가끔 부모님이 어떤 조건을 내걸고 그녀를 사온 거라 의심하곤 했었다.

그녀와 할아버지는 혼인신고를 하지 않았을 것이다. 할아버지의 아내이면서 타인이었던 그녀. 그녀는 왜, 할아버지가 돌아가신 후에도 우리 집을 떠나려하지 않았던 것일까.

어렸을 때 내가 본 그녀는 내 어머니보다 나이가 많은데도 더 젊고 고와보였다. 나는 그게 또 질투가 났다. 그것은 할머니를 친할머니인 양 따랐던 오남매와 달리 할머니를 선일이 할머니로만 바라보게 된 원인이 되었다. 나는 의사전달이 가능할 무렵부터 할머니의 일거수일투족을 뚫어져라 감시하고 별것 아닌 일까지 어머니께 일러바치느라 정신이 없었다.

그토록 적대시했던 그녀가 나이를 먹어갈수록 새록새록 생각나는 이유가 뭘까. 어머니는 그녀가 나를 받아낸 산파였다며 하늘이 맺어 준 인연이라 했었다. 어머니의 그 말에 죄송함과 고마움을 잠깐 느끼긴 했으나 그마저 오래가진 않았다. 도대체 누구에게서 그런 못된 차별의식을 배웠단 말인지.

결혼이란 테두리에 갇혀 할머니를 생각해낸 건 우연이 아니었다. 난 생처음으로 운명에 대해 깊은 고민을 하지 않을 수 없었다. 나는 가끔 도망치고 싶은 충동에 사로잡혔다. 그러나 그마저 실행에 옮길 수 없었다. 할머니를 통해 문제의 해결책이 현실도피가 아니라는 걸 보고 자란데다 그 기억마저 또렷이 떠올랐으므로. 기억은 거의가 나쁜 기억들이었다. 하지만 너무 힘들고 어려웠던 나는 그것마저 의지하지 않고는 쓰러질 것 같았다.

할머니는 왜 그런 삶을 택해야만 했을까. 무식한 나는 얽히고설킨 기억들을 고차방정식 풀 듯 차례차례 풀어보았다. 그러나 그것은 눈에 보이는 것만으로 사람을 평가하는 것과 큰 차이가 없었다. 아버지한테 받은 설움을 결혼이 보상해 주리라 믿었던 나, 작은 행복이 당신을 기다리고 있을 거란 환상에 빠져 우리 집을 찾아온 할머니나 근원적인 이유가 같을진대 무엇 때문에 수학적 접근방식을 들이대면서까지 문제의 답을 찾으려했던 것일까.

이 잔혹한 운명을 어찌하면 좋은가. 무엇이 할머니와 나를 이토록 의타적인 인간으로 만들었는가.

누구냐고

아이를 업은 할머니는 40대 후반의 태 고운 여자였다. 그런 여자가 신체발부는 수지부모라며 고집스레 상투를 틀고 망건을 쓴 우리 할아버지와 어찌 어울릴 수 있겠는가. 어떤 나그네는 할아버지의 막내딸이냐고 물었고 어떤 소쿠리장수는 어머니의 손아래 동서냐고도 했다. 나는 그런 말을 들을 때마다 몹시 부끄러웠다. 할머니를 끌어들인 할아버지와 부모님이 미웠다. 그러나 할머니는 민망한 듯 잠깐 고개를 숙였을 뿐 귀먹은 척, 벙어리인 척, 하던 일만 계속했다. 그 모습은 흡사 『주홍글씨』의 주인공인 '헤스터'를 연상시켰다. 나는 끝내 할머니가 큰 죄를 짓고 우리 집으로 숨어든 거라는 의심까지 갖게 되었다.

만약에

할머니는 내가 6학년 때의 어느 봄날, 중풍으로 쓰러지고 말았다. 할아버지께서 노망기가 있을 때여서 우리 집은 그야말로 정신을 차리지 못할 정도로 어수선했다. 그날 나는 할머니를 위해 많은 눈물을 흘렸었다. 할머니도 한참을 흐느꼈다. 그러나 그 흐느낌은 오래가지 않았다.

할머니는 바람 빠진 풍선처럼 잔뜩 오그라드는 소리로 "그만 울어. 할미는 암시랑투 않어. 암시랑투…"라며 오히려 나를 다독여주었다.

언젠가 중풍 맞은 어떤 할머니를 본 적이 있다. 그 할머니는 온몸이 뒤틀려 보기 흉할 뿐 아니라 항상 지팡이를 짚고 있었다. 할머니가 그 할머니처럼 되면 어떡하지. 그럴 리가. 주무르면 금세 일어나실 거야. 놀란 가슴을 진정시키며 굳어가는 팔다리를 열심히 주물렀다. 그러나 할머니는 몸이 마음대로 움직여지지 않는 것 같았다.

시간이 지날수록 할머니의 말이 어눌해지고 있었다. 자꾸 눈물이 났다. 누워있던 할머니가 나를 올려다본다. 이상한 일이다. 그런 할머니가 지극히 편안해 보이니.

확신컨대 내가 고등학교에 진학을 했거나, 할아버지가 돌아가시지 앓았거나, 할머니가 반신불수가 되지 않았거나, 할아버지가 돌아가신 직후에 할머니가 본가를 찾았다면 나는 단연코 할머니를 쉽게 잊었을 것이다.

　나는 첫 수필집 『당신을 환대하기 위하여』를 쓰는 내내 여러 번 글쓰기를 멈춰야 했다. 불쑥불쑥 나타나는 할머니 때문이었다. 하는 수 없이 할머니를 꽁꽁 숨겨두기로 했다. 그렇다고 할머니를 잊고 있던 건 아니었다.

또 한 사람

나는 한때 영빈관(迎賓館)이라는 거창한 상호를 내걸고 중식당을 한 적이 있다. 이름 덕일까, 손님이 끊이지 않았다. 덕분에 돈도 많이 벌었다. 그러나 성이 차지 않았다. 요식업에 뛰어들어 큰 기업을 이룬 시누이 때문이었다. 부러워 잠이 오지 않았다. 40대 중반이었던 나는 만사는 신중해야 한다, 는 남편의 경고까지 무시할 만큼 눈에 뵈는 게 없었다. 기어이 후회하지 않겠다, 며 24시 순댓국집을 개업하기에 이르렀다. 두 말할 것 없이 주야로 돈을 벌 수 있다는 욕심 때문이었다.

개업 준비를 완벽하게 끝낸 후에야 나는 100평의 가게와 여러 명의 직원이 부담스러웠다. 하지만 걱정스런 표정을 내색할 순 없었다. 시계를 보았다. 오전 아홉 시가 가까워지고 있었다. 미리 예약해두었던 미용실로 향했다.

준비해두었던 새 옷까지 걸치고 나니 '주사위는 던져졌다.'는 말이 실감났다. 가슴이 두근거렸다. 쓸데없이 이곳저곳을 기웃댔다.

"그만 좀 쉬세요. 몸살 나겠어요."

주방아줌마가 걱정스러운 표정으로 간이의자를 건넸다. 간이의자에 앉아 간절한 마음으로 첫 손님을 기다렸다. 돈 많고 중후한 멋을 풍기는 중년신사였으면. 여자보다 남자, 빈자보다 부자, 남자라도 안경을 쓰지 않았으면, 장사꾼의 속설을 떠올리면서. 얼마가 지났을까 직원들의 참으로 이상스런 인사소리가 들렸다.

"어서… 오… 세에 요오~."

입이 닳도록 친절교육을 시켰는데 저런 식으로 인사를 하다니. 벌떡 일어서며 입구 쪽으로 고개를 뺐다. 세상에, 이럴 수가. 가슴이 철렁 내려앉았다. 괴물 같은 얼굴의(나중에야 그분의 병명이 신경섬유종이라는 걸 알았다.) 남자였다. 더덕더덕 붙어있는 혹이 흔들리는 게 아닌가. 간이의자를 박차고 뛰어나갔다.

"개업 축하드립니다. 순댓국 한 그릇 주세요."

남자는 신발을 벗으려는 듯 다리를 움직였다. 나는 급히 끼어들었다.

"아이고, 어쩐대요. 밥이 아직 덜 되었는데…."

능청스레 직원들을 둘러보며 아무 말도 하지 말라는 눈짓을 해댔다. 남자는 배가 몹시 고픈 듯 손으로 배를 문지르더니 말없이 돌아섰다. 후유, 안도의 숨이 나왔다.

"사모님, 왕소금 한 사발 뿌릴까요?"

한 직원이 깔깔대며 말하자 홀은 금세 웃음바다가 되었다. 몸의 한 귀퉁이가 떨어져 나가는 것만큼이나 나를 아프게 하는 웃음이었다. 정신을 차리지 않으면 안 되었다. 아무렇지 않은 듯 출입문을 열고 밖으로 나왔다.

저만치 그 남자가 걸어가고 있었다. 그 남자의 모습을 본 나는 힘없이 주저앉고 말았다. 그랬다. 그것은 내가 스무 해 동안 보아왔던 할머니의 모습이었다. 할머니는 늘 고개를 숙이고 어깨를 움츠리며 걸었다. 죄인같이. 바보같이.

　내가 왜 이러지? 이러면 안 되는데. 정신을 차리자. 정신을. 간신히 일어나 출입문 쪽으로 몸을 돌렸다. 앗! 나도 모르게 비명이 터져 나왔다. 출입문 앞엔 사정없이 흩뿌려진 왕소금이 있었다.

　이건 아니다. 이건 아니야, 이건.

　나는 허둥지둥 빗자루를 찾았다. 누가 볼까 무서웠다. 소금을 싹싹 쓸어냈다. 내가 할머니를 버렸다는 사실에 몸서리가 쳐졌다.

　할머니 죄송해요. 제가 잘못 했어요. 용서해주세요.

누가 보면 어쩌려고

할머니가 우리 집을 떠나기 두어 달 전, 맑고 따뜻한 봄 햇살이 마당에 가득한 어느 날이었다. 변소 출입을 그만두고 요강에 볼일을 보던 할머니가 어찌된 일인지 지팡이를 찾아 짚고 대문간으로 향한다. 봉두난발(蓬頭亂髮)이다. 여자가 저런 모습으로 대문간에 서다니.

"아직 바람 끝이 찬데 감기 걸리면 어쩌려고 대문 밖을 나가요? 어서 들어오라니까."

나는 막냇동생 나무라듯 쏘아붙였다. 할머니는 내 말을 못 들었는지 지팡이에 몸을 의지한 채 한참을 서 있다.

"선일이는 이제 안 와요. 그놈이 나한테 할머니를 떠넘긴 거라고요. 구멍 뚫린 헌 고무신처럼 버린 거라니까. 할머니, 할머니도 곰곰 생각해봐요. 할머니 몸으로 할 수 있는 일이 있기나 한지. 밥? 빨래? 아서요, 아서. 세상에, 저 편하자고 할머니까지 버려? 에잇, 나쁜 놈. 사람이면 양심이 있어야지."

나는 독살스레 떠들었다.

"그냥, 바람이나, 쐬볼까, 허구, 나가봉 겨. 니 말마, 따나, 그 눔 은, 인자, 안, 올라나벼. 휴우, 설, 마, 얼어 죽지는, 않았, 겄지."

할머니는 축 처진 어깨 사이로 힘겹게 고개를 밀어 올리며 웅얼거렸다.
"어여 들어오기나 해요. 머리는 산발해가지고…, 누가 보면 귀신인 줄 알겠어요."
얼떨결에 귀신이라는 말을 뱉어놓고는 흠칫 할머니를 바라보았다. 햇빛에 눈이 부신지 삐뚤어진 얼굴이 더 일그러져있었다. 보기 싫지만 어쩔 수없이 사랑마루에 앉을 때까지 기다렸다. 할머니가 이마의 땀을 닦으며 마루에 앉더니 노려보는 나를 건너다본다.
"행여 누구라도 지나가다 할머니를 보면 할머니를 추잡하게 내박쳐두었다고 나만 욕해, 죄 없는 나만 욕먹는다고요. 그러고 앉아있지 말고 차라리 씻기나 하던가. 물 데워 드려?"
냄새난다는 말을 간신히 참아내며 앙칼지게 말했다. 다정하게 씻자고 했으면 깔끔한 할머니는 틀림없이 고개를 끄덕였을 것이다. 할머니는 대답 대신 사랑방 문을 열었다.
할머니가 마당을 밟은 건 아마도 그날이 마지막이었을 것이다.

자꾸만 떠오르던 그 사람

개업발이 사그라지자 매출은 보란 듯이 곤두박질치고 있었다.
직원들도 하나둘 가게를 떠났다.
나는 서리 맞은 호박잎처럼 기운을 차릴 수가 없다.
와중에 후회가 밀려왔다.
개업 때 문전박대했던 첫 손님이 자꾸만 떠오른다.
그 사람은 누구였을까.
그도 모르고 나도 모른 채 운명처럼 스치고 만 기막힌 인연.
나는 연신 할머니 죄송해요 를 중얼거렸다.
절망의 구렁텅이는 점점 가까워오고 있었다.
오금이 저렸다.
보이지 않는 누군가를 향해 도와 달라 소리쳤다.
남편은 그런 나를 소 닭 보듯 했다.
그럴수록 나는 악을 써댔다.
'도전을 두려워하는 자 성공하지 못한다.'
'도전을 두려워하는 자 성공하지 못한다.'

팔자가 세다고

막 스무 살이 되기 전 어느 날 새벽, 꿈인 듯 현실인 듯 아득히 사라져가는 기적소리를 들었다. 크리스마스가 지나고 연말이 다가오고 있어 마음이 조금 들떠있던 나는 먼 곳으로 여행을 떠나고 싶은 욕망 때문에 자꾸만 몸을 뒤척여야 했다. 그때까지 수학여행을 빼고는 논산을 떠나본 기억이 없다는 게 싫었다. 그것은 할머니의 삶이나 다름이 없을 터였다. 할머니처럼 바보천치가 된 것 같은 강박 관념이 밀려왔다. 그때였다.

"이 봐, 그만 자구, 내 말 좀 들어봐. 나 혼자만 알구 있을라구 혔는디, 즈 어메두 알구 있으야…."

아버지가 타고난 큰 목소리를 억누르며 어머니를 깨우고 있었다. 나는 궁금해 죽을 지경이었다. 아버지는 저럴 분이 아닌 것이다. 이불을 박차고 일어나 숨을 죽인 채 샛문에 귀를 댔다.

"…, 뭔디 그래유? 큰일이라두 생겼어유?"

어머니가 침착함을 유지하며 조심스레 물었다.

"아, 이 눔으 지지바가 팔자가 시얏."

벼락 맞은 듯 정신이 번쩍 났다. 두 언니는 시집을 갔으니 '지지바'는 바로 나였다. 팔자. 팔자가 세다니. 그 말은 할머니한테나 맞는 말이다. 그런데 나란다. 눈앞이 캄캄했다. 인생이 끝나는 것 같았다. 이불을 뒤집어 썼다. 팔자가 세서 할머니처럼 사느니 이대로 벼락 맞아 죽는 편이 나을 것만 같았다.

얼마가 지났을까. 처마 끝에서인지 감나무 위에서인지 새 소리가 들렸다. 아무렇지 않은 듯 아침을 지었다. 그러나 그게 끝이 아니었다. 그 말은 부정하려 들면 들수록 할머니와 등식을 이루며 나를 괴롭히기 시작했다. 닮고 싶지 않은 할머니가 내 눈에 보이지 않기를 갈망했다. 할머니만 우리 집에 없으면 세다는 팔자도 같이 사라질 것 같았다.

언젠가 할머니께 우리 집에 온 이유를 물은 적이 있다. 할머니는 '서방 잡아먹구, 아들 잡아먹은 년이 갈디가 어딨어'라며 긴 한숨을 토해냈었다. 그 말은 아버지가 나에게 했던 '즈 오래비 잡아먹구 태어난 년'과 같은 말이 아니던가.

탈주로

 그래, 차라리 수녀가 되자. 수녀는 결혼을 하지 않는다잖아. 그럼 팔자가 세건 무르건 상관이 없을 테고, 할머니처럼 될 리도 없어. 마음의 결정을 하고나니 거리낄 게 없었다. 가벼운 마음으로 어머니를 찾았다.
 "엄니, 수녀가 될래요. 엄니 아버지 걱정도 덜어드릴 겸 딱 좋은 것 같아. 아셨죠?"
 "뭐? 너 지금 뭐라구 혔냐. 응? 보자보자허니께 이놈으 지지배가 어미 앞에서 못허는 소리가 읎네그려. 그런 말 할라믄 인자부텀 어미라구 부르지두 말어. 어미 죽능 꼴 볼텨?"
 어머니는 마른하늘에 날벼락도 유분수라는 듯 얼굴까지 하얗게 질려있었다. 놀라지 않을 수 없었다. 어머니가 그토록 화를 낼 줄 꿈에도 몰랐던 것이다. 장난으로 해본 말이라며 어머니를 달랬다. 어머니는 사뭇 비장하게 일렀다.
 "다시는 그런 말을 혔다가는 너 죽고 나 죽을 줄 알어. 어디 어미 앞이서 그런 말을 혀? 여자루 태어났으믄 시집가서 신랑 사랑두 받어보구 자식두 낳아 길러보구 혀야 허능 겨. 그러지 않으믄 죽어서두 구천을 맴도능 겨. 죽어서꺼정 구천을 맴돌라믄 을메나 힘들겄어. 안 그려?"

"알았어요. 다시는 안 그럴게요."

맹세를 하면서도 새벽에 엿들은 말은 끄집어낼 수 없었다. 그것만큼 잔인한 불효는 없을 것 같았다.

나에게 닥친 첫 번째 운명은 바로 신혼이었다. 나는 도망치고 싶은 충동에 사로잡힐 때가 여러 번 있었다. 그때마다 할머니의 목소리가 들려왔다.

"그놈으 운명이라는 것은 언제 건 누구헌티 건 찾아오게 마련여. 그렇다구 운명이라는 것에 무릎을 꿇으믄 안 되능 겨. 피하지 말구 당당허게 맞서야 헌다. 싸워서 이겨야 허능 겨. 무섭다구 숨으믄 큰일 나. 그 운명이라능 건 찔기기가 쇠심줄보다 더 찔깅 겨. 숨으믄 숨을수록 끝끝내 니를 찾어내서 괴롭힐 거로구먼. 그러니께 젖 먹든 힘꺼정 보태서 띠네 버려야 헌다. 할미를 봤잖어. 할미를."

할머니의 그 말을 주문처럼 외웠다. 힘이 솟았다. 용기가 생기고 희망이 보였다.

사랑이란 무엇일까

그녀는 열여섯 꽃봉오리로 늙은 총각에게 시집을 갔다. 그러나 남편은 아들 하나를 남기고 홀연히 사라졌다. 그녀의 나이 이십대 초반이었다. 그녀는 아들을 지키며 당신의 불행이 거기서 끝나기를 바랐다. 그러나 끝이 아니었다. 아들마저 제 아들을 남겨두고 곁을 떠났으니 말이다. 사람들은 그녀를 향해 서방 잡아먹고 아들까지 잡아먹은 여편네라 수군댔다. 그녀는 덜컥 겁이 났다. 자신의 몸엔 남자 잡아먹은 귀신이 붙어있는 것만 같았다. 며느리가 시어미인 자신의 운명을 닮을까 겁도 났다. 다급한 생각에 손자를 훔쳤다. 손자를 지켜낼 수만 있다면 불구덩이인들 무서울 게 없었다. 하늘이 보이지 않는 곳으로 숨고 싶었다. 우리 집은 그런 그녀에게 안성맞춤이었을지 모른다. 우리 집을 찾은 그녀는 적이 안심했을 것이다. 그러나 어느 하나 그녀의 뜻대로 성사된 건 없었다.

할머니, 그녀는 사람마다 가지고 있는 삶의 방식을 그대로 수용하면서 거기에 따른 어떤 것도 피하지 않은 분이다. 마음속에 '무엇'이 자리하고 있기에 그런 삶을 영위할 수 있었던 것일까. 나는 고민 끝에 그 '무엇'을 사랑이란 단어로 환치해보기로 했다. 확실하진 않지만 맞는 것 같았다.

내가 지켜본 그녀의 사랑은 결코 편협하지 않았다. 어떤 한 사람(누구일지라도)을 향하거나 당신이 지키고자 했던 손자만을 위한 사랑이 아니었다. 딸처럼 애틋했던 며느리를 향한 자기희생적 배려(그게 꼭 옳았다고 동의하는 것은 아니지만), 후덕했던 내 어머니에 대한 보우(保佑)와 존중, 상급학교에 진학하지 못한 내 마음을 속속들이 헤아리며 바라봐주던 안쓰러움, 면환(免鰥)을 최고의 효도라 여기던 아버지에 대한 믿음 등이 사랑의 한 맥락이었던 것이다.

나는 이 글을 쓰면서 인생은 별 게 아니라는 걸 깨달았다. 할머니를 통해 사랑할 줄 알면 절로 행복해진다는 사실도 알아냈다. 세상에서 가장 불행한 사람인 줄 알았던 할머니의 삶은 참(眞)사랑을 바탕에 둔 베풂이었던 것이다.

할머니를 비롯한 그 시대의 여인들은 왜 자발적으로 헌신과 희생을 감수했던 것일까. 멸시와 억압과 심한 노동에 시달리면서도 어떻게 이타적인 삶을 살아낼 수 있었을까. 놀랍게도 나는 엄격한 가부장제를 살아낸 여인들의 마음속엔 쉬지 않고 배태되는 사랑이 있다는 걸 발견해낼 수 있었다.

시간에겐 쉼이 없다. 그렇기에 그녀들을 만들어냈던 구(舊)시대도 우리 곁을 지났다. 우리는 그걸 타파했다고, 그런 시대는 다시 오지 않을 거라 안도하고 있는지 모른다. 그러나 나는 선일이 할머니나, 내 어머니나, 선일이 엄마처럼 타인을 존중하고 이해할 수 있는 분들의 이

어짐을 믿는다. 그러므로 희생과 헌신을 몸소 실천했던 그분들을 오래오래 기억하고 싶다. 그분들의 지고지순한 사랑이 구시대의 사라지는 유물로 간과되고 만다면 세상은 더욱 메마르고 각박해질 것이기에.

왜 떠나야만 했던가

할머니와 헤어진 지 반세기, 나는 어느덧 여섯 아이의 할미가 되었다. 할머니가 우리 집을 떠날 때보다 더 나이를 먹은 할미가. 할머니와 같이했던 스무 해가 없었다면 나는 과연 어떻게 되었을까. 조용히 다가온 수호천사. 산전수전 다 겪은 노송처럼 묵묵히 나를 굽어보며 세파에 당당하게 맞서라던 할머니. 할머니를 끝까지 지켜드리지 못해 죄송하다.

할머니는 우리 집에서 20년을 살았다. 사람들은 우리 집을 너그러운 집이라 불렀었다. 단언컨대 우리 집은 너그러운 집이 아니다. 할머니는 우리 집을 떠나야만 했고 우리 집의 딸인 나 또한 이제야 할머니의 마음을 알아가는 중이므로.

"당신, 내 말 좀 들어봐유. 저어, 즈 할머니를 아버님 산소 옆이다 뫼시믄 안 될까유? 아버님허구 사이두 괜찮았을 뿐더러 아버님과는 열두 해를, 우리허구는 스무 해를 살으셨잖어유. 옛부텀 그런 일은 종종 있었으닝게…"

언젠가 어머니는 아버지께 조심을 다한 당신의 뜻을 밝혔었다.

"뭐여? 소견머리 읎는 여편네 같으니라구. 말 같지두 않은 말 허지두 말어."

아버지는 노발대발 언성을 높였다. 그날 아버지의 얼굴은 근엄함보다 고집스러움이 더 많아보였다. 어머니의 마음은 편치 않았다. 밤잠을 설치며 아버지의 말을 곱씹어 보았다. 아버지의 말대로 할머니를 할머니의 본남편과 만나게 해주는 게 맞는 것 같았다. 그러나 문제는 할머니였다. 설령 본가에서 할머니를 모셔간다 하더라도 할머니가 무슨 면목으로 가겠는가 말이다. 그러나 결정권이 없던 어머니는 아버지의 뜻대로 할머니를 본가에 맡기기로 했다.

어머니의 말을 들은 할머니 역시 고개를 끄덕였다.

EPILOGUE

　나는 이 글을 쓰면서 내가 얼마나 못된 인간인지 깨달았다. 우리 집을 떠나신 지 반년도 채 되지 않아 하늘의 별이 되신 할머니. "정숙아, 니랑 같이 살믄…, 안 …될, 거나? 할미는…." 말끝을 흐려가며 나를 바라보던 할머니께 고개만 끄덕여 드렸어도 좋았을 것을.

　할머니를 무시했던 죄, 화풀이 대상으로 여긴 죄, 일거수일투족을 일러바친 죄, 욕심과 질투로 없는 죄까지 덮어씌운 죄…. 이 죄를 다 어찌 갚아야 하나.

　할머니, 한 번만이라도 저를 혼내주지 그랬어요. 왜 바보처럼 가만히 있었나요. 억울하면 아니라고 소리쳤어야죠. 귀머거리처럼, 벙어리처럼, 눈뜬 장님처럼 그게 뭐예요.

　이제야 알게 되었네요. 참다보면 해결 된다는 걸. 용서하는 게 용서받는 거라는 걸. 사람을 미워하면 자신이 힘들어진다는 걸. 사랑하는 마음만 있으면 모든 게 아름다워 보인다는 걸. 늦었지만 늦지 않았다 생각할래요. 그래야 마음 편히 강을 건널 수 있잖아요. 누구나 건너는 마지막 강을요.

　할머니, '암시랑투 않다'며 나를 바라보셨던 것 기억나세요? 그날 할머니의 눈빛은 텅 빈듯 고요했답니다. 중풍까지도 마지막 천형(天刑)으로 받아들이며 모든 걸 다 이룬 듯 편한 자세로 누워있던 할머니. 저는 그날의 할머니 모습을 영영 잊지 못할 거예요. 할머니, 할머니는 하릴없이 왔다 가신 분이 아니었어요. 맏며느리 울 엄니 도와주셨잖아요. 고집불통아버지 효도하게 하셨고요. 오빠랑 동생들 사랑으로 감쌌지요. 제 편 들어주신 거 잘 알아요. 할머니가 계셨기에 우리 집이 평안했지요. 살아남은 육남매가 잘 자랄 수 있었지요.

할머니, 감사해요.

잊지 않을게요.

평론

공백의 여자, 함정의 출현

김종완(문학평론가, 격월간 에세이스트 발행인)

들어가기

지정숙 선생은 첫 수필집을 내고 곧바로 꼭 써야 할 이야기가 있는데 어떻게 써야 할지 고민이라고 몇 번이나 말했다. 그녀의 첫 수필집 『그대를 환대하기 위하여』의 앞 부문에 살짝 등장한 인물, '선일이 할머니(이하 줄여 선일할매라 칭한다)이야기라고 했다. 20년을 함께 살았는데도 이름도 성도 모르고 오직 '선일이 할머니'로만 남은 여인이다. 할아버지의 여섯 번째인가 일곱 번째 후처였다. 일단 이야기를 시작하자 엄청난 힘에 끌려들면서 근래엔 심적으로 쫓긴다고까지 했다. 그럴 때마다 내가 하는 말은 싱겁기만 했다. 그냥 쓰세요. 장르 파괴의 시대에 수필로 등단했다고 수필만 쓰겠다고 맹세한 것 아니잖아요. 썼더니 소설이 씌었으면 소설을 하나 쓴 거고, 소설도 아니고 수필도 아니면 새로운 장르의 탄생인 게지요. 내가 새 장르의 발명자가 되는 거에요. 신나잖아요.

관찰에서 '~ 되기' 로

그녀가 어떻게 써야 할지 모르겠다고 하는 이유는 대개의 수필가들이 자기 이야기만을 써 왔기 때문이다. 당연히 본인이 서사의 주인공이 되고, 1인칭 주인공 시점으로 쓴다. 2022년 노벨 문학상 수상자인 아니 에르노는 "나는 직접 체험하지 않은 허구를 쓴 적은 한 번도 없으며 앞으로도 그러할 것"이라고 했다. 그렇다면 "정작 자기 체험을 쓴다는 수필가들은 뭐 했게?"라고 자문할 수밖에 없었다. 그리고 난 수필가들에게 내 얘기만이 아닌 남의 이야기도 쓸 것을 권했다. 초점화자가 나인 1인칭 관찰자 시점이면 무난할 것이다. 세상에 그런 수필이 없었을라고? 문제는 크게 성공한 이야기꾼이 아직 없었다는 것. 이리보고 저리보고, 엎어보고 뒤집어보는 관찰만 해서는 겉핥기에 머물 공산이 크다. 글쓰기가 문학화되는 요체는 들뢰즈가 말했던 관찰이 아닌 '~ 되기'다. '~ 되기'는 '입장 바꿔 생각하기(易地思之)'보다 훨씬 적극적 행위다. 생각해 보기에 머무르는 게 아니라 아예 네가 돼보는 것이다. 전혀 다른 세상을 만날 것이다. 그 훈련 없이 남을 쓴다는 것은 남이 아니라 또 다른 나, 아니 나의 그림자 하나를 그려놓은 것에 불과하다. '~ 되기'로서 우리는 나르시시즘에서 벗어나 진정으로 타자를 만날 수 있다.

그런데 지정숙은 정말 썼고, 그 평을 나에게 맡겼다. 그 이후 난 괴로운 나날을 보내고 있다. 그녀가 탄생시킨 성격(선일이 할머니)은 과문한 나에겐 지금까지 본 적도 들은 적도 없는 새로운 성격이었다. 새로운 성격의 탄생이란 반갑고 기쁜 일이나, 그건 내가 해석할 수 있는 한에서고, 내가 해석할 수 없을 때 그것은 괴물이다. 난 함정에 빠졌다. 고민고민하다가 작가에게 전화했다. "평은 불가능하고 독자의 이해를 도울 해설은 쓸 수 있을 것 같아요." 사실은 나의 공부가 짧음을 고백하고 사양해야 했다. 그러나 그러지 못했다. 작가는 내가 자기의 작품에 불만이 있어 평을 거절한다고 오해할 것이다. 난 그의 오해를 풀 방법을 찾을 수가 없었다. 그래서 해설을 써서 내가 처한 이 상황을 솔직히 털어놓으면 독자가 이 작품을 대할 태도에라도 도움이 되기를 바랄 수밖에 없었다.

익숙함에서 낯섦으로 — 공백의 발견

사람들은 자기가 이해할 수 없는 걸 만나면 첫 번째 반응이 적개심이다. 무시 작전이다. "세상에 내가 이해하지 못하는 게 어딨어? 형편없구만!" 난 그게 두려웠다. 당대의 언어(지식체계)로 설명되지 않는 걸 고전주의에서는 '없다'고 했다. 낭만주의에선 신비한 것으로 신비화했다. 프로이트와 라깡은 대타자가 지배하는 세계에 돌연 나타난 구멍이라 했다. (환자가 앓고 있는) 증상이다. 정신의학에선 그 증상을 약물로 곧 없애려 한다. 하지만 라깡의 정신분석은 그걸 환영한다. 거기로부터 분석이 시작되는 것이다. 그 구멍을 바디우의 존재론에선 공백이라 한다. 그리고 그걸 수학의 집합론으로 증명했다. 분명 있으나 하나로 셈해지지 않는 공집합($\emptyset$)이다. $\emptyset$은 모든 집합의 부분집합으로 항상 존재한다. 바디우 존재론의 결론은 '존재는 공백'이다. 독자에겐 정말 창피하고 미안한 일인데, 이렇게 말을 하지만 사실은 나도 제대로 모른다. 나이를 먹으면서 체험으로 알아진 한 가지는 '없는 것으로 있는 것'이 분명히 있다는 것이고, 다른 말로 하면 '모른 채로 아는 게' 분명히 있다는 것이다. 여기에서 논해지는 공백이나 공집합 같은 것이다. 라깡의 명구 '진리는 반만 말한다'도 그렇다. 20대 초반, 철학사전에서 불교의 공(空)을 찾았더니 '비었으나 꽉 참'이라는 정의를 읽고 그 매력에 빠진 적이 있다.

'분명 있으나 하나로 셈해지지 않는다'라는 말에서 아감벤의 『호모 사케르』가 연상된다. 사케르는 번제(燔祭)물이다. 희생자다. 여기에서는 추방자. 아감벤은 서양에서 자주 일어나는 테러사건을 사케르라는 개념으로 깔끔하게 설명했다. 독자들은 지정숙이 창조한 성격인 '선일 할매'는 도대체 어떤 성격이기에 그녀를 '공백'이라 하고 '호모 사케르'라 하는가? 그녀를 만나는 어떤 사람도 그녀에게 죄를 범하고 만다. 왜? 그녀가 너무 허약하기 때문이다. 최소한 방관의 죄라도 짓고 만다.

이번 이 사건(내가 해석 못하는 성격이 있다는 사실)을 통해서 나의 사유법이 동양적이기보다는 훨씬 서양적이라는 걸 발견하고 당황했다. 리요타르*가 말했던 모더니즘의 거대서사에 찌들어 있음을 실감했다. 리요타르는 19세기와 20세기에 등장한 사유와 행동은 하나의 이념에 지배된다고 했다. 그건 해방의 이념, 모더니티(mordenity 근

* 프랑스 철학자, 사회학자이자 문학이론가. 포스트모더니즘과 인간의 관계, 숭고에 대한 개념, 미학과 정치의 관계에 대해서 연구하였다.

대성)이다. 모더니티는 '현실적인 모든 것은 합리적이다'는 헤겔의 사변 철학의 주장에 근거를 두었다고 했다. 현실적인 모든 것은 합리적이고, 합리적인 모든 것은 현실적이다. 이 말을 내 식으로 이해하자면 현실로 존재하는 모든 사태는 인과의 법칙에 의하여 생성된 결과물이니 합리적으로 이해되고 설명된다는 것이다.

리오타르가 드는 사례(근대성의 서사)들은 다음과 같다. 아담과 이브의 죄악이 새로운 지상낙원에서 생겨나는 사랑과 믿음으로 속죄되는 기독교 정신, 신비주의에서 벗어나 자유로운 사회로 이끌 지식과 과학으로써 미신을 극복한다는 계몽주의 서사, 세계의 불의와 계급 차별에 대한 전복을 통해 착취로부터의 자유를 말하는 마르크스주의 서사, 기술적·산업적 혁신과 일하는 사람들에게 돌아가는 부의 자유로운 순환으로써 가난에서 벗어난 진보를 말하는 자본주의 서사 등이 그것이다.

『포스트모던의 조건』에서 리오타르는 이처럼 자유를 향한 진보의 이념에 따라 역사를 조직하는 과정으로서 거대 서사를 설명한다. 이러한 거대 서사는 근대성, 곧 모더니티를 조직하는 원리이다*.

전기모더니즘에서 후기모더니즘으로(거대서사의 종말)

리오타르의 업적은 각각의 해방의 거대서사가 지닌 원리 자체가 효력을 잃어왔다는 것을 역사적 기호가 된 사건들로 설명했다는 것이다. 첫 번째로 든 '역사적 기호가 된 사건'은 아우슈비츠다. 합리성으론 도

---

* 『리오타르, 포스트모더니즘을 구하라』, 사이언 말파스 저, 윤동구 옮김, p.125~128 참조

저히 설명이 안 되는 것이다. 그리고 든 것이 1980년 폴란드 자유노조 사건이다. 노동자를 위한다는 공산당 정권을 노동자가 부정한 것이다. 그리고 68년 혁명이고, 1929년 경제공황 등이다. 거대서사로는 도저히 발생 불가한 사건들이다. '세상의 모든 것에는 답이 있기 마련이다'는 모더니티의 합리성에 대한 믿음이 깨지고 말았다. 이것들이 포스트모더니티로의 길을 열었다.

포스트모더니티는 모더니티의 모든 것을 파괴하는 것 같았다. 난 90년대 한국에 포스트모더니티가 들어올 때의 충격을 지금도 생생히 기억한다.

현실 사회주의가 몰락하고 진보 담론 전반에 대한 믿음이 무너지면서 지식인들 사이에 좌절과 회의가 만연하던 90년대 초반은 실제로 문단에서 80년대에 대한 향수와 증오가 쓸쓸하게 뒤엉킨 이른바 '후일담 소설'이 쏟아져 나오고 혁명과 민중을 이야기했던 논객들이 지하실로 숨어들거나 문화비평가라는 세련된 직함을 달고 다시 나타나던 때이기 때문이다*.

자유와 해방의 진보적 역사관이 일시에 무너지는 것을 목격하는 건 큰 충격이었다. 포스트모더니스트가 가장 두드러진 분야가 문학이었다. 7-80년대의 주류를 형성했던 거대서사를 완전히 청산해 버리겠다는 듯이 치열했다. 사회주의라는 견제세력이 무너지자 자본만능의 신자유주의가 IMF 사태라는 국가위기를 일으키면서 한국에 폭력적으

* 같은 책 p. 6

로 상륙했다. 그리고 30여 년이 지났다.

난 이 정도의 변화를 불러 온 사조라면 새로운 이름을 붙여야 할 것인데 왜 포스트(post)란 말을 붙였을까 의문이었다. 시간이 지나면서 안 것인데 그 파괴 자체가 근대성(모더니티)의 가장 충실한 행위였던 것이다. 그때의 파괴는 파괴가 아닌 더 깊어짐이다. 라깡의 '프로이트로 돌아가자'는 것 자체가 프로이트를 넘어선 계승 발전인 것이다. 그러기 위해서는 현재의 상태를 부정하고 한 발 더 나야가야 한다. 그 부정이 얼핏 파괴로 보이는 것이다. 알랑 바디우는 진리도 없고, 주체도 없다는 포스트모더니티의 시대를 소피스트의 시대라고 했다. 이 시대가 소피스트의 시대라면 이 시대를 구할 소크라테스가 있어야 한다. 분명한 건 포스트모더니티 시대가 이미 한물갔다는 것이다. 그러나 그 공백을 메 새로운 주도적 흐름은 아직 보이지 않는다. 난 그 단초를 문학의 변방인 수필에서 찾을 수 있다는 희망으로 아직 문학을 한다.

<들어가기>가 너무 길었다. 변명하자면 수필계가 아직은 비합리적인 것을 받아들이는 데에 훈련되지 않았다. 다른 말로 하면 후기모더니즘에 아직 익숙하지 못한 것이다. '선일 할매'라는 성격의 비합리성 때문에 독자들은 지정숙이 창조한 이야기를 진지하게 접근해 보지도 못한 채 무시될 공산이 크다. 사람들은 익숙한 것만을 반복하려 한다.

내가 결론적으로 말하려고 하는 바는 똑 떨어지는 답이 있는 서사란 너무나 익숙한 나머지 이젠 낡아빠진 서사라는 것이다. 그래서 지정숙이 만들어 낸 이 공백의 서사가 새롭다는 것, 그래서 우리는 진지

한 태도로 접근하고, 여러 번에 걸친 토의가 필요하다는 것이다.

선일 할매가 시집을 오다

선일 할매는 독자(獨子)인 아들(선일 아빠)가 졸지에 죽자 기껏해야 두세 살 된 어린 손자(선일이)를 데리고 지씨(池氏)네 할아버지 일곱 번째 재취로 시집을 간다. 며느리가 자기처럼 청상과부로 살지 말고 재가하도록, 재가하면 손자를 데리고 새로 만난 남자집으로 갈 것이 분명하고 그러면 자기 시댁인 정씨네의 손이 끊길 것이니 그 핏줄을 지킨다는 명분으로, 성착취가 분명한 그 자리로 본인이 재가하는 어처구니없는 짓을 저지른다. 그때가 한국동란이 끝난 직후다. -55년에 태어난 작가를 그 할머니가 받았다니까- 그 당시의 심각한 생활난을 고려하지 않으면 이해할 수 없는 사건이다.

아들이 졸지에 죽자, 누군가는 남은 식구들을 먹여 살려야 했다. 생활력이라고는 일도 없는 며느리와 어린 남매, 그리고 청상과부인 시어머니가 남았다. 평생 한 번도 책임져본 적 없는 할매가 이 난국을 돌파해야 했다. 돌파구를 찾지 못하면 네 식구는 꼼짝없이 굶어 죽고 말 것이라는 공포가 엄습해 왔다. 그 긴박한 상황에서 재취 자리가 들어왔다. 당장의 긴급한 상황 타파는 물론 얼마간은 버틸 수 있을 만큼의 경제적 보상도 포함되어 있었다. 상황은 급박했다. 그들의 상황이 얼마나 긴급했으면 시어머니가 '장손을 데리고 시집을 가는 어처구니없는 사건'이 일어난 것으로 알 수 있다. 장손만큼은 할머니를 따라 부잣집으로 피난시켜 굶주림으로부터 보호하자는 것이다, 우선 집안의 손을 지켜서 정씨 집안의 미래를 기약한다는 작전이다. 선일 할매의 재가는 장손을 지켜 시가(媤家) 정씨네 혈통을 잇게 함으로써 정시네 며느리로서의 첫번째 책무를 행하는 거룩한 희생이라는 당당함이었다. 이것은 후에 선일이를 다시 찾으려는 며느리에게 당당히 맞서는 심리적 근거가 된다.

지씨 할아버지는 30대 후반에 초인적으로 헌신적이었던 부인이 죽었다. 그때부터 후처를 들이기 시작했다. 그러나 들어오는 사람마다 얼마 버티지 못하고 나갔고, 그럴 때마다 아들 내외를 압박하여 계속해서 재취를 구했고 들어온 사람들은 또나가기를 반복했다. 동네에 말이 많이 나올 수밖에 없었다. 왜 그랬을까? 그 답이야 쉽게 유추할 수 있을 것이다. 작가의 의식이 그런 면(성적인 면)에는 워낙 보수적이라 미처 표현하지 못했지만, 새로 들어온 여자들은 할아버지의 나이에 맞게 들어온 사람들인지라 성적 욕망이 가진 사람들인데 할아버지는 아직 강하게 남아있어 성관계를 강력히 요구했을 것이고, 여자들은 더는 견디지 못하고 집을 나가고 만다. 벌써 예닐곱 차례다. 그것이 준 경제적 손실은 아들 내외에겐 무시할 수 없었을 것이다.

그런데 육십대 후반쯤, 아들보다 겨우 서너 살 위인 젊은 여자가 들어왔다. 물론 그 여자 또한 그 자리가 탐나서 들어온 건 아닐 것이다. 아들과 며느리는 아버지의 성화에 못 이겨 보상의 조건을 더 높게 걸었을 것이고, 여자는 그 조건을 수락했고, 지씨네는 대가를 지불했다. 사 온 여자다. 그러니 심리적으로 어머니로 제대로 대접할 수 없었을 것이고, 여인 또한 그런 대우란 애당초 포기한 상태다. 그녀는 자신을 팔려 온 일꾼 정도로 스스로 여겼던 것 같고, 그랬으니 집안 어른이라는 서열의식은 일도 없었고, 다만 할아버지의 몸종이면 족했고, 서비스로 농사짓는 데에 필요한 일꾼으로서의 의무를 스스로에게 부과하곤 그에 충실하려 한다.

문제는 손자 선일이다. 지씨네의 어느 누구도 그를 가족의 일원으로 기꺼이 받아들이지 않는다. 그는 철저히 공백 처리다. 할머니가 공백인데 그의 자리는 당연히 없다. 입학 적령기가 되었는데도 누구도 학교에 보낼 의향이 없다. 가장 큰 문제는 할머니인데, 그녀가 악착을 떨면 보내지 못할 바도 아니었을 터인데 그녀의 의식 수준은 굶지 않고 세끼 밥 먹고 살면 족하다는 수준이다.

결과론적인 이야기인데 지씨(池氏)네는 가장 큰 시험에 걸리고 말았다. 동서양 공히 '복덩이가 거지꼴로 집안에 들어온다'는 진묵대사 설화 같은 게 있다. 이 집의 복덩이는 선일이었던 것이다. 할아버지는 이왕 젊은 아내를 얻었으니 아내의 손자, 선일이를 자기 손자로 받아들이고 친손자들과 똑같이 키웠더라면 새로 들어온 젊은 아내와의 관계는 참으로 돈독해졌을 것이다. 그러면 젊은 아내와 함께 사는 노년이 얼마나 행복했을까. 그러나 그는 선일이를 젊은 마누라와의 잠자리를 불편하게 하는 방해꾼으로만 여기고 어서 자라고 독촉하며 장죽의 담뱃대로 머리를 쥐어박기만 했다. 다음 예문은 할매와 며느리가 나누는 대화다.

"내, 밤새두룩 고민허다 슬그머니 달아날 생각꺼정 혔었지. 즈 어머니가 몰라서 그렇지, 실은 사흘이 멀다허구 그런 생각을 혔었덩 겨. 휴우, 부지기수루 어린 것을 끌어안구 눈물졌당게. 그런디 인자는 그마저 마음대루 헐 수가 읎어. 선일이 머리가 컷잖여. 그런디두 할아버지란 사람은…, 아이구 말허믄 뭘혀 꼭 세 살 먹은 어린애 같어. 언제나 철이 들랑가 몰러."

아버지로선 자기 딸들도 상급학교 진학을 마땅찮아 했는데 굴러온 남의 자식을 공부시킬 생각이 있었겠는가. 당시에 국민학교가 의무교육이었지만 미취학 아이들이 그렇게 드문 일은 아니었다. 당시의 사회상을 감안하면 그 또한 유별난 일은 아니다.

선일 누나의 방문 (1차: 나 9살, 선일: 11살, 선일누나 17살)
햇수로 근 10년이 그럭저럭 흘렀다. 모두가 바뀐 현실에 나름 익숙해져 있었다. 그런데 잠재된 불안이 터지는 사건이 일어나고 말았다. 선일이보다 6살 위인 누나가 아이를 업은 채 찾아온 것이다.

"할무니, 제발 문 좀 열고 나와서 내 말 좀 들어봐유. 엄니가 오늘만큼은 선일이를 꼭 데려오라 혔다구유. 보구싶다면서유 흑, 흑…."
나처럼 아기를 업은 여자아이가 울부짖는다. (…)
"아이구, 누가 왔나 혔더니 너였구나. 어미가 되어…."
어머니는 텃밭에서 오시는지 상추를 가득 담은 바구니를 든 채 마당으로 들어섰다.

"안녕하세유? 엄니가 선일이 데리고 오라구 혀서…."

그녀는 다시 울먹이기 시작했다.

할머니의 악에 받친 소리가 터져 나온 건 바로 그때였다.

"여기가 어디라구 애를 보내나 보내길…. 하늘이 무너져 봐라 선일이를 내주나! 생각허구 생각헌 끝에 내가 결심헌 일잉 겨! 죽은 니 아부지나 살아돌아오믄 모르겄다. 아무두 내 고집을 못 꺾는다 그 말이여! 아암, 못 꺾지. 못 꺾구 말구."

나는 누구보다 선일이가 궁금했다. 그러나 사랑방 문은 굳게 닫혀있다. (…) 나는 슬픔과 그리움을 되새김하고 있을 선일이가 떠오른다. 항상 기가 죽어 살았던 선일이는 울음마저도 소리내어 운 적이 없다. 속울음을 울며 슬픔을 삭였던 불쌍한 선일이. 엄마가 얼마나 보고 싶을까. 이참에 누이를 따라 엄마한테 갔으면…. 나는 이런저런 생각을 하며 부엌으로 들어섰다. 여자는 부엌 바닥에 털썩 주저앉아 흐느끼고 있었다.

"엄니가 선일이 꼭 데려오라구 혔는디, 흑, 흑…. 어르신, 어떻게 엄니 얼굴을 본대유. 울 엄니는 지금 선일이 보구 싶어 병까지 나셨다구유. 흑, 흑…."

참으로 처절한 광경이 눈앞에 펼쳐졌다. 그간의 사정을 충분히 짐작할 수 있겠다. 이 사태의 최고 피해자는 선일이 엄마라는 게 드러났다. 찢어지게 가난해도 사람 착하고 부지런해서 제 처자식은 건사할 수 있다고 해서 믿고 시집을 갔다. 시집 간 다음해 딸을 낳고, 그 후 5년

동안 아이가 없다가 그렇게나 기다리던 아들, 선일이를 낳았다. 그러나 행복도 잠시, 남편은 아들을 보더니 자식에게까지 가난을 대물림하지 않겠다고 큰돈을 벌겠다고 집을 나섰다. 팔도 금맥을 찾아다니는 광산 업자를 따라갔다. 그리고 얼마나 지났을까, 남편은 돈은커녕 싸늘한 주검으로 돌아왔다. 그 이후는 어떻게 되었는지 생각이 나지 않는다. 장사를 지냈겠지. 깊은 우울증에 빠져 살아 있어도 산 게 아니다. 옆에서 누가 무어라 하면 그냥 고개만 끄덕였을 뿐. 시어머니는 세상에, 내 아들을 안고 돈 좀 있다는 집으로 재가를 해서 나가 버렸다. 시어머니는 넋 나간 며느리에게 무어라 말을 하곤 했었다. 정씨네 며느리로 온 너나 나는 정씨네 손을 지키는 게 첫 번째 의무라고, 그래서 내가 장손 선일이를 굶지 않고 배라도 채우라고 부잣집으로 데려간다고, 그래야 네가 재혼할 때 한갓지다고 …. 시어머니가 개가하면서 받은 보상금으로 모녀는 한동안 배고픔은 면할 수 있었다. 그러나 돈 몇 푼 쥐어주면서 내 아들을 뺏어간다는 게 말이 되는가? 그땐 시어머니 말이라면 아무리 힘들어도 따라야 한다고 굳게 믿고 있었다. 집안의 최고 어른이니까. 시어머니는 입이 닳도록 말했다. 자기가 청상과부로 살아봐서 안다고, 너는 꼭 좋은 사람 만나서 잘 살(아)라고, 새로 시집가려면 딸이야 그 집 부엌데기로 살다가 크면 시집보내면 되지만 아들은 안 된다고, 그러면서 다 너를 위해서라며 자기가 큰 희생이라도 치르는 양 겨우 비틀비틀 걸음마 하는 선일이를 업고 재가를 했다. 나 시집 안 간다고, 내 아들 내려놓고 가라고 악을 쓰며 제대로 막아 보지도 못했다. 내 아들을 눈 번이 뜨고 시어머니에게 뺏기고 말았다.

막상 가 버리자 아들 뺏겼다는 것보다 시어머니 말처럼 어디에서 혼처가 들어와 팔자 고쳐보자는 생각이 안 든 것도 아니다. 나이 먹은 시어머니도 팔자를 고치는데 아직 젊은 나에게 혼처가 없을라고. 그러나 이제 학교도 못 들어간 일곱 살인 딸을 두고 팔자를 고치다니 벼락 맞을 짓이라는 생각이 퍼뜩 들었다. 그러면 그간 그 집 살림은 좀 피었을까? 딸이 열일곱 살에 벌써 애기 엄마가 되었다니 그간 사정을 충분히 짐작할 수 있겠다.

정작 할머니는 얼굴도 내밀지 않는데 선일이 누나는 어머니께 하소연이다.

"엄니가 선일이 꼭 데려오라구 혔는디, 흑, 흑…. 어르신 어떻게 엄니 얼굴을 본대유. 울 엄니는 지금 선일이 보구 싶어 병까지 나셨다구유. 흑, 흑…."

선일이 누나는 부엌에서 아욱국에 식은 밥 말아 먹고 약간의 노자와 쌀 몇 되를 얻어서 떠난다. 그 모습이 눈에 선하다. 어린 아낙이 머리에 쌀 몇 되를 이고, 아이를 업고 태양빛 아래 반야산을 넘어 논산 벌을 걸어간다.

이 대목에서 언급은 없었지만 알 수 있는 몇 가지가 있다. 어머니가 선일이 누나를 보자마자 하대를 하며 다정스럽게 구는 걸 보고 알아차린다. 화자는 몰랐지만 선일이 누나가 이미 몇 번이나 왔다 갔다는 사실이다. 그러면 노자 몇 푼에 쌀 몇 되를 얻어 눈물 바람을 하며 돌아갔던 거다. 어쩌거나! 정작 엄마라는 사람은 아직도 옛 시어머니가 무서워 제 아들 찾으러 얼굴마저 내밀지 못한다는 것이다.

심판의 날

그리고 3년이 지났다. 선일이 누나의 나이는 20살, 나는 12살, 선일이는 14살이다. 속되게 말하면 그만큼 머리가 커졌다. 누나는 두 아이의 엄마가 되어 업고 걸리고 나타났다. 선일이 좀 보여 달라고 울며 사정하다가 떠났던 그녀가 아니다. 논리를 세워 당당하게 맞선다.

사랑방 문이 열리며 분노에 찬 소리가 튀어나온 건 바로 그때였다.
"뭐라? 선일이를 어째? 누구 마음대루? 택두 읎는 소리! 당장 나가거라! 어서!"
여자는 나이를 먹어서 그런지 할머니의 그 말을 듣고도 침착함을 잃지 않았다.
"할머니! 왜 화를 내시고 그러세요. 내 핏줄 내가 데려가겠다는데? 여러 말 할 것 없어요. 선일이는 이집 핏줄이 아니에요. 아니라고요!"
여자는 또박또박 대들며 사랑방을 노려보았다. (…)
할머니가 난리를 치는데도 할아버지는 방에 없는 듯 기척이 없으시다. 선일이 누이는 더 기를 쓰며 난리다.
"오늘은 선일이를 꼭 데리고 갈 테니 그리 알아유! 이 집이 그렇게 좋으면 할머니 혼자 천년만년 사시라구유!"

(…) 하지만 선일이 누이는 더욱 당당하다. 논리정연해진 말투로 야유하는 것도 모자라 할머니를 치죄(治罪)하고 나선다.

"아이고, 왜 나오시질 못하실까? 그렇게 떳떳하면 한 번 마당으로 나오셔서 말씀 좀 해보시지 그래요? 동네 사람들이 다 듣고 보게끔? 아니 시집을 가려면 혼자 가시지 왜 선일이를 데리고 가냐고요! 우리 선일이는요, 시집간 할머니의 손자가 아닌 우리 집의 대를 이을 귀한 존재라고요! 그런 선일이를 왜 빼앗는데요?"

아이 둘의 엄마가 된 선일의 누나에게 할머니는 그냥 경멸의 대상 말고는 아무것도 아니다. 자기 손자라고 며느리에게서 아이를 빼앗아 남의 집으로 재가한 할머니는 도저히 납득할 수 없다. 당당히 따지며 소리치는 누나는 3년 전 초라한 모습으로 와서 쌀 몇 되 얻어 머리에 이고, 등에 아이를 업고서 울면서 반야산을 넘었던 옛 모습이 눈에 밟혔을 것이다. 그때 밖에 나간 선일이가 대문 앞에 나타났다.

선일의 선택

그녀는 단걸음에 달려가더니 선일이를 끌어안고 소리치는 게 아닌가.
"어머, 우리 선일이네. 어서 가자, 엄마가 기다리고 있으니까."
선일이가 마당을 두리번거리더니 끝내 울음을 터뜨린다. 그녀는 우는 선일이를 꼭 끌어안더니 잽싸게 기저귀 보따리를 챙긴다. 선일이의 울음소리는 더욱 커지기 시작했다.

"엉, 엉…. 할머니는 어떡하구, 엉, 엉…. 어엄마 엉, 어엉. 할머니이, 어엉, 엉….."

선일이가 울음보가 터진 듯 울고 있다. 나는 소리내어 운 적이 한 번도 없는 선일이의 큰 울음소리가 영 낯설다. 뚫어져라 바라보았다. 꿈쩍도 하지 않던 사랑방 문이 부서지는 소리를 내며 열린 건 바로 그때였다. 맨발로 달려나온 할머니는 독수리가 먹이를 낚아채듯 선일이를 빼앗더니 방으로 들어간다. 사랑방 문은 다시 굳게 닫히고 말았다. 선일이가 울음을 참느라 꺽꺽대는 소리가 들린다. (…)

"그려유? 그럼 천상 울 엄니가 와야 되겠네유. 엄니가 오면 선일이 내어줄 거쥬? 아니 손자 데리고 개가한 시어머니가 어떻게 손자의 어미인 며느리 얼굴을 본대유? 그런 할머니가 세상에 있기나 해유? 부끄럽지도 않냐구유?"

그녀의 목소리는 더욱 커지고 있었다.

"그려 이년아! 남 부끄러워서 못 나가겄다. 그러닝게 그냥 돌아가, 제발 돌아가라구!"

치죄받다

"하, 그래도 부끄러운 건 아나 보네요? 하늘을 머리 위에 이고 사는 사람이라면 다 똑같은 말을 할 거유. 손자 데리고 개가한 할머니가 제정신이냐고. 세상에서 가장 대단한 일을 하신 할머니, 내 말이 틀렸으면 그렇게 방에만 숨어있지 말구 나와서 말씀 좀 해 보시지? 그 잘난 얼굴 좀 보여달라구유!"

그런 말을 들으면서도 할머니는 방문을 열지 않았다. 여자는 더 이상 참을 수 없다는 듯 아예 막말을 쏟아내기 시작했다.

"배부르고 등 따시니까 나중 일은 걱정도 안 되나보네? 흥! 죽었다 해도 찾지 않을 테니 두고 보라지! 이젠 아예 영감님만 있으면 된다? 푹 빠졌구먼. 푹 빠졌어! 그러니까 눈에 뵈는 게 없겠지. 마음에 걸리는 것도 없고. 그래요, 그래, 어디 한 번 잘 살아보시구려. 천년! 만년! 억만년. 아니, 개가를 하고 싶으면…, 흑, 당신 혼자 갈 것이지…, 흑, 왜 혼자된 며느리한테서 손자까지 빼앗아 가냐고요, 흑, 흑…. 혼자된 울 엄니는 어찌 살라고!. 이게 사람의 할 짓입니까? 제발 누구라도 좋으니 대답 좀 해주세요. 흑, 흑…."

아버지는 슬그머니 삽을 어깨에 메고 나가시고, 어머니는 밀어놓았던 반짇고리를 잡아당겨 멈추었던 바느질만 하는 거였다. 할아버지 역시 방에 있는지 없는지 모를 정도로 조용했다.

긴 인용이다. 이 이야기는 몇 개의 변곡점을 가지고 있는데, 여기가 첫 변곡점이면서 결정적이다. 앞에서 지씨네는 할머니가 들어오면서 딸려 온 선일이라는 시험물(試驗物)을 안았다고 했었다. 선일이를 이 집안에 온 선물로 받아들이면 복덩어리가 될 것이고, 그렇지 못하면 이 집안의 부덕(不德)을 나타내는 표지(標識)가 될 것이었다. 그날이 바로 심판의 날이었다. 할머니가 지씨네 가족이 된 이래 가족 각자는 바뀐 환경에 자기 역할을 찾아서 적응해 가며 그럭저럭 잘살고 있었다. 가끔 그 평화를 흔드는 일이 있었는데 선일이 누나가 선일이를 찾겠다고 왔다가 눈물 바람을 일으키고는 쌀 몇 되를 얻어서 돌아가는 정도였다. 그러나 분명한 것은 쌀 몇 되를 얻기 위해 연무대에서 논산까지 먼 길을 걸어온 게 아니다. 이왕 헛걸음한 것, 쌀 몇 되라도 준다니 챙겼을 것이고, 그 쌀을 머리에 이고 돌아가는 그 길이 얼마나 힘이 들었을까. 그걸 자비를 베풀었다고 하면 안 된다. 오죽 살기가 힘이 들면 그 무거운 걸 아이 업고 머리에 이었을까! 그건 분명한 선언이었다. 우리 집안 형편이 아무리 어렵다 해도 결코 가족을 포기하지 않는다는 표식이었던 것이다. 그런데 이 자존심이 누구로부터 나왔냐는 것이다. 추측컨대 그건 선일이 엄마, 곧 며느리의 자존심이었을 것이다. 선일이 아빠가 졸지에 죽고 끼니 끓일 것마저 없는 상황에서 시어머니는 자기를 희생해서 이 위기를 해결하겠노라고 온갖 폼을 잡더니만 기껏 하는 일이라는 게 끔찍이 아끼던 손자를 안고 부잣집 할아버지에게 재가를 하고 만 것이었다. 재가하는 시어머니이니 며느리에게 하는 말이라는 게, 너는 나처럼 청상과부로 살지 말고 바로 재혼해서 팔자를 고쳐라, 는 말이었다. 마치 며느리를 위해서 재가하는 것처럼 반복해서 말하고 떠났다. 그때는 넋이 빠져 얼떨결에 당했지만 생각하면 할수록 나쁜 시어머니다. 나쁜 사람. 시집가라고, 아무렴, 내가 남자에 미친 당신 같을까?

그런데 쉽게 풀리지 않는 수수께끼가 있다. 그녀의 재가는 사랑해서가 아니라 조건을 맞춰서 하는 거래인데 늙은 신부가 자기가 낳은 아들이라면 어쩔 수 없겠지만, 엄마가 생생히 살아있는데, 겨우 걸음마를 때는 손자를 데리고 시집을 가는 건 대단한 감점 요인일 터인데 왜 그런 모험을 감행했을까? 밖으로 내세우는 이유라는 게 '너에게 맡기면 내 손자 굶어 죽인다'는 것이니 거기에는 며느리의 생활력에 대한 극한의 무시가 깔려 있다. 급기야는 저건 바보여서 내가 그럴듯한 이유를 대면 속고 말 것이라는 뻔뻔함으로까지 발전했다. 그리하여 손자를 안고 나왔다. 시집에 와서는 드라마틱한 패턴(pattern)까지 장착한다. 손자를 지키기 위해 일부종사(一夫從事)의 계율을 깼으니 스스로를 징벌한다는 온갖 폼을 잡는다. 집밖에 나갈 때는 수건으로 머리를 가리며, 하늘을 올려다보지 않고 땅만 쳐다보고 걸으며, 웃지도 않고, 스스로를 비극의 주인공인 양 이웃으로부터 격리시킨다. 오직 한 사람과는 대화를 한다. 촌수로는 며느리이나 대하기는 주인마님 대하듯 한다. 애초에 촌수로의 권리는커녕 한 가족 구성원으로서의 권리마저 포기하고(애당초 없으니 포기할 것도 없다), 스스로를 늙은 할아버지의 몸종으로 격하시킨다. 마조히즘(피학증)적 취향을 가진 사람 같다. 그러자 노비의 아들이 노비이듯, 노비의 손자도 노비가 되었다. 왜 이런 사태가 벌어지고 말았는가? 인권의 출발점은 주체성이다. 주체성이란 곧 독립성이다. 홀로 헤쳐 나가지 못하고 누군가의 보호에 기대야만 비로소 안심이 되는 자라면 그는 독립된 주체가 아니다. 홀로 서지 못하고 항상 누군가의 힘에 기대어 산다. 주체성이 없으니 자기의 삶도 없다. 최소한의 자존심도 없다. 먹고 살기 위해서라면 그 어떤 비굴도 감수한다. 그게 악화되면 마조히즘이다.

  가부장 제도가 심했던 조선의 여자들에게 삼종지도(三從之道)가

강요되었다. 어려서는 아버지를 따르고 결혼해서는 남편을 따르고 늙어서는 아들을 따라야 한다. 여자의 주체성이란 애당초 없는 것이다. 그녀가 청상과부의 어려움을 들먹이며 며느리에게 재혼을 적극 권했던 것은 보호막이 없이 사는 삶의 핍진함을 뼈저리게 알기 때문이다. 현실적으로 옥죄는 가난의 고통과 긴긴 밤을 혼자 지내야 하는 적막감보다는 기대고 보호받는다는 심리적인 안정감의 결핍이 훨씬 컸을 것이다. 에릭 프롬은 『자유로부터 도피』에서 철학적이고 예술적이라는 독일 국민들이 나치에 그렇게나 열광적으로 빠진 이유를 보호막의 상실에 둔다. 중세 1000년을 겪은 유럽인들에게 신은 모든 것을 결정하는 판단하는 기준이고 주재자다. 생사도 길흉화복도 신의 뜻이다. 독일은 신성로마제국의 중심국가로서 유독 신앙심이 깊었다. 상대적으로 합리적이고 현실적인 유교문화권에서 살아온 우리로서는 쉽게 이해가 안 된다. 그렇게나 긴 세월을 중세라는 세계에 갇혀 살았다는 것도, 르네상스 이후 몇 백 년을 신을 부정하는 근대의 정신으로 살아왔지만 유럽인들의 무의식은 여전히 중세였던 것이다. 신이라는 주재자를 잃고 대신 주어진 자유라는 게 스스로 판단하고, 그 판단의 책임도 판단자인 본인이 지어야 한다. 주체자로 온전히 서지 못한 자에게 자유는 너무나 버거운 일이었다. 그리하여 이제 신은 죽었다니 하느님 다음으로 강력한 힘을 가진 국가에게 나의 자유와 책임을 위임해 버렸다. 그게 나치와 파쇼가 역사가 시들면 나타나는 현상이다. 자유인이란 인간이 타고난 덕성이 아니라 오랜 훈련으로 얻어지는 인간 정신발달단계의 최정점이다. 선일 할매가 겪은 불행은 자유를 훈련받지 못한 인간이 초래하는 불행이며 환경의 열악함이 초래한 최악의 경우다. 그들은 조상의 음덕이라고는 받아 본 적이 없는, 오직 먹고 살기에도 벅찼던, 교육받을 기회도 없었고, 가난하고 힘없고 백(back) 없는 자들. 그들은 불행을 온전히 아픔으로 밖에는 다른 것으로 승화시킬 능력이 없는 사케르(번제물燔祭物)이다.

생의 절정

선일 할매의 일생에서 신혼 때 말고는 여기쯤(선일 누나의 2차 방문)이 가장 행복했던 때였던 같다. 그렇게나 짧은 시간이었다고? 기구하여라. 여기를 지나면서 그녀의 삶은 급격히 기울어 결국 파국에 이르고 만다. 그걸 지켜보는 독자들의 마음 또한 편치 못하다. 비참한 사건이 연속되는 걸 목격해야 하는 게 여간 힘들지 않다.

선일이 누나가 다녀 간 그해 가을 할아버지의 노망기가 나타났다.

일찍 집에 온 나는 벼를 훑는 아주머니들께 볏단을 날라다 주고 있었다. 그런데 갑자기 사랑방 문이 열리더니 할아버지가 발가벗은 채 맨발로 서 있다. (…)

그 일이 있은 후 사랑방은 점점 시끄러워지고 있었다. 비명과 울부짖음이 새어나오고 뭔가가 부딪는 소리도 들렸다. (…)

겨울이 되자 할아버지의 상태는 더욱 이상해졌다. 시도 때도 없이 밥을 안 준다며 소리를 지르는가 하면 망건도 쓰지 않고 상투바람으로 대문을 나서다 할머니께 붙잡혀 오는 일까지 있었으니 말이다. 어른들은 할아버지께 노망이 들어왔다고 했다. 나는 놀라지 않을 수 없었다.

할머니 중풍으로 쓰러지다

3월과 함께 나는 6학년이 되었다. 나는 내년에 중학생이 되지 못할 까봐 걱정이 태산이다. (…) 저만큼 혼자 보리밭을 매고 있는 선일이가 보인다. 나는 못 본 체했다. 선일이는 날마다 학교에 가는 꿈을 꾸고 있을지 모른다. (…)

어머니는 할머니를 모시고 들어가라며 손짓을 보내신다. 나는 할머니께 다가가 그만 집에 가자고 말했다. 할아버지가 걱정되었던지 할머니가 앞장을 서신다. 나는 몸을 잔뜩 옴츠린 채 할머니의 뒤를 따랐다.

막 사랑마루에 올라서려던 할머니가 갑자기 주저앉는다. 나는 얼떨결에 할머니를 부축했다. 할머니는 괜찮다는 듯 손사래를 친다. 나는 엉거주춤 할머니를 지켜보았다. 마루에 손을 대고 일어서려던 할머니가 힘없이 나동그라진다.

문득 할머니가 죽을지도 모른다는 생각이 들었다.

"큰일 났어유! 우리 할무니가 이상해졌어유! 쓰러졌다구유!".

나는 대문간에 서서 온 동네가 떠나가도록 소리를 질러댔다. 뒷집의 중희 엄마가 달려온다. 주애 아버지와 주애 엄마도 호미를 든 채 나타났다.

"아이구, 이를 어쩐댜. 중풍이네 중풍여!"

뒤늦게 달려온 어른들도 할머니가 중풍을 맞은 게 확실하다며 입을 모았다. 할머니가 소리 없이 운다. 마루에서 그 난리가 났는데도 할아버지의 방문은 열리지 않았다.

이튿날 학교에서 돌아온 나는 할머니를 보고 깜짝 놀랐다. 할머니는 오른손을 가슴에 얹고 몸은 뒤틀려 있었으며 다리까지 절고 있었다. (…)

그날 이후로 할머니는 아버지가 출타한 걸 확인하고서야 사랑방을 나왔다. 마치 죽을죄를 지은 사람처럼.(…)

사랑방이 시끄럽다. 할아버지 때문이다. 할아버지는 노망이 심해진 때문인지 아니면 반신불수가 된 할머니 때문인지 밤낮을 가리지 않고 소리를 지르며 화를 내셨다.

"그러구 멍청허니 앉아있지 마! 차라리 내 눈 앞에서 사라져 버려! 선일이눔 데리구 나가등가! 죽등가! 끄응…"

할아버지의 독설에 할머니도 가만히 있지 않았다.

"내 책임은 영감님 돌아가시는 날 까지유. 영감님이 죽으믄 내 책임두 끝나. 나는 유, 이 집에 들어올 때 이미 그 빚을 지구 왔던 사람이유. 그런디 어떡케 빚을 갚지두 않구 이 집을 떠나겄슈. 그러니 영감님두 어서 죽어유! 죽으믄 읊어져 줄팅게! 그게 순서 아니유? 내 몸뚱이가 이륵케 되니께 똥친 막대기 취급을 허구 싶은 모양인디, 아무리 밀어내 봐유 내가 꿈쩍이나 허나! 내 이래뵈두 고집 있는 여편네유! 어디 두고 보시구랴!"

할머니는 어눌하면서도 한에 찬 목소리로 할아버지와 맞섰다.

하지만 선일이는 달랐다.

"제발 좀 그만들 하세유! 시끄러워서 살 수가 없다구유!"

선일이가 소리를 지르자 할아버지와 할머니는 싸움을 멈췄다. 나는 깜짝 놀랐다. 선일이는 어느덧 제 감정을 드러낼 만큼 자라 있었던 것이다.

할아버지 돌아가시다

　6학년 겨울방학 때였다. 아침부터 집안이 어수선하다. 부모님은 할아버지를 안방으로 모셨다. 할아버지가 위독하단다. 나는 반듯하게 누워 계신 할아버지가 무섭다. 할머니와 선일이의 모습은 보이지 않았다. 나는 성인이 되어서야 아버지가 할머니와 선일이를 일부러 부르지 않았다는 걸 알게 되었다. 아버지는 계모인 할머니와 선일이를 완전한 남으로 생각했을 테니까.
　나는 맨 뒤쪽에 앉아 반듯하게 누워계신 할아버지를 바라보았다. 할아버지의 숨소리가 고르지 않다. 어머니가 할아버지의 바짝 마른입을 적셔드린다. 어머니가 조심스레 할아버지를 부른다. "아버님, 지 말 들리세유? 아버님, 인자는 어머님만 생각허셔야 혀유. 저승이서 혼자 기다리구 계시니라 을메나 힘드셨겄어유. 그러니께 잘해드리셔유. 아버님, 지 말 알아들으셨지유?" 할아버지는 어머니의 말을 알아들었다는 듯 눈을 조금 뜨시는가 싶더니 이내 눈을 감으셨다. 난생처음 삶과 죽음의 경계를 목격하는 순간이었다. 아버지가 우신다. 어머니도 눈물을 흘리신다. 죽음이라는 단어만 들어도 무서웠던 나는 부모님과 언니 오빠 틈바구니에 앉아 슬프게 울어댔다.
　순식간에 동네 사람들이 모여들었다. 금세 마당엔 차일이 쳐지고 고기 삶는 냄새와 부침개 냄새가 온 동네를 에워쌌다. 호상(好喪)이라며 웃고 떠드는 소리에 우리 집은 마치 잔칫집 같았다. 할머니는 메마른 눈으로 구석에 박혀 바느질하는 동네 아줌마들만 바라보고 있다. 내가 태어나기 전에 우리 집으로 오셨다 했으니 적어도 12년은 할아버지와 사신 셈이다. 그런데도 왜 할머니는 울지 않는 것일까.

할머니는 울지 않았다

무표정하게 앉아있는 할머니를 무심코 바라본다. 중풍 맞은 몸으로 노망드신 할아버지를 수발하느라 얼마나 힘드셨을까. 며칠 있으면 우리 집을 떠나게 될 할머니, 불쌍하다.

붉은 명정과 만사를 든 동네 사람들이 죽 늘어서 있다. 할아버지의 상여 앞에 제사상이 차려졌다. 부모님을 비롯한 일가친척들이 마당으로 나오신다. 나는 두리번거리며 할머니를 찾았다. 할머니는 구석에 있었다. 할머니가 넋이 빠진 사람처럼 상여를 바라본다. 아버지를 필두로 상주들과 친척들이 절을 한다. 고모들의 울음소리가 간헐적으로 들린다.

만반의 채비가 끝났는지 상두꾼들의 구슬픈 상여소리와 함께 상여가 움직인다. 고모들의 울음소리는 하늘에 닿을 만큼 커졌다. 나는 이때만큼은 할머니가 통곡할 거라 믿었다. 그러나 할머니는 생각 없는 사람처럼 멀뚱멀뚱 서 있다. 할아버지와의 마지막 이별인데 어떻게 저토록 맨송맨송한 얼굴로 이별을 할 수 있단 말인지.

할아버지의 꽃상여가 대문을 나선다. 나는 선일이를 찾았다. 선일이가 울고 있는지 궁금했다. 선일이는 아예 보이지 않았다.

"저 냥반은 인자 어뜨케 되능 겨?"

나처럼 울지 않는 할머니가 미웠는지 누군가가 누군가를 향해 말을 걸었다.
 "뭘 어뜨켜. 인저 이 집에서 나가야 되겄지. 끈 떨어진 두리박 신셴디…"
 누군가가 맞장구를 쳤다. 그러자 기다렸다는 듯 여기저기서 말들이 한꺼번에 쏟아져 나왔다.
 "귀밑머리가 허연 옥시시 수염인디다 몸까지 뒤틀렸는디 누가 쳐다나 보겄어?"
 "이 집에 있어봤자 거리적거리기나 하겄지 뭐. 손자도 다 컸드만."
 "그러게, 무신 영화를 보겄다구 손자꺼정 데리구…"
 "말 못 할 사정이 있었겄지. 워낙이 말수가 없어 알 수는 없지만서두."
 "아, 순자엄니 인복(人福)잉 겨. 저 냥반 아니었음 어쩔 뻔혔어. 열 명은 더 얻어들였을 거구먼. 안 그려?"
 "명 재촉헌지두 몰러. 나이두 많으신 분이 젊은 마누라 건사허느라 을메나 힘들었겄어. 자손들 보기 부끄럽기두 혔을 티구."
 할머니는 사람들의 수런거림을 들었는지 못 들었는지 표정 없는 얼굴로 상여를 바라보신다. 상두꾼들의 상여소리가 더욱 구슬퍼진다. 세 분 고모들의 애끓는 곡소리에 동네가 떠나갈 듯하다. 할머니는 끝내 당신과는 상관이 없다는 듯 사랑방으로 들어간다. 나는 며칠 안으로 할머니가 우리 집을 떠날 거라는 생각을 했다. 아니 그걸 간절히 바랐다.
 할머니는 할아버지가 돌아가신 후에도 우리 집을 떠나지 않았다. 나는 그런 할머니를 양심이 없는 사람으로 단정했다. 가만히 있지 못하고 어머니를 볶아댔다.

"엄니, 할머니는 왜 갈 생각을 안 한대요? 우리 집에서 죽을 때까지 살려고? 염치없는 사람 아냐? 나는 할머니랑 살기 싫어요, 선일이도 싫고."

"아니 이눔이! 보자보자허니께! 니가 뭘 안다구 설치구 난리여? 어른들의 일에 나서믄 안 되는거라구 그럭케 가르쳤건만 그새 잊읐겨? 이눔아, 할아버지가 돌아가셨어두 삼년상꺼지는 살아계신 것처럼 혀드려야 허능 겨. 그래서 아침저녁으루 상식을 올리구 초하루 보름이루는 삭망을 지내능 겨. 그러니께 할머니는 당신의 헐 일이 남아있다구 믿으시능 기구. 알아들었쨔?"

숨 가쁘게 그간의 사정을 넘어왔다. 할매는 할아버지가 돌아가시자 늙고 지지리도 못난 남편이 얼마나 큰 보호막이었는지를 뼈저리게 알게 되었을 거다. 상대적으로 자기의 존재감이 얼마나 가벼운지도 실감했다. 가벼워? 아니, 어서 빨리 치워버려야 하는 오물이라는 걸 알게 되었다. 이 집에 와서 산 세월이 20년, 세월의 무게가 한낱 먼지만큼도 못 되다니! 지구상의 모든 경제는 노예제라는 착취를 기반으로 발전했고, 우리 또한 종(從)은 가장 값나가는 사유재산으로 거래되던 신분제가 폐지된 게 겨우 100년 전이다. 옛날 흉년에 처자식이 굶어 죽는 위기에까지 몰리면 대갓집에 찾아가 스스로 자기를 종으로 팔았다. 그녀가 그랬다. 행여 식솔들을 굶기어 죽일까 겁먹고 자기를 판 것이다. 팔았기에 권리를 주장할 그 어떤 자격도, 명분도 없었던 것이다. 자기를 지킬 자존감도, 자존감은 타고 난다고? 아닐 것이다. 그건 사회로부터 교육된 의식일 것이다. 그가 판 것은 궁극적으로 말하면 주체성이다. 자존감 없으면 생길 수 없는 게 주체성이다. 그리고 그 역으로 주체성 없이 생길 수 없는 게 자존감이다. 자존감 때문에 의무감이 있고, 의무를 지킨 자에만 권리가 있다.

선일이 집을 나가다

종의 자식은 종이다. 스스로 종이 된 그자의 손자도 종이다. 그래서 손자는 종으로 키워졌다. 왜? 할머니가 이의를 제기하지 않음으로써, 묵시적으로 동의했으니까. 그런데 그 손자가 자유를 찾아 탈출했다. 그는 몰랐을 것이다. 금단(禁斷)의 담장은 애당초 없었다는 걸, 할머니가 가상의 담을 쳐놓고 담장 아래는 단애(斷崖)여서 넘으면 죽는다고 귀에 박히도록 듣고 컸으나 용기를 내어 드디어 탈출을 감행했다. 할아버지 돌아가신 지 4년 후의 일이다. 이는 할머니의 집요한 집착으로부터의 탈옥인 것이다. 할머니가 그렇게나 무서워했던 낭떠러지는 아직 보이지 않았다. 다시는 할머니의 대책 없는 그 감옥으론 돌아오지 않을 것이다. 굳이 돌아간다면 그런대로 자리를 잡은 후 엄마에게 돌아갈 것이다.

선일이가 집을 떠난다는 걸 알았을 것이다. 그러나 그녀는 잡을 수 없었다. 선일이를 자기 욕심으로 덥석 등에 업고 나왔지만 실상은 그를 위해 아무것도 하질 못했다. 그녀라고 어찌 후회하지 않았겠는가? 세상이 변해서 밥 안 굶기면 되는 세상이 아니었다. 그녀로서는 도시

이해불가의 세상으로 변한 것이다. 실패다. 어느 하나 제대로 된 게 없는 처절한 실패다. 그래서 내가 할 수 있는 여지가 하나라도 남아있는 게 없는 세상인데 나더러 어쩌라고! 죽는 거라도 내 맘대로 할 수 있을까?

귀향

"아, 그륵케 서 있지만 말구 할머니의 대야랑 요강이나 깨끗허게 닦아 오니라!"

달구지에 볏짚이 깔렸다. (…) 어머니가 할머니의 겨드랑이로 두 손을 밀어 넣는다. 할머니는 체념한 듯 순순히 어머니에게 몸을 맡긴다. (…)

"부디 아프지 마시구유. 편히 사시다가…."

어머니가 할머니의 손을 잡고 흐느낀다.

선일이 누이가 어머니께 꾸벅 인사를 하고는 달구지에 올라탄다. 달구지가 대문을 향해 움직이기 시작한다. 나는 할머니께 마지막 눈인사를 했다. (…)

그날 이후로 우리 집 식구들은 약속이나 한 듯 할머니에 대한 어떤 이야기도 하지 않았다.

동네 사람들도 지씨네 가족들도 할아버지가 돌아가시자 할머니는 이제 할 일이 끝났으니 이 집을 떠나야 하는 사람으로 간주했다. 그런 냉대 속에서 한참이나 늦어진 귀향이다. 이렇게 늦어진 데는 그녀는 모르는(몰라야 한다) 복잡 미묘한 사연이 있었다. 할머니의 직분과 역할을 적나라하게 드러낸다.

여자(선일이 누나)는 대답 대신 이내 따지기 시작한다.

"내 이렇게 될 줄 알았어요. 할아버지 돌아가시고 얼마 되지 않았을 때 제가 할머니 모시러 왔던 것 기억나시죠? 그때 왜 가만히 보고만 계셨나요? 물론 할머니가 가지 않겠다고 고집부린 건 맞아요. 아무리 그러기로 가시라고 하셨어야 맞는 것 아녜요?"(…)
"그렇지만 할머니의 경우는 아니라고 생각해요. 할머니가 55년 봄에 어르신 댁 식구가 되었으니까 제가 왔을 때, 그러니까 할아버지가 돌아가셨을 때겠죠? 그땐 이미 12년이 넘었을 겁니다. (…) 정식혼인을 하지 않은 할아버지께서 돌아가셨는데 할머니를 굳이 붙잡고 계신다는 건 누가 봐도 이상한 일 아닌가요? 무엇보다도 그때 할머니의 몸은 정상이 아니었잖습니까? 저는 할머니가 중풍을 맞았다고 했을 때, 그러니까 할아버지 돌아가시기 전해가 되겠군요. 그땐 정말이지 할머니가 우리를 찾을 거라 믿었던 사람입니다. 반신불수의 몸이 되었으니 할아버지 수발이 어려웠을 테니까 어르신께서 무슨 조치를 취할 걸로 생각했던 거지요. 그런데 아무리 기다려도 감감무소식이더군요. 하는 수 없어 할아버지가 돌아가신 후에 또 왔던 겁니다. 예상했던 대로 할머니는 거절을 했습니다. 아무리 그렇기로 강 건너 불구경하듯 보고만 있으시다니요. 저는 지금도 그 이유가 궁금합니다. 왜 잠자코 계셨는지요? 할머니나 어르신이나 서로 눈치만 보다가 이렇게 된 것 아니냐고요. 제 말이 틀렸나요? 네?"(…)

"말이야 바루 말이지 할머니가 가시겄다구 혀셨으믄 우리라구 그냥 있었겄나? 다 경우가 있능 겨. 하물매 오랜 시간 정들었든 사람을 말일세."(…)

"저는 다만 어르신의 처분을 기다렸지요. 일단 할머니를 모시고 가면 무슨 대책을 세워주시지 않을까 했던 거여요. 그런데 어르신은 아무 말씀도 없으셨잖아요. 지금까지…, 흑, 흑…."

지씨네가 기대했던 대책이란 무얼까? 할머니를 맡는 것에 대한 보상이다. 어머니가 생각했던 보상의 복안은 이랬다.

"우리라구 어찌 할머니가 가신다구 혔을 때를 가정해 두지 않었겄나. 할머니가 거처헐 작은 초옥과 남새밭 한 떼기 정도는 마련해 드리능 기 사람의 도리 아니겄능가?"

그런데 현실은 어쨌을까? 아버지의 계산은 작은 초옥과 남새밭 한 떼기는 애초에 가당치 않았다.

할머니가 떠나고 얼마 되지 않아 출타하셨던 아버지가 돌아오셨다. 아버지는 당신이 지시한 대로 쌀가마를 실어 보냈는지 물어보는 걸로 끝이었다.

현실이 비참하면 할수록 더욱 간절한 게 전망(展望)이다. 미래에 대한 희망 같은 것. 그러나 실상은 어려울수록 더 깜깜할 뿐이다. 신은 팻 놈만 패는 것 같다. 그건 저주지. 문학은 어떤 희망도 보이지 않는다고 포기하면 안 된다. 사실은 그 비참의 끝점이 예술이 탄생하는 자리이다. 예술이란 슬픔을 이해하는 그 자리에서 탄생하기 때문이다. 있는 것(존재)은 필연적으로 없어진다. 그 없어짐 때문에 존재하는 것은 필연적으로 슬픔을 가진다. 예술의 차원은 그 슬픔을 어떤 차원에서 어떻게 이해하는가에 달려 있다. 누군가는 그것을 한낱 감상의 수준에 머물다 말고 누군가는 진리의 수준으로 승화시켜 큰 예술혼을 불러낸다. 그리스 비극은 숙명과 싸우는 인간의 무력함과 비참을 그리면서 마침내 영웅적인 죽음으로써 관객을 정화(카타르시스)시킨다. 여기서 중요한 것이 카타르시스다. 누군가는 수필에서 교설의 중요성을 강조하는데 난 반대다. 독자들은 가르침을 받기 위해서가 아니라 즐거움과 위로를 받기 위해서 독서한다. 시나 소설은 교설(教說, 가르치며 설명함)을 위해서라고 하지 않으면서 수필만은 굳이 교설을 강조한다. 그건 수필이 스스로 문학성을 포기하는 것이다. 문학에서 가르침을 얻는 건 감동을 통해서 간접적으로 얻는 것이지 직접적인 교설로서가 아니다.

   인간을 위대하게 만드는 건 인간이 갖는 서사의 능력이다. 서사란 사건의 시간에 따른 변화를 기술하는 것이다. 존재(있음)하는 건 시간과 장소를 떠나서는 있을 수 없다. 시간성은 역사성이고 장소는 현장성이다. 경험은 인간의 사유력과 상상력 덕분에 인간에게 많은 것을 새롭게 수정하여 인식하게 꿈꾸게 한다. 서사란 스쳐 지나감이 아니라 중단하지 않고 계속해서 사유하는 능력이다.

내가 문학하는 이유

나는 문학의 의의를 '성격의 성장'에서 찾는다. 서사물에서 등장인물의 성격이 발전한다는 것은 글쓴이의 성격이 발전했기 때문이다. 사람은 사유는 물론이려니와 상상도 제 능력만큼만 할 수 있다. 제 경험만큼만 상상할 수 있다.

성격의 발전이란 어떤 상태로의 발전(변화)인가? 앞에서 언급했듯이 포스트모더니즘의 철학자 리요타르는 '모더니티(근대성) 서사'라고 정의한다.

리오타르는 자유를 향한 진보의 이념에 따라 역사를 조직하는 과정으로서의 서사를 거대 서사라 했다. 그러나 그 거대서사가 불변의 진리로서 어느 정점에 이르자 거대한 일률적 사유로는 포획(설명)될 수 없는 사건들이 출현하게 된다. 변곡점에 이르고 만 것이다. 여기가 구조주의에서 후기구조주의로의 변환점이고, 모더니즘에서 포스트모더니즘으로의 변환점이다.

저자와 필자의 충돌

이글의 독자들은 눈치챘을 것이다. 필자라는 자가 낡은 중고차로 언덕배기를 오르듯 영 기운을 차리지 못하고 빌빌거리는 것을. 내가 이

글을 쓰면서 목도한 것이 나의 '문학(서사)관'이 철 지난 전형적인 구조주의라는 사실이다. 나의 서사관은 참회 다음엔 반듯이 구원이 있어야 한다는 식이다. '회개하라, 천국이 다가오느니라,' 그 말엔 회개만 하면 천국이라는 보상이 있다는 약속이다. 선일할매가 정신적으로 버티어왔던 나름의 명분(비록 허위의식일지라도)이 무너진 빈 공간을 지혜의 자각이 일어나 메꿔야 하는 것이다. 고생만큼의 각성이라는 보상이 있기에 사람들은 그런 고난을 참고 견딜 수 있다. 하느님은 자비로우셔서, 사람은 자기가 질만큼의 짐만 진다고 난 그렇게 믿어왔다. 그런데 신은 장난꾸러기여서 꼭 그렇지만 않다면? 곤경은 악화만 되어 가는데 언젠가 나아지겠다는 희망고문만 당하고 있다면? 그런 고문일랑 그만하시고 이젠 차라리 죽이는 게 자비라고 따지고 싶은 것이다. 생에 대한 본능 하나로 끝없이 곤경 속을 헤매다가 끝내 바닥까지 기게 만드는 건 너무나 잔인한 일이다. 이 여인이 그런 비참함을 겪어야 할 만큼 잘못을 저질렀단 말인가? 신이시여, 그를 하루 빨리 죽여, 구원하소서! 난 그녀를 구원하고 싶었다. 고생의 강도가 깊어질수록 그녀의 정신도 성장하도록 쓰고 싶었다.

그러나 저자 지정숙은 완강히 거절했다. "난 소설을 쓰는 게 아니에요. 난 그분께 성심으로 사죄하고 싶은 거에요. 사죄할 대상은 내가 만들어 낸 사람이 아니라, 내가 그렇게나 가고 싶었던 고등학교 진학이 막히고 부엌데기 신세로 전락한 것에 대한 분노가 들끓었던 10대 후반 소녀의 욕바가지였던 그분을 살려내고 싶은 거에요. 먹고 살기 위해서 세상에나 우리집 같은 곳으로 피난 온, 잘나지 못해서 어느 때나 어디에서니 항상 구박받고 천대받던 그분을 찾아서 진심으로 사죄하고 싶어요.

난 심히 부끄러웠다. 내가 지켜온 문학(서사)관이 바로 그 자리에서 처절하게 무너졌다. 내가 각각의 요소들보다는 서로 얽혀서 기능적 연관을 이루는 하나의 얼개를 우위에 두고 파악하려는 구조주의자라는 걸 실감했다. 난 모더니즘은 구조주의를 바탕으로 일어났고, 후기모더니즘은 후기구조주의를 바탕으로 일어난 조류로 이해한다. 90년대 초, 한국에 후기모더니즘이 들어올 때의 그 충격을 생생히 기억한다. 그러면 후기구조주의와 후기모더니즘이 있으니 전기(前期)는 틀렸다는 건가? 아니다. 후기에서 보면 전기가 꽤나 촌스러운 것이다. 후기는 전기의 계승이고 발전이다. 진정한 계승과 발전은 부정으로부터 시작한다. 부정의 눈에서 비로소 새로움이 싹튼다. 구조를 선험적·보편적으로 파악했던 것(전기)으로부터 역사적·상대적으로 파악하는 혁명적 시각의 변화가 후기다. 선험적이란 구조가 천지창조 때 하나님과 함께 있었다는 것이고. 역사적이란 애당초 이 폼 이대로가 아니라 역사적 변곡점마다 조금씩 변화하여 이 폼이 형성됐다는 것이고 앞으로 또 변화할 것이란 것이다.

자크 라깡(1901~1981년)은 평생을 통해서 여섯 번의 큰 변화를 겪는데 앞의 학설이 틀려서 뒷 학설이 나온 게 아니라 새로운 국면으로 계속 발전 전개했다는 뜻이다. 라깡의 마지막 변화기인 칠십대는 실제계를 중심테마로 삼았던 시기인데 연구자들은 구조주의로부터 실용주의로의 변화라고 한다. 난 이 국면에서 실용주의라는 게 쉽게 이해되지 않았다. 내 식으로 추측할 수밖에. '구조란 가상인 게야, 모든 걸 구조라는 틀에 쑤셔 맞추는 게 아니라 예외를 인정하면서 케이스 바이 케이스(case by case)로 접근하는 거야'로 이해하는 것이다. 그의 이런 변화가 유럽의 6·8 혁명을 촉진하는 데 큰 영향을 끼쳤다. 6·8 혁명은 많은 분야에 변화를 가져왔는데 정치와 사회는 보수에서 진보로, 철학과 예술에선 후기구조주의와 후기모더니즘으로의 대변화였다. 라깡은 70이라는 나이에도 불구하고 자기 철학을 완성하는 대변혁의 시기로 삼았다. 그때의 일화 하나. 6·8 혁명의 진원지는 파리의 대학들이었다. 그 주역의 한 명이 의기양양해져서 라깡에게 6·8 혁명에 대한 평가를 물었다. "너희는 진즉 미국의 상품자본주의에 깊게 물들었어." 지금은 성공했지만 곧 다가올 상품자본주의를 극복하지 않는 한 인간의 자유란 묘연하다는 경고였던 것이다.

나가면서

난 『선일이 할머니』의 해설을 쓰면서 내가 아직 한낱 원칙(구조)주의자에 불과하다는 걸 발견하며 큰 충격을 받았다. 그리고 내내 화를 내고 있었다. 그 고생을 하면서 돈 안 드는 의식의 성장도 못 하나? 그로서는 할 수 없는 거라면 그를 세상에 낸 하늘이라도 책임을 져야지, 이게 뭐냐? 이렇게 죽으면 그가 죽을 때 눈을 감겠냐? 그렇게 원통 분통해하는 나를 구원한 건 퍼뜩 스쳐간 한 생각이었다. 이런 글이 어떻게 쓰일 수 있었던 거야? 저자 지정숙의 눈 뜸으로 가능한 것이다. 작중인물인 이 글의 주인공 할머니의 성장은 별로 눈에 띄지 않았지만 저자의 성장이 이 글을 탄생시킨 것이다. 지정숙의 성장에서 난 레비나스가 말했던 타자의 얼굴이 떠올랐다. 타자의 얼굴은 메시아의 얼굴이고, 그래서 나의 책임이라는 것이다. 타자를 책임지고 사랑한다는 건 인간이 인간으로 완성되는 궁극의 윤리이고 진리다.

　지정숙의 성장은 책에서 배운 게 아니다. 직접 몸으로 부딪히면서 몸으로 습득된 것이다. 몸으로 배운 사람들을 만나면 난 기가 죽는다. 나의 창백함이 심히 부끄러워진다. 이 글은 내게 사물을 새롭게 보는 눈을 뜨게 했다. 모더니스트에서 후기모더니스트로 나가는 길의 단초를 보았다고나 할까. 그녀가 참 고맙다.